평강의 주님께서 친히
때마다 일마다
평강을 주시기를 기도하며
특별히_______________님께
이 소중한 책을 드립니다.

매기 성경본문 주석 강해서

창세기 1-25장

편역 겸 방송 / 송용필 목사

나침반

성경을 간결하면서도 명쾌하게 강해한 책

성경의 권위가 큰 도전을 받고 있는 이 시대를 안타까워 하며, "영감된 하나님의 말씀"인 성경의 권위를 회복하고 성경을 연구해야 할 필요를 절실히 느끼던 때에, 국제 종교 방송인대회(NRB)에서 『THRU THE BIBLE』 관계자들을 만나게 되었읍니다. 그리하여 그 동안 극동방송을 통해 매일 30분씩 버논 매기 박사에 의해 영어로 방송되던 『THRU THE BIBLE』 방송을 중단하고, 한국실정에 맞게 내용을 보충하여 한국어로 『매기 성경 본문 강해』 방송을 시작하게 되었읍니다.

복음주의자로, 세계적인 방송 설교가로, 목회자로, 교수로, 저술가로, 우리 한국에도 잘 알려진 J. V. 매기 박사는 성경에 대한 독특하면서도 깊은 통찰력을 가지고 있으며, 성경을 간결하면서도 명쾌하게 강해하는 귀한 분으로서 전 세계 복음주의자들에게 큰 존경을 받고 있읍니다.

이 책은 극동방송에서 매일 30분씩 방송한 『매기 성경 본문 강해』를 많은 애청자들의 요청에 의하여, 발간하게 되었읍니다. 그 동안 방송에서 느낄 수 없었던 강해의 체계성과 말씀의 깊은 뜻을 책을 통해 보다 잘 음미할 수 있을 것이라 확신합니다.

서 론

창세기는 성경을 시작하는 중요한 두 권의 책 가운데 하나입니다. 이 두 권은 구약성경의 첫번째 책인 창세기와 신약성경의 첫번째 책인 마태복음으로서, 성경 전체를 이해하는 데 없어서는 아니 될 가장 중요한 부분이라고 생각합니다.

본 창세기를 연구하기 전에 필자는 당신에게 먼저 창세기 전체를 읽을 것을 권합니다. 한 번에 그것을 통독한다면 더욱 좋을 것입니다. 필자는 이것이 당신에게 쉽지 않은 일이라는 것을 인정합니다. 사실은 필자도 한 번에 창세기를 전부 읽지 못했으니까요. 필자는 그것을 여러 차례 나누어서 읽었읍니다. 그러나 만약 당신이 한 자리에서 창세기를 전부 읽을 수만 있다면 그것은 창세기를 연구하는 데 아주 유익할 것입니다.

이제 필자는 창세기의 전체 내용을 조명할 수 있는 조감도를 제시하겠읍니다. 사실 창세기는 성경 전체와 밀접하게 관련되어 있기 때문에 당신이 특별히 유의해야 할 사항이 몇 가지 있읍니다. **창세기에**

는 처음으로 설명되고 있는 것들이 많이 있습니다. 예를 들면 창조, 인간, 여자, 죄, 안식일, 결혼, 가족, 노동, 문명, 문화, 살인, 제사, 족속, 언어, 구원 그리고 성읍 등입니다.

창세기에는 또한 특별히 자주 쓰이고 있는 표현들이 있습니다. 예를 들어 "…의 후예는 이러하니라"와 같은 표현입니다. 왜냐하면 창세기에는 초기 가족의 역사가 기록되어 있기 때문입니다. 우리가 여기에서 시작되고 있는 조상들의 후손이라는 점에서 그것은 우리에게 중요합니다.

창세기에는 매우 재미있는 인물들의 이야기가 많이 나타나고 있습니다. 따라서 어떤 사람은 이 책을 「전기서」(傳記書)라고도 부릅니다. 아브라함, 이삭, 야곱, 요셉, 바로, 그리고 요셉을 제외한 야곱의 11명의 아들이 나옵니다. 하나님께서는 아브라함, 이삭, 야곱 그리고 요셉을 계속 축복하십니다. 그들 외에 그들과 관계된 롯, 아비멜렉, 보디발, 술 맡은 자와 바로도 하나님의 축복을 받습니다.

창세기에는 또한 언약에 대해 많이 언급되고 있습니다. 하나님께서는 족장, 그 중에서도 특별히 아브라함에게 자주 나타나셨습니다. 본 책에서는 또한 제단을 많이 찾아볼 수 있으며, 또한 가정에서 서로 질투하는 모습을 발견하게 됩니다. 그리고 다른 곳에서는 나타나지 않는 애굽이 사건의 배경이 되기도 합니다. 또 여기에는 죄에 대한 심판이 언급되어 있으며, 하나님께서 섭리하시는 역사가 분명하게 설명되어 있습니다.

우리는 본서를 연구하면서 몇 년 전에 브라우닝(Browning)이 어느 문법학자가 쓴 조문(弔文)을 평가하며 기록한 몇 구절을 기억할 필요가 있습니다.
"먼저 전체적인 것을 개괄적으로 생각한 다음에 각 부분을 나누기 시작하라. 즉, 땅을 파고 철근을 세우고 벽돌을 쌓기 전에 먼저 건물 전체의 구조를 구상하고 곰곰이 생각하라."

바꾸어 말하면 이 책의 전체 개요를 파악하라는 것입니다. 저는 학생들에게 **성경 연구법**에는 두 가지 방법이 있다고 이야기합니다. 하나는 **망원경적인 연구 방법**이고, 다른 하나는 **현미경적인 연구 방법**입니다. 처음에는 망원경적인 관찰법으로 보는 것이 필요합니다. 그리고 난 다음에는 현미경적인 방법으로 연구해야 할 줄로 압니다. 한때 영국의 위대한 설교가였던 로빈슨(Robinson)은 필자가 오늘날 교인들의 마음 속에 깊이 심어주고자 하였던 말을 다음과 같이 하고 있습니다.

> 우리는 지금 책의 홍수 시대 속에서 살고 있다. 책들은 우리를 위하여 점차 엄청난 숫자로 인쇄기에서 쏟아져 나오고 있다. 그리고 우리는 항상 소책자, 교과서, 신문의 사설, 경건 서적, 비평서, 그리고 성경과 복음에 대한 책 들을 읽고 있으며, 그 모든 책은 게걸스럽게 꿀꺽 꿀꺽 삼켜지고 있다. 그러나 진정 우리가 복음 그 자체에 대하여 생각하는 일에는 얼마나 많은 시간과 노력을 바치고 있는가? 우리는 진리에 대하여 설명한 비교적 손쉽게 구입할 수 있는 현대 서적을 읽을 때, 보다 빨리 유익을 얻을 수 있다고 생각하게 되는 유혹을 끊임없이 받고 있다. 왜냐하면, 그러한 책들이 우리가 교육받은 대로 잘 정리된 형태로서 우리의 입장에서 문제를 제시해 주며 또 우리가 그러한 것에 익숙해져 있기 때문이다. 그러나 우리가 쉽게 얻는 유익은 우리 자신의 내면에 깊은 영향을 주지 못하며 영원히 남지 않는다. 노력이 없이는 진정 가치있는 것을 얻을 수 없다. 우리가 자연의 위대한 진리를 깨닫는 것은 결코 쉽게 되어지는 것이 아니다. 은혜의 보화를 찾기 위해서는 마치 값진 진주를 찾는 사람과 같이 자신이 가지고 있는 기술과 노력을 다 기울여야 한다.
>
> —『목회자의 사생활』(*The Personal Life of the Clergy*, Robinson) 중에서

필자는 위의 진술에 전적으로 동감입니다. 왜냐하면 성경은 다른 책들로서는 도저히 할 수 없는 방법으로 우리 마음 가운데 말씀하고 있다고 믿기 때문입니다. 그러므로 본 연구에서는 성경 본문을 책에 수록하였읍니다. 오늘날 새로운 성경 번역이 계속해서 나오고 있읍니다. 사실, 그것은 마치 토끼가 번식하듯이 빠른 속도로 대량 출판되고 있읍니다. 그러나 필자는 『개역 한글성경』을 사용하고자 합니다. 저는 원래의 독특한 표현을, 오늘날 사용하고 있는, 깊은 뜻이 없고 불명확하며 무미건조한 말로 바꾸어 평범하게 표현하는 것을 반대합니다.

창세기의 대략의 구분

만약 당신이 창세기를 크게 두 부분으로 나누고자 한다면, 어디를 중심하여 나누겠읍니까? 처음부터 11 장까지가 하나의 전체를 이루고, 12 장부터 50 장까지가 또 하나의 다른 부분을 이루고 있음에 주의하십시오. 이 두 부분은 여러 면에서 서로가 다릅니다. 첫번째 부분(1–11 장)에는 창조에서 아브라함까지의 역사가 나오며, 두번째 부분(12–50 장)에는 아브라함에서 요셉까지의 역사가 기록되었읍니다. 첫째 부분에서는 **대주제**로서, 창조(Creation), 타락(Fall), 홍수(Flood), 바벨탑(Tower of Babel) 등이 다루어지고 있는데 그것은 지금까지도 사람들의 깊은 연구 대상으로 남아있는 문제들입니다. 그리고 둘째 부분에서는 개인에 대한 것으로, 믿음의 사람 아브라함, 사랑받는 아들 이삭, 택함과 고통을 받는 야곱, 그리고 고난을 받았으나 나중에 영광을 누리는 요셉이 다루어지고 있읍니다.

이것이 창세기의 대략의 구분이지만, 보다 중요한 의미에서 구분할 수 있는 것이 있읍니다. 그것은 **기간에 따른 구분**입니다. 처음 11 장까지의 내용은 최소한 2 천년 동안의 기간에 대한 이야기입니다. 저는 그것을 수 천년의 기간이 될지도 모른다고 말하는 것이 안전하다고 생각합니다. 저는 창세기의 첫번째에 해당하는 이 부분은 당신이 과거 어느 시기에 일어난 사건을 설명하든지 그 기간을 다 포함할 수 있으며 오히려 그것으로도 부족하다고 생각합니다. 우리는 창세기의 처음 열한 장이 최소한 2 천년 동안의 역사를 다루고 있으며 두 번째 부분인 나머지 서른 아홉 장은 단지 350 년 동안의 역사가 기록되어 있는 것을 알 수 있습니다. 사실 창세기 12 장부터 구약성경과 신약성경의 전체를 포함한 기간은 이천 년 밖에 되지 않습니다. 그러므로 시간적인 문제만 놓고 본다면 당신이 창세기의 처음 11 장까지만을 설명한다 해도 성경 전체 기간의 반을 다루는 셈이 됩니다.

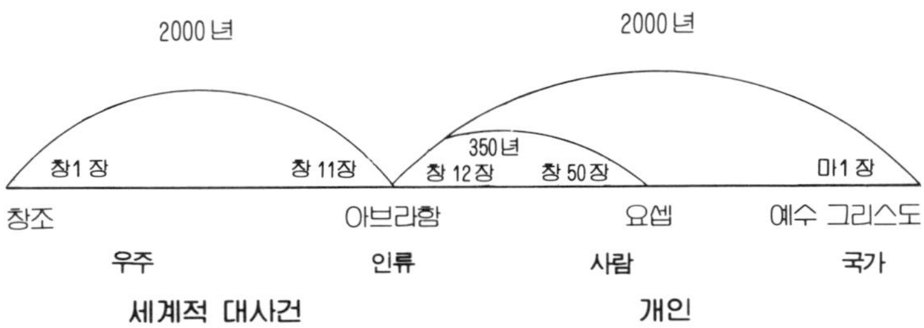

이것은 하나님께서 우리에게 창세기의 첫째 부분을 주실 때에 어떤 분명한 목적을 가지고 계셨다는 것을 당신 마음 가운데 시사하고 있습니다. 당신은 하나님께서 성경의 첫째 부분에 강조점을 두고 있다고 생각합니까, 아니면 그 나머지 부분에 강조점을 두고 있다고 생각합니까? 하나님께서는 나머지 부분을 강조하고 계시다는 것이 분명하지 않습니까? 그것은 첫째 부분에서는 우주와 창조를 다루고 계시지만 나머지 부분에서는 인간, 국가와 예수 그리스도에 대하여 다루고 있기 때문입니다. 하나님께서는 우주의 모든 창조 세계보다도 아브라함에게 더 많은 관심을 갖고 계셨읍니다. **하나님께서는 모든 물질 세계보다도 당신에게 더 많은 관심과 가치를 부여하십니다.**

이것에 대하여 한 가지 예를 들어 봅시다. 4 복음서의 89 장 가운데서 4 장만이 예수 그리스도의 생애 중 초기 30 년을 이야기하고 있을 뿐 나머지 85 장이 그분의 3 년 동안의 공생애에 대하여 설명하고 있읍니다. 그 가운데 27 장은 그분의 생애 최후 8 일 동안에 일어난 사건에 대하여 기록하고 있읍니다. 그러면 하나님의 성령께서 과연 강조점을 두고 있는 곳이 어디라고 생각합니까? 저는 하나님의 주된 관심이 27 장이 설명하고 있는 그분의 마지막 8 일 동안에 있다는 사실에 당신이 동의하리라고 확신합니다. 그러면 거기에서 다루고 있는 모든 내용은 무엇입니까? 그것은 예수 그리스도의 죽음과 장사 그리고 부활에 대한 것입니다. 그것은 복음서의 중요한 부분이 됩니다. 다시 말하여 하나님께서는 우리의 죄를 위하여 죽으시고 우리를 의롭다 하시기 위하여 부활하셨다는 것을 당신으로 하여금 믿게 하시려고 복음을 주셨읍니다. 그것이 핵심적인 내용입니다. 그것이 가장 중요한 진리입니다.

창세기의 처음 열한 장은 성경 전체에 대한 단순한 서론이라고 말할 수 있읍니다. 따라서 우리는 그것을 그와 같은 관점에서 보는 것이 필요합니다. 그러나 그것이 우리가 처음의 열한 장을 과소평가하자는 것은 아닙니다. 사실 우리는 그 부분에 많은 지면과 시간을 할애할 것입니다.

창세기는 성경의 "모판"이라 할 수 있으며, 여기에서 우리는 만물의 시작과 근원, 탄생을 발견합니다. 창세기는 마치 아름다운 장미꽃의 봉우리와도 같으며, 성경이 시작되는 관문이기도 합니다. 그리고 성경의 모든 진리가 바로 여기에서 시작됩니다.

창세기를 분해하는 가장 좋은 방법 가운데 하나는 계보, 즉 가족에 따라 나누는 것입니다.

창 1:1–2:6 천지의 계보
창 2:7–6:8 아담의 계보
창 6:9–9:29 노아의 계보

창 10:1–11:9 노아의 아들들의 계보
창 11:10–26 셈의 아들들의 계보
창 11:27–25:11 데라의 계보
창 25:12–18 이스마엘의 계보
창 25:19–35:29 이삭의 계보
창 36:1–37:1 에서의 계보
창 37:2–50:26 야곱의 계보

이것은 모두 창세기에 나타나 있는 것입니다. 이처럼 창세기는 가족의 역사에 대한 책이기도 합니다. 창세기는 매우 훌륭한 책이며 또한 우리가 이러한 관점에서 창세기를 연구할 때 많은 도움이 될 것입니다.

창세기의 개요

1. 이 세상에 죄가 들어옴(1-11장)

[1] 창조(1–2 장)

1. 천지(1:1)
   "창조하다"(bara)란 말이 3 번만 나옴(1,21,27 절)
2. 땅이 혼돈하고 공허함(1:2)
3. 재창조(1:3–2:25)
   (1) 첫째 날-빛(1:3–5)
   (2) 둘째 날-궁창(1:6–8)
   (3) 세째 날-마른 땅과 식물(1:9–13)
   (4) 네째 날-일(日), 월(月), 성신(星辰)(1:14–19)
   (5) 다섯째 날-물고기와 새(1:20–23)
   (6) 여섯째 날-각 창조물을 번성케 하심과 인간 창조 (1:24–31)
   (7) 일곱째 날-안식을 취하심(2:1–3)
   (8) 인간 창조에 대한 재설명(2:4–25)〔반복의 법칙〕

2 타락(3–4 장)

1. 죄의 기원–하나님께 대한 불신과 불순종
2. 죄의 결과–"마음에서 나오는 것은 … 살인과 …"(마 15:19)

3 홍수(5–9 장)

1. 셋을 통한 아담의 계보
   인류 역사의 시작–사망 일람표(5 장)
2. 홍수 이전의 문명–홍수의 원인과 방주의 건조(6 장)
3. 홍수 심판(7 장)
4. 홍수 이후의 문명(8 장)
5. 홍수 이후의 생활(9 장)

4 바벨탑과 언어의 혼잡(10–11 장)

1. 노아 자손의 계보(10 장)
2. 바벨탑(11 장)

2. 온 인류의 구세주의 오심에 대한 준비(12-50장)

1 믿음의 조상 아브라함(12–23 장)

(하나님께서 일곱 번 나타나심으로 믿음이 발전)

1. 아브람의 소명과 약속 - 그의 불신앙적 응답(12 장)
2. 아브람이 애굽을 떠나 가나안 땅으로 돌아감 - 롯과 헤어짐 - 하나님께서 아브람에게 세번째 나타나심(13 장)
3. 첫번째 전쟁 - 아브람이 롯을 구함 - 첫번째 제사장 멜기세덱이 아브람을 축복(14 장)
4. 하나님께서 아브람에게 보다 완전하게 자신의 뜻을 나타내심 그분의 언약을 재확언(15 장)
5. 사래와 아브람의 의심 - 이스마엘의 출생(16 장)
6. 하나님께서 아브람과 언약을 맺으심(아브람에서 아브라함으로 바뀜) - 아브라함에게 아들을 주시겠다는 말씀을 다시 약속

(17 장)

7. 하나님께서 아브라함에게 소돔의 멸망을 예고하심 - 소돔의 백성들을 위한 아브라함의 간구(18 장)
8. 천사들이 롯에게 소돔을 떠날 것을 권함 - 롯이 소돔을 떠남 - 하나님께서 그 성들을 불과 유황으로 멸하심(19 장)
9. 아브라함이 그랄에서 사라와의 관계 때문에 다시 범죄(20 장)
10. 이삭의 출생 - 하갈과 이스마엘이 내어 쫓김 - 브엘세바에서의 아브라함(21 장)
11. 하나님께서 아브라함에게 이삭을 바치라고 명하심 - 그의 아들 이삭을 결박함 - 아브라함에게 언약을 다시 확인시키심(22 장)
12. 사라의 죽음 - 아브라함이 묘지를 위하여 막벨라 굴을 구입(23 장)

2 사랑받는 아들 이삭(24–26 장)

(그의 아내의 선택은 그리스도와 교회의 관계로 비유됨)

1. 아브라함이 이삭의 아내를 위하여 종을 보냄 - 리브가가 종과 함께 옴 - 이삭의 아내가 됨(24 장)
2. 아브라함의 죽음 - 이삭과 리브가로부터 쌍동이 에서와 야곱이 출생-에서가 야곱에게 장자권을 팖(25 장)
3. 하나님께서 이삭과의 언약을 확인시키심 - 이삭이 리브가와의 관계를 거짓으로 이야기함 - 이삭이 그랄에서 우물을 팜(26 장)

3 야곱(27–36 장)

(하나님께서 그를 사랑으로 연단시키심)

1. 에서에게 내릴 축복을 빼앗기 위한 야곱과 리브가의 공모(27 장)
2. 야곱이 고향을 떠남 - 벧엘에서 하나님이 야곱에게 나타나심 -

아브라함에게 하셨던 언약을 다시 말씀하심(28 장)

3. 야곱이 하란에 도착 - 라헬과 외삼촌 라반을 만남 - 라헬을 위하여 봉사 - 속아, 레아와 먼저 결혼하게 됨(29 장)
4. 야곱의 아들들의 출생 - 야곱이 라반을 떠날 준비를 함 - 외삼촌과의 계약에서 야곱은 풍부하게 됨(30 장)
5. 야곱이 하란에서 도망함 - 라반이 그를 쫓아옴 - 야곱과 라반이 미스바에서 언약을 맺음(31 장)
6. 야곱의 생애에서의 위기 : 브니엘에서 어떤 사람과 씨름 - 야곱의 이름이 이스라엘로 바뀜(32 장)
7. 야곱이 에서를 만남 - 야곱이 세겜으로 감(33 장)
8. 야곱 가정의 수치 : 야곱의 딸 디나가 욕을 당함 - 오라비들이 하몰 사람을 살해하여 복수함(34 장)
9. 야곱이 벧엘을 재방문 - 라헬이 베들레헴에서 죽음 - 이삭이 헤브론에서 죽음(35 장)
10. 에돔 족속이 된 에서의 가족(36 장)

4 고난과 영광의 요셉(37–50 장)

1. 야곱이 가나안 땅에 거주 - 요셉이 노예로 팔림(37 장)
2. 유다의 범죄와 수치(38 장)
3. 애굽에서 당한 요셉의 굴욕(39–40 장)
   (1) 보디발의 집에 가정 총무가 됨 - 보디발의 아내의 유혹 - 보디발의 아내로부터 누명을 씀 - 투옥당함(39 장)
   (2) 감옥에서의 요셉 - 떡 굽는 자와 술 맡은 자의 꿈을 해석(40 장)
4. 애굽에서 고위직에 임명됨(41–48 장)
   (1) 바로의 꿈을 해석함 - 애굽의 총리가 됨 - 아스낫과 결혼함 - 므낫세와 에브라임의 출생(41 장)
   (2) 야곱의 열 아들이 양식을 구하려고 애굽으로 내려감 - 총리가 된 요셉을 알현함 - 시므온을 담보로 남김 - 양식과 반환된 돈뭉치를 가지고 귀향(42 장)

(3) 야곱이 베냐민과 함께 그의 아들들을 다시 애굽에 보냄-요셉의 집에서 환대를 받음〔그러나 요셉의 신분을 밝히지 않음〕(43 장)
(4) 요셉이 그의 형제들을 고향으로 돌려 보냄-청지기에게 체포됨-유다가 베냐민을 위해 변호함(44 장)
(5) 요셉이 형제들에게 자기 신분을 폭로함-형제들과의 감격적인 재결합-야곱과 그의 모든 가족을 애굽으로 부름(45 장)
(6) 야곱이 그의 가족(70 명)과 애굽으로 이주-야곱과 요셉의 재회(46 장)
(7) 야곱과 그 자손들이 고센 땅에 거주-바로를 만난 야곱-애굽 사람이 기근으로 인해 그들의 모든 땅을 요셉에게 팖-요셉이 야곱을 가나안 땅에 장사할 것을 약속함(47 장)
(8) 임종시 야곱이 요셉의 두 아들에게 축복(48 장)

5. 야곱과 요셉의 죽음 및 장사(49–50 장)
(1) 죽음을 앞둔 야곱의 열두 아들에 대한 축복과 예언(49 장)
(2) 야곱의 죽음과 가나안에서의 장사-요셉의 애굽에서의 죽음과 장사(50 장)

차 례

제 1 장

우주의 창조 / 땅을 지으심 / 첫째 날 : 빛의 창조 / 둘째 날 : 궁창의 창조 / 세째 날 : 마른 땅과 식물의 창조 / 네째 날 : 일, 월, 성신의 창조 / 다섯째 날 : 각종 짐승의 창조 / 여섯째 날 : 생물을 번성케 하심 / 인간의 창조 I

우주의 창조

"태초에 하나님이 천지를 창조하시니라"(1절).

이 말씀은 오늘날까지 기록된 모든 글 가운데서 가장 심오한 내용일 뿐만 아니라 많은 사람들에게 큰 거부감을 주는 말씀이기도 합니다. 창세기 1 장 후반부에 좀더 자세히 기록된 인간과 짐승의 창조를 제외하고는 실제의 모든 창조 기사가 창세기 1 장 1 절에 함축되어 있다고 하겠읍니다.

하나님께서 우리에게 말씀을 주실 때에, 짧게 요약하여 주셨다는 사실은 정말 흥미로운 일입니다. 그러나 더욱 중요한 사실은, "그분께서 이렇게 특별한 말씀을 우리에게 하신 의도가 무엇이었느냐" 하는 것입니다. 또한 여기에 담겨진 창세기 기자의 의도는 과연 무엇이었을까요? 단지 우리에게 지질학 같은 것을 가르치려는 것이었을까요?

요즘 바로 이 문제로 인해 매우 많은 논쟁이 일고 있습니다. 얼마 전, 미국 캘리포니아의 주(州) 교육국에서는 성경에서 가르치는 창조론을 과학 교과서에 포함시키겠다고 했습니다. 그러나 저는 이러한 사실에 대해서 매우 조심스러운 생각을 가지고 있습니다. 왜냐하면 그 내용이 가르치는 교사에 따라 크게 달라질 수 있기 때문입니다. 아직까지는 사실상 그것을 바르게 지도할 수 있는 준비된 교사가 매우 적은 실정이기 때문입니다.

이러한 우주의 기원에 관한 문제는 다른 어떤 것보다도 격렬한 논쟁과 터무니없는 이론과 심각한 의견 충돌을 불러 일으키고 있습니다. 인간의 가설은 자칫 하나님의 분명한 말씀을 멀리하게 하는 헛된 이론을 낳기가 일쑤입니다.

이러한 헛된 이론들 중 우주의 기원을 사실 그릇되게 하는 두 개의 극단적인 부류가 있는데, 그들은 독단적인 가설과 주장으로 오히려 우주의 기원을 더욱 혼란시켜 놓았습니다. 그 한 부류는 생물학적이며 철학적인 진화가 올바른 진리라고 가정하는 오만한 과학자들의 무리입니다. 그들이 가정하고 있는 원리는 "확실한 과학적 발견으로 모든 것이 증명되어야만 한다"는 것입니다. 또 다른 한 부류는 거만한 젊은 신학자들의 무리로서 그들은 "과학과 성경이 서로 일치되는 부분만을 받아들여야 한다"고 주장합니다. 그들은 과거의 위대한 성경 연구가들을 자기들과 비교해서 그들을 별 볼일 없는 사람으로 일축해 버립니다.

저는 이런 사람들에게 하나님께서 욥에게 하신 말씀을 진지하게 들려주고 싶습니다.

"내가 땅의 기초를 놓을 때에 네가 어디 있었느냐 네가 깨달아 알았거든 말할지니라"(욥 38:4).
다시 말하면, 하나님께서는 사람에게 "네가 우주의 기원에 대하여 이야기하지만, 내가 땅의 기초를 놓을 때에, 너는 너 자신이 어디에 있었는지조차도 모르지 않느냐!"라고 말씀하십니다.

세상의 시작에 대해 대단히 많은 이론이 있긴 하지만, 그 모든 이론들은 크게 다음의 두 가지로 나누어 볼 수 있겠읍니다. 그 하나는 창조됐다는 것이며, 다른 하나는 인간의 생각에서 나온 것들입니다. 모든 이론은 결국 두 가지 가운데 어느 한 편에 속합니다.

진화론 안에서도 여러 가지 많은 학설이 있지만, 현대뿐만 아니라 과거에 생존했던 아주 탁월한 과학자들 중에도 진화론을 부정했던 사람이 많이 있었읍니다. 그래서 우리는 진화론에 대해 그것이 2 + 2 = 4 라는 것처럼 하나의 분명한 과학적인 주장이라고 볼 수가 없읍니다.

창세기 1 장에는 창조에 대한 기사가 있는데, 그것은 신앙에 의해서만이 온전히 받아들여질 수 있읍니다. 이것은 히브리서를 보면 아주 명백해집니다.
"믿음은 바라는 것들의 실상이요 보지 못하는 것들의 증거니 선진들이 이로써 증거를 얻었느니라 믿음으로 모든 세계가 하나님의 말씀으로 지어진 줄을 우리가 아나니 보이는 것은 나타난 것으로 말미암아 된 것이 아니니라"(히 11:1–3).

창조론을 주장하는 데 있어서의 하나의 중대한 문제는 "어떻게 무(無)에서 유(有)가 창조되었겠느냐?"를 증명하는 것입니다. 우리는 신앙이나 아니면 초과학적인 사고를 통하여서만이 그 답을 얻을 수가 있읍니다.

이제 우리는 우주의 기원에 대한 몇 가지 이론을 살펴보도록 하겠읍니다.

우선 우주의 기원에 과학적인 증거를 받아들여야 한다고 말하는 사람들이 있읍니다. 그러나 저는 그 과학적인 증거가 무엇이냐고 반문하고 싶습니다. 과연 우리가 이야기하고 있는 과학이란 무엇일까요? 1806 년 리엘(Lyell) 교수는, 프랑스 과학원(French Institute)이 성경과 반대되는 지질학설을 발표했으나, 그 가운데 오늘날까지 주장되고 있는 것은 단 하나도 없다고 밝히고 있읍니다.

하나님께서는 모세를 통하여 창세기를 기록하셨읍니다. 그런데 오늘날 사람들이 비과학적이라면서 창조의 사실을 반대하고 있는 것을 모세가 본다면, 오히려 모세가 그들을 비웃을 것입니다. 왜냐하면 그는 과학적인 설명을 하기 위해서 창세기를 기록한 것이 아니기 때문입니다. 바울은 성경이 기록된 목적을 디모데후서 3 장 16,17 절에서 잘 설명해 주고 있읍니다.

"모든 성경은 하나님의 감동으로 된 것으로 교훈과 책망과 바르게 함과 의(義)로 교육하기에 유익하니 이는 하나님의 사람으로 온전케 하며 모든 선한 일을 행하기에 온전케 하려 함이니라."

성경이 기록된 목적은 인간을 의롭게 하려는 것입니다. 성경은 우리에게 지질학이나 생물학을 가르쳐 주기 위하여 기록되지 않았읍니다. 성경이 기록된 목적은 하나님과 인간 사이의 관계가 어떠한가를 보여 주며, 인간에 대한 하나님의 요구와 인간의 구원을 위한 하나님의 방법을 보여 주고자 하는 것입니다. 그러므로 우리는 창세기의 앞부분에서 "나는 어떻게 구원받을 수 있는가?"를 먼저 깨달아야 할 것입니다.

만약 하나님께서 창조에 대하여 과학적으로 말씀하셨더라면, 모세가 살던 그 당시에 과연 몇 사람이나 그것을 이해할 수 있었겠읍니까? 아니 오늘날이라고 할지라도 그 수는 그리 많지 않을 것입니다. 우리는 성경이 지식있는 몇몇 사람만이 아니라 모든 나라, 모든 연령층의 일반 사람들도 이해할 수 있도록 씌어졌다는 것을 기억해야 합니다. 만약에 모세 당시에 과학적인 말로써 기록이 되었더라면, 그것은 분명히 사람들에게 외면당하고 말았을 것입니다.

성경이 과학적으로 기술되지 않은 까닭에, 인간은 지금까지 **우주의 기원**에 대한 몇 가지 이론을 생각해 낼 수 있었읍니다.

첫번째 이론은 **자연발생설**입니다. 이것은 성경의 주장과 어느 정도 일치하긴 하지만, 하나님께서 말씀으로 창조하셨다는 것과는 차이가 있읍니다. 두번째 이론은, **영원 전 존재설**입니다. 이것은 우주에는 기원이 있는 것이 아니라 영원 전부터 그냥 존재하고 있었다는 학설입니다. 여기에 대한 성경적 입장은 **창조설**입니다. 그것은 오늘날, 사람들이 우주의 기원을 설명하기 위하여 주장하는 구구한 여러 가지 이론을 제압합니다.

이 외에도 몇 가지의 우주 기원설이 더 있읍니다.

미국 하버드 대학교 부설 기상관측 소장이었던 할로우 샤플리(Harlow Shapely) 박사는 "우리가 살고 있는 세계에 대하여 우리는 아직도 너무나 무지하다"고 했읍니다. 그는 말하기를 "인간은 우리가 상상할 수 있는 모든 지식의 양을 생각할 때 오랜 경험을 통하여 동물이 얻은 지혜보다 그다지 나은 것이 없다. 우리는 이제 어둠에서 오는 위험을 더 이상 두려워하거나 죽음에 대해서도 비실제적인 생각을 하지 않는다. 많은 경우에 있어 우리는 매우 합리적으로 판단한다. 그럼에도 불구하고, 우리는 우리의 이해력을 초월하고 있는 것에 대하여는 너무나 무지하다"라고 했던 것입니다. 다시 말하면, 우리는 우리가 살고 있는 우주의 기원에 대하여 아직까지 전혀 무지한 상태에 있다는 말입니다.

또 펜실베니아 대학교의 교수인 로렌 아이슬레이(Loren C. Eiseley) 박사도 "우주는 갑자기 일련의 단층조직으로 구성되어 버린 것처럼 보이며, 그 상·하단층은 서로가 다르다. 사람과 다른 모든 생물이 발전하고 변하여 왔다는 것은 부인할 수 없지만, 이러한 외적 변화의 저변에 숨어 있는 것에 대하여서 우리는 모르고 있다"라고 말하였읍니다.

또한 생물학자인 에드윈 콩클린(Edwin Conklin)은 진화론에 대해 이야기하면서 생명이 우연히 발생할 가능성은 "인쇄소에서 활자들이 아무렇게나 쏟아져서 전혀 오자가 없는 완전한 한 권의 사전이 나오는 가능성에 비유될 수 있다"고 했읍니다.

이러한 진술들은 그것이 과학자의 입장에서 이야기한 매우 비과학적인 말로 들릴지도 모르지만, 그것은 사실입니다.

천문학자들이 제시하였던 우주 기원설에는 최소한 3 가지 학설이 있읍니다. 그 가운데 하나는 **정체설**이고, 다른 하나는 **대폭발설**이며, 마지막 한 가지는 **진동설**입니다.

캘리포니아 공과대학의 교수인 윌리엄 바움(William A. Baum) 박사는 "새로운 사실들이 자꾸 발견되어짐으로 말미암아, 우주가 항상 존재하여 왔으며 새로운 물질이 계속하여 만들어지고 있다는 「정체설」이 점차 부인되고 있다"고 조심스럽게 말하였읍니다. 수년 전에는 그 학설이 인정되었으나 지금은 우주의 기원에 대하여 새로운 이론이 대두되었던 것입니다. 바움 박사는 "대폭발설"을 분명하게 주장하였는데, 그것은 수십억 년 전에 대폭발이 일어났으며 우리는 지금 수십억, 또는 수백억 년 전에 만들어진 땅에서 살고 있다는 학설입니다. 이것은 재미있는 학설로서 영국에서 한 때 유행하기도 했읍니다.

몇 년 전 선교사의 아들이면서 동시에 인류학자인 루이스 리키(Louis Leakey) 박사는 아프리카에서 '유인원과 사람의 중간 단계에서 빠진 고리'라고 여겨졌던 어떤 동물의 뼈를 발견하게 되었읍니다. 그는 잘 발달한 치아와 두개골 조각을 땅 속에서 파내어 가지고는 "세골인"(細骨人 : Nutcracker man)이라 이름짓고, 그것이 약 60 만년 전의 십대 청소년의 것이라고 주장하였읍니다. 그러나 전에는 이러한 학설이 많이 주장되었으나 1961 년 이후부터는 거의 사라지게 됨으로 과학계에서조차 그런 학설을 인정치 않고 있음을 보여 주고 있읍니다.

인류의 기원에 대해서도 역시 여러 가지 구구한 학설이 있읍니다.

로렌스 딜론(Lawrence S. Dillon)이라는 어떤 생물학자는 "인간은 동물이 아니라, 갈색 해초에서 진화한 식물"이라고 주장하기도 했읍니다. 혹 독자들 가운데서도 그렇게 생각하고 계신 분이 있다면, 그 분은 지금까지 조상의 기원에 대하여 아주 잘못 알고 있는 것입니다. 나무를 인류의 기원이라고 생각해온 사람도 있으며, 해초가 우리의 조상이기 때문에 우리는 지금 해초가 자라고 있는 바닷가에 있어야 한다고 말하는 사람도 있읍니다. 이러한 주장들은 오늘날 어리석은 생각으로 취급받고 있읍니다.

지구의 기원에 대해서도 오늘날 매우 많은 학설이 제기되고 있읍니다. 독일의 클라우스 멤펠(Klaus Mampell) 박사는 "인간이 카나리아나 캥거루보다는 유인원에서 왔다고 볼 수 있는 이유를 전혀 발견하지 못했다"고 말하였읍니다.

진화론은 여러 가지의 다른 형태의 견해로 나뉘어져 있읍니다. 그러나 그것이 진리라고 증명된 바가 아직도 없읍니다. 당신이 잘못된 과학자들의 연구 결과에 심취해 있다면 그것은 불행한 일이 아닐 수 없읍니다. 오늘날 중・고등학교에서의 과학 수업에서는 지구의 기원에 대해 올바른 사실을 가르쳐 주지 못하고 있읍니다. 왜냐하면 선생님들도 대학교에서 공부할 때 오직 한 가지 관점에서만 배웠기 때문입니다.

그러나 진화론에 대해서 모든 과학자가 지지하고 있는 것은 아닙니다.

진화론자이며, 스웨덴의 식물학자인 헤리버트 닐슨(Heribert Nilsson) 박사는 다음과 같이 말합니다.

"40 년 이상 실험을 통하여 진화론을 증명하려던 나의 모든 노력은 완전히 실패하였다 … 그것은 내가 처음부터 반진화론적인 선입견을 가지고 출발하였기 때문이 아니다. 고생생물의 자료를 가지고 무엇을 이야기한다는 것조차도 전혀 불가능하다는 것을 강력히 주장할 수 있다. 화석의 자료가 매우 완전하여 새로운 종을 구성하는 것은 가능하였지만, 변이계통에 대한 것은 자료의 부족으로 설명이 불가능하다. 자료가 부족한 것은 사실이며 그것은 결코 채워질 수 없을 것이다 … 진화론을 인정하는 것은 온전히 개인의 신념 때문이다."

진화론은 인간의 사고에서 추론되는 것입니다. 그러나 불행하게도 많은 사람들이 그것을 기정 사실로 받아들이고 있습니다.

오늘날, 대부분 젊은 신학자들로 이루어진 단체에서는 이른바 「유신론적 진화론」의 입장을 취하고 있습니다. 하나님의 창조 사역을 비약적인 자연적 발달 현상으로 대치시켜버린 이 유신론적 진화론은 모든 학설 가운데서도 가장 비현실적인 이론일 것입니다. 그것은 아주 비합리적인 주장이며 비논리적인 견해입니다. 그들은 신앙과 진화론의 두 입장을 다 주장하려는 사람들입니다. 그들은 한 손으로는 불신앙과 악수하며, 한 손으로는 전시 효과용으로 성경을 들고 있는 태도를 취합니다. 두 입장을 다 취한다는 것은 실로 어려운 일이라 아니 할 수 없읍니다. 그것은 마치 고대 그리이스의 경마 경기에서 선수가 한 발은 이쪽 말 위에, 다른 한 발은 저쪽 말 위에 올려놓은 채 달리는 것처럼 위험한 일입니다. 이때 만일 두 마리의 말이 나란히 달려간다면 다행이지만, 그 중의 한 마리가 다른 길로 가고자 한다면 어떻게 되겠읍니까? 경기자는 할 수 없이 어느 한 쪽을 택하여야만 할 것입니다. 이것이 바로 유신론적인 진화론자들의 입장입니다. 어쨌든 그런 사람들은 대개 마지막에 가서는 엉뚱한 방향으로 빠져버리고 맙니다.

그 외에도 우스꽝스런 여러 학설들이 제기되어 왔읍니다. 그 중에 하나는 까마득히 먼 옛날 어떤 지성적인 존재가 이 땅 위에 버린 쓰레기통에서 인류가 탄생하였다는 것입니다. 그것은 우스개소리가 아닌 과학자의 입에서 나온 진술입니다. 우리의 조상을 나무와 해초에서 찾으라고 말한 과학자가 있는가 하면, 이제는 인류의 기원을 쓰레기통 속에서 찾으라고 이야기하는 과학자까지 있으니 참으로 심각한 문제라 아니 할 수 없읍니다.

이에 우리는 "태초에 하나님이 천지를 창조하시니라"하신 창세기 1 장 1 절의 말씀에 우리의 믿음의 기초를 두어야 하겠읍니다. 우주를 창조하신 분은 바로 하나님이십니다. 하나님께서는 무(無)의 상태에서 우주를 만드셨읍니다. 그 때와 그 시기에 관해서는 오직 하나님만이 아십니다.

어떤 사람들은 그 때를 추측해 발표하기도 하지만 그것은 무모한 상상에 불과합니다. 우리는 여기서 하나님께서는 영원 전부터 계셨다는 사실을 기억해야 합니다. 그리고 사실, 하나님께서는 우리에게 자신의 창조 사역에 대해 그렇게 많이 말씀하시지 않았읍니다. 그러므로 부족한 인간이 자기가 알고 있는 것보다 더 많이 아는 것처럼 주장하는 것은 주제넘는 일인 것입니다. 그래서 쉐르만 나겔(Sherman A. Nagel)은 이렇게 노래했읍니다.

뭇 별 중 하나라도 한 번 옮겨보렴
숲에 널린 가랑잎 중 하나라도 지어보렴
산을 솟게 하겠는가?
바다를 가라앉히겠는가?
무거운 머리 하나 제대로 가누지도 못하는 주제넘는 불신덩이여!

저기 저 사람에게 장엄한 빛을 비춰보렴
저기 저 이글거리는 태양을 황혼으로 삭여보렴.
아니 저 밤하늘에 달무리를 그려보렴.
창조주를 의심하는 무능한 이 사람아!

우리는 창세기 1 장 1 절의 "태초에 하나님이 천지를 창조하시니라"라는 말씀을 그대로 받아들여야 하겠읍니다. 그리고 시편 기자가 시편 8 편 3 절에서 말하고 있는 '주님의 손가락으로 만드신 주님의 하늘과 주님의 베풀어두신 달과 별들'을 생각하면서 시편 19 편 1 절에서 "하늘이 하나님의 영광을 선포하고 궁창이 그 손으로 하신 일을 나타내는도다"라고 노래한 것을 깨달을 수 있어야 하겠읍니다.

사도 바울은 로마서 1 장 20 절에서 "창세로부터 그의 보이지 아니하는 것들 곧 그의 영원하신 능력과 신성(神性)이 그 만드신 만물에 분명히 보여 알게 되나니 그러므로 저희가 핑계치 못할지니라"고 했읍니다. 히브리서 기자는 11 장 3 절에서 "믿음으로 모든 세계가 하나님의 말씀으로 지어진 줄을 우리가 아나니 보이는 것은 나타난 것으로 말미암아 된 것이 아니니라"고 고백했읍니다. 우리는 하나님께서 우주를 창조하셨다는 것을 믿음으로 받아들여야 합니다. 아무리 훌륭한 과학자라도 '어떻게 무(無)에서 유(有)가 창조될 수 있는가'에 대해서는 설명할 수가 없는 것입니다. 하나님께서는 인간이 도무지 알 수 없는 방법으로 우주를 창조하셨읍니다. 그래서 인간들 가운데 이 우주가 언제 창조되었는지를 정확히 알 수 있는 사람은 아무도 없는 것입니다.

창세기의 기록과 다른 여러 창조 설화들을 서로 비교해 보면 사실 현저한 차이점을 발견할 수 있읍니다. 대부분의 나라들이 창조에 대해 옛날부터 전해 내려오는 설화들을 갖고 있긴 하지만, 거의 모두가 창세기에서 말하고 있는 내용과는 아주 다릅니다. 예를 들어, 우주의 기원에 대한 여러 나라의 설화들 가운데 가장 훌륭하다고 평가받고 있는 바벨론의 창조 설화와 창세기의 기록을 비교해 보면, 바벨론의 설화에는 태초에 이 우주가 무질서하였다고 기록되어 있는 반면에, 성경은 질서있고 완전한 상태에서 이 우주가 시작되었다고 말하고 있읍니다.

"태초에 하나님이 천지를 창조하시니라."

바벨론의 창조 설화는 전체가 온통 신으로 되어 있다고 말하지만, 성경은 그것이 단지 물질에 불과하다고 말합니다. 따라서 바벨론 설화는 다신론적 신관에 입각한 내용이라면, 성경은 유일신론적 신관에 그 기초를 두고 있는 것입니다. 바벨론의 창조 설화에서는 이 우주를 어떤 조물주가 직접 작업을 하여 만들어 놓았다고 말하는 데 비하여, 성경은 하나님께서 단지 말씀하심으로써만 이 우주를 창조하셨다고 말하고 있읍니다. 바벨론 설화는 다소 좀 유치하고 추상적인 테두리를 벗어나지 못하고 있읍니다. 이에 반해 성경의 창조 기사는 거룩하시고 우리의 구주가 되시는 창조주 하나님의 위대하고 장엄하신 모습을 잘 보여주고 있읍니다. 바벨론의 창조 설화가 이미 밝혀진 과학적 사실과 분명히 조화를 이루지 못하는 반면, 성경의 창조 기사는 과학적 진리의 사실과 일치하고 있읍니다.

진화론에서는 하나님의 존재와 계시가 부정되기 때문에 우리는 그것을 받아들일 수 없읍니다. 또 진화론은 인간의 타락과 원죄의 사실을 부인하며, 그리스도의 동정녀 탄생도 부정합니다. 그러므로 우리는 진화론을 반대하는 것입니다.

진화론은 우주의 기원을 설명해 주지 못합니다. 진화론으로는 도무지 설명이 불가능하고 해결할 수 없는 3 가지 영역이 있기 때문입니다. 진화론은 첫째로, 아무것도 없었다가 어떤 물질이 만들어졌다는, 무(無)에서 유(有)의 창조에 대해 전혀 설명하지 못합니다. 둘째로, 물질인 무생물체가 생명체로 된 것에 대해 증명할 수가 없읍니다. 세째로, 다른 생명체와 자유 의지를 갖고 있는 인간과의 차이에 대해 아무런 설명도 해 주지 못합니다.

진화론은 앞으로 오래지 않아 그 논리적인 문제점과 비과학적 요소로 말미암아 이 땅에서 사라지게 될 것입니다.

우리는 이제, **하나님께서 우주를 만드신 이유**가 무엇인지 살펴보고자 합니다. 이것은 매우 중요한 문제입니다.

첫째로, **하나님께서 우주를 만드신 이유는 하나님의 기쁨을 위해서였읍니다.**

하나님께서는 우주를 창조하시는 것을 좋게 여기셨으며, 창조하신 후에도 심히 기뻐하셨읍니다.
"우리 주 하나님이여 영광과 존귀와 능력을 받으시는 것이 합당하오니 주께서 만물을 지으신지라 만물이 주의 뜻대로 있었고 또 지으심을 받았나이다"(계 4:11).
하나님께서는 친히 우주를 창조하시고자 원하셔서 우주를 창조하신 것입니다. 즉, 하나님께서는 자신의 기쁨을 위하여 우주를 창조하셨읍니다. 우리는 우주에 대해 무관심할지 모르지만, 하나님께서는 그것을 사랑하고 계십니다. 그분은 내가 살고 있는 이 작은 세계가 우주의 어디에 위치하는 것이 좋을지 우리에게 물어보지 않으셨읍니다. 또 하나님께서는 우리의 출생지를 우리에게 물어보고 결정하지 않으셨읍니다. 결국 하나님은 자신의 뜻을 따라 이 일을 하셨으며 마치신 후에도 그것을 만족히 여기셨읍니다.

둘째로, **하나님께서 우주를 만드신 이유는 자신의 영광을 위해서였읍니다.**
하나님께서 창조하실 때에 모든 피조물들이 창조주의 위대함을 찬양하며 노래하였읍니다.
"그 때에 새벽별들이 함께 노래하며 하나님의 아들들이 다 기쁘게 소리하였었느니라"(욥 38:7).
"…내가 내 영광을 위하여 창조한 자를 오게 하라 그들을 내가 지었고 만들었느니라"(사 43:7).
하나님께서는 바로 자신의 영광을 위하여 우주를 창조하셨읍니다. 하나님께서는 참으로 인간과 교제하기 원하셨읍니다. 따라서 하나님께서는 우리 인간을 자유로운 도덕적 행위자로 창조하셨읍니다. 하나님께서는 인간을 로보트처럼 만드실 수도 있었읍니다. 즉, 우리 인간을 자기 마음대로 사용할 수 있는 기계적인 인간으로 만드실 수도 있었읍니다. 그러나 하나님께서는 그와 같은 인간을 원하지 않으셨읍니다. 하나님께서는 인간이 스스로 하나님을 택하여 사랑하고, 하나님을 섬기기를 원하셨읍니다. 우리가 하나님을 불신하고 불경(不敬)스럽게 행동하며 반항했을지라도 우리가 예수 그리스도를 온전히 구세주로 영접하는 것은 인간이 할 수 있는 가장 훌륭한 일이 아닐 수 없습니다. 하나님을 전능하신 아버지(Father Almighty)와 천지를 지으신 분(Maker of heaven and earth)으로 믿으며, 그분의 아들 예수 그리스도를 영접하는 것은 우리가 가지고 있는 영광스러운 특권입니다. 우리는 주위에서 언론의 자유와 기타 모든 자유에 대하여 이야기하는 것을 많이 듣고 있지만 자유에 대하여 그렇게도 큰 소리로 외치고 있는 많은 사람들도 실제로는 진정한 자유가 무엇인지를 모르고 있는 것같이 보일 때가 많습니다.

창세기 1 장 1 절의 "태초에 하나님이 천지를 창조하시니라"는 선언은 위엄에 찬 말씀입니다. 또한 웅대한 하나님의 말씀입니다. 그 말씀은 당신이 성경을 대하게 될 때 제일 먼저 수락해야 하는 대전제가 되는 말씀입니다. 우리가 하나님께 나아갈 때에는 그분이 계신 것과 "태초에 하나님이 천지를 창조하셨다" 하신 말씀을 반드시 믿어야 합니다.

창세기의 맨 첫 단어인 "태초에"는 그 날짜를 알 수 없는 어느 시점을 의미합니다. 오직 그 정확한 시기는 하나님만이 아십니다. 사실 인간은 그 때를 전혀 알 수 없읍니다.

또한 1 절의 "창조하다"라는 단어는 히브리어의 『바라』(bara)에서 온 말로서 무(無)에서 유(有)를 만들어 내는 것을 의미합니다. 이 낱말은 창세기 1 장에서 3 번밖에 기록되지 않았기 때문입니다. 첫번째 것은 무에서 유의 창조로 "태초에 하나님이 천지를 창조하시니라"는 1 절 말씀에 나타났고, 두번째 것은 생물에 대한 창조로 21 절의 "하나님이 큰 물고기와 물에서 번성하여 움직이는 모든 생물을 …창조하시니"란 말씀에 나타나 있읍니다. 여기서는 모든 종류의 생물을 의미합니다. 세번째 것은 인간에 대한 창조로 "하나님이 자기 형상 곧 하나님의 형상대로 사람을 창조하시되"라는 27 절 말씀에 사용되었읍니다. 그러므로 앞에서 설명했던 유신론적 진화론은 창조에 대한 해답이 될 수 없읍니다. 유신론적 진화론은 인간이 만들어질 때까지는 창조를 따르려 하지만, 그 다음 아담과 하와에 대하여서는 진화 과정의 산물로 보고자 합니다. 유신론적 진화론자들은 창세기에서 나타나는 하루를 아주 오랜 시대로 생각하고 있읍니다. 그러나 그것은 잘못된 생각입니다. 하나님께서 창조하실 때의 날의 개념에 대해서 살펴 볼 때 "저녁이 되며 아침이 되니 이는 첫째날이니라"와 같은 표현으로 말씀하신 것으로 보아 하나님께서 하루를 오랜 기간이 아닌 24 시간으로 언급하고 계신 것을 알 수가 있읍니다.

하나님께서 아와 같이 위대한 원리들을 창세기의 처음 두 절에 기록하셨다는 것은 매우 흥미있는 일이 아닐 수 없읍니다. 그러므로 우리가 그것을 깨닫는 것은 대단히 중요한 일입니다.

> "땅이 혼돈하고 공허하며 흑암이 깊음 위에 있고 하나님의 신(神)은 수면에 운행하시니라"(2절).

여기에는 특별히 땅에 대하여 언급되고 있는데, 그것은 땅이 사람의 살아야 할 장소이기 때문입니다.

여기서 "혼돈하고 공허하며"라는 구절은 매우 재미있는 표현입니다. "혼돈하고"는 히브리어의 『토후』(tohu)로, 황폐하고 아무도 없었다는 것을 의미하여, "공허하며"는 히브리어의 『보후』(bohu)로, 이것은 텅 비었다는 것, 즉 아무것도 없었다는 것을 의미합니다. 이에 대해 이사야의 예언을 살펴봅시다.

"여호와는 하늘을 창조하신 하나님이시며 땅도 조성하시고 견고케 하시되 헛되이 창조치 아니하시고 사람으로 거하게 지으신 자시니라 그 말씀에 나는 여호와라 나 외에 다른 이가 없느니라"(사 45:18). 여기에서 하나님께서는 땅을 "헛되이" 창조하시지 않았다고 말하고 있읍니다. "헛되이"는 히브리어의 『토후』(tohu)로 창세기 1 장 2 절에서 사용된 낱말과 똑같은 단어입니다. 하나님께서는 땅을 혼돈하고 공허하게 창조하시지 않았읍니다. 하나님께서는 이 우주를 무질서하게 창조하신 것이 아니라 질서있게 창조하셨읍니다. 이것이 바로 이사야가 말하고자 하는 점입니다. 하나님께서는 땅을 혼돈되고 공허하게 창조하신 것이 아니라, 창조하신 땅이 아직 조직적이며 질서있는 형태를 이루지 못하고 있었음을 보여주고 있을 따름입니다. 하나님께서는 땅을 인간이 거주할 곳으로 창조하시고자 계획하셨으며, 혼돈하고 공허한 땅을 인간이 살 수 있는 곳으로 만드셨읍니다.

필자는 이 말씀에서 말하고 있는 것은 온 우주의 대변화를 의미한다고 생각합니다.

필자는 이때에 우주에 대변화가 일어났었다고 생각합니다. 그것은 어떤 변화일까요? 우리는 이 땅 위에 아담 이전에 어떤 피조물이 있었을 것이라고 추정할 수 밖에 없읍니다. 그리고 이 모든 것은 사단이 된, 계명성 곧 「루시퍼」(Lucifer)의 타락과 관련된다고 생각합니다. 저는 이 사실이 본문에 함축되어 있다고 생각하지만, 하나님께서는 우리에게 자세히 설명해 주시지 않으셨읍니다. 사실 하나님께서는 창세기 제 1 장에서 자세한 말씀을 거의 하시지 않으셨읍니다.

"하나님의 신(神)은 수면에 운행하시니라"에서 "운행하시니라"는 말은, 마치 암탉이 병아리를 품는 것처럼 품었다는 것을 의미합니다. 우리가 앞으로 계속하여 발견하게 될 성령의 역사하심이 여기에서부터 시작됩니다. 그것은 바로 재창조의 역사입니다. 성령께서는 계속적으로 이 사역을 하시며, 그것은 바로 전적으로 우리 자신을 위하시는 일입니다.

예수께서는 요한복음 3 장 5 절에서 "…사람이 물과 성령으로 나지 아니하면 하나님 나라에 들어갈 수 없느니라"고 말씀하셨읍니다. 여기서 물은 하나님의 말씀을 상징합니다. 당신이 구원을 받아 그 표시로서 세례(침례)받기를 원한다면 그것은 참 좋은 일입니다. 그러나 여기서의 물은 하나님의 말씀을 의미합니다. 그리고 성령께서 바로 그 말씀의 저자가 되십니다. 이와 같이 본문에서의 "수면"도 하나님의 말씀을 의미하는 것입니다.

땅을 지으심

우리는 1 절에서 우주의 창조를 살펴보았고, 2 절에서는 땅의 변동에 대하여 살펴보았읍니다. 이제는 6 일 동안에 걸친 땅의 완전한 창조에 대하여 살펴보기로 하겠읍니다.

여기에는 몇 가지 우리의 주의를 요하는 사실들이 있읍니다. 출애굽기 20 장 11 절을 보면 "이는 엿새 동안에 나 여호와가 하늘과 땅과 바다와 그 가운데 모든 것을 만들고…"라는 말씀이 있읍니다. 이 말씀에는 창조에 대하여서는 아무 언급이 없읍니다. 다만 "만들고"라고만 기록하고 있을 뿐입니다. 하나님께서는 창조하고 계신 것이 아니라 이미 이루어진 것들을 취하여 재창조하고 계십니다. 하나님께서는 태초에 말씀으로 창조하신 것들을 가지고 다시 사역하고 계신 것입니다.

하나님께서는 생물을 창조하사 땅에 두셨으며, 땅 위에 인간을 창조하셨읍니다. 우리는 그러한 창조물에 깊은 관심을 갖고 있읍니다. 왜냐하면 우리는 하나님께서 창조하신 피조물 가운데 하나이기 때문입니다. 창세기의 기록이 오늘날 우리에게 대단히 중요한 것은 바로 이러한 이유 때문입니다.

첫째 날 : 빛의 창조

"하나님이 가라사대 빛이 있으라 하시매 빛이 있었고 그 빛이 하나님의 보시기에 좋았더라 하나님이 빛과 어두움을 나누사 빛을 낮이라 칭하시고 어두움을 밤이라 칭하시니라 저녁이 되며 아침이 되니 이는 첫째 날

> 이니라"(3-5절).

그 때의 하루는 24 시간이었음이 분명합니다. 그리고 하나님께서 "빛이 있으라"고 말씀하신 것에 주목하십시오. 본 1 장에서는 "…있으라 하시매"라는 말이 열 번이나 반복해서 사용되고 있읍니다. 그래서 이것을 창조에 대한 십계명이라고 부르는 사람까지도 있읍니다. 그리고 "하나님이 가라사대 빛이 있으라"는 말씀은 하나님께서 우리에게 최초로 하신 말씀입니다. 또한 이것은 성경에 기록되어 있는 하나님의 첫번째 말씀입니다.

둘째 날 : 궁창의 창조

> "하나님이 가라사대 물 가운데 궁창이 있어 물과 물로 나뉘게 하리라 하시고"(6절).

여기서 "궁창"이란 단어는 히브리어의 『라키아』(raqia)로 대기권을 의미합니다.

"물과 물로 나뉘게 하리라"는 말씀은 하나님께서 하늘의 물과 땅위의 물로 나누셨다는 뜻입니다.

> "하나님이 궁창을 만드사 궁창 아래의 물과 궁창 위의 물로 나뉘게 하시매 그대로 되니라"(7절).

하나님께서는 궁창 위의 물과 아래의 물로 나누셔서 사람의 생명을 유지하는 데 절대적인 필요를 채우게 해주셨읍니다. 만일 하늘에서 비가 내리지 않고, 바닷물과 지하수가 없다면 지구상의 모든 생물은 어느 것도 생존치 못할 것입니다. 과학자들에 의하면 이 물은 우주에서 오직 지구상에만 존재하는 매우 신기한 액체라고 합니다. 이 어찌 하나님의 만드신 피조물이 아니라 할 수 있겠읍니까?

> "하나님이 궁창을 하늘이라 칭하시니라 저녁이 되며 아침이 되니 이는 둘째 날이니라"(8절).

본문에서의 "하늘"은 우리가 생각하는 그러한 하늘이 아닙니다. 사실 성경에는 하늘을 삼층으로 구분하여 언급하기도 합니다. 예수께서 공중의 새에 대하여 말씀하셨을 때의 그 하늘이 바로 본문에서 말하고 있는 하늘이라고 생각합니다. 또 일, 월, 성신, 즉 태양, 달, 별들이 위치하고 있는 하늘이 있는데, 그것이 둘째 하늘이며, 세째 하늘은 하나님께서 계신 곳을 의미합니다. 그러므로 본문의 하늘은 구름이 머물고 새가 날아다니는 창공을 가리킵니다.

세째 날 : 마른 땅과 식물의 창조

> "하나님이 가라사대 천하의 물이 한 곳으로 모이고 뭍이 드러나라 하시매 그대로 되니라 하나님이 뭍을 땅이라 칭하시고 모인 물을 바다라 칭하시니라 하나님의 보시기에 좋았더라"(9, 10절).

이제 뭍이 드러나 바다와 구별되어 그 경계선이 생기게 되었읍니다. 처음에는 궁창 위의 물과 궁창 아래의 물로 나뉘어졌으나, 이제는 물이 한 곳으로 모여 육지, 곧 땅과 나뉘어졌읍니다. 이것은 결코 비과학적인 사실이 아닙니다.

오늘날 우리가 살고 있는 땅이 한 때는 물로 덮여 있었다는 사실을 우리는 공공연히 알고 있읍니다. 그것은 아주 오랜 과거의 어느 때 지구상에 임했던 하나의 분명한 심판이었지만, 우리는 그것에 대하여 전혀 아는 바가 없읍니다. 우리는 단지 추측해 볼 수 있을 따름입니다. 왜냐하면 그것에 대해 하나님께서 우리에게 거의 말씀하지 않으셨기 때문입니다. 그러나 하나님께서는 우리가 그분을 믿는 데에는 조금도 부족하지 않을 만큼 말씀해 주셨읍니다.

"하나님이 뭍을 땅이라 칭하시고."
하나님께서는 과연 무엇을 하시고자 땅을 준비하신 걸까요? 이는 인간을 창조하셔서 거기서 살게 하기 위해서였읍니다. 앞에서 살펴보았듯이 인간은 바다 속의 해초에서 진화하였다고 하는 진화론자나, 구정물통 속에서 생겨났다고 주장하는 사람들이 말하는 것처럼 인간은 물에서 생겨난 존재가 아닌 것입니다. 그것들은 참으로 어처구니없는 이론들이 아닐 수 없읍니다.

"하나님이 가라사대 땅은 풀과 씨 맺는 채소와 각기 종류대로 씨 가진 열매 맺는 과목을 내라 하시매 그대로 되어"(11절).

하나님께서는 땅 위에 식물을 만드셨읍니다. 왜냐하면 인간이 홍수 심판이 있기까지는 채식만을 해야 했었기 때문입니다. 그때의 인간은 채소와 나무의 열매만을 먹고 살았읍니다. 이제 하나님께서는 식물을 지으시므로 제 3 일의 사역을 마치셨읍니다.

"땅이 풀과 각기 종류대로 씨 맺는 채소와 각기 종류대로 씨 가진 열매 맺는 나무를 내니 하나님의 보시기에 좋았더라 저녁이 되며 아침이 되니 이는 세째 날이니라"(12,13절).

네째 날 : 일, 월, 성신의 창조

"하나님이 가라사대 하늘의 궁창에 광명이 있어 주야를 나뉘게 하라 또 그 광명으로 하여 징조와 사시와 일자와 연한이 이루라"(14절).

하나님께서는 이 때 해와 달을 창조하시지 않으셨읍니다. 그것들은 이미 그곳에 지어져 있었읍니다. 하나님께서는 단지 그것들의 위치를 질서있게 배열하셨을 뿐입니다.

"또 그 광명이 하늘의 궁창에 있어 땅에 비취라 하시고 (그대로 되니라)

하나님이 두 큰 광명을 만드사 큰 광명으로 낮을 주관하게 하시고 작은 광명으로 밤을 주관하게 하시며 또 별들을 만드시고"(15, 16절).

두 개의 큰 광명 중의 하나인 태양은 낮을 주관하여, 지금도 질서있게 운행되고 있으며, 달은 밤을 주관하고 있습니다. 낮과 밤을 지키는 해와 달은 인류에게 없어서는 아니 될 가장 중요한 하나님의 선물인 것입니다.

"또 별들을 만드시고"라고 표현된 이 짧은 말 속에 이루어진 하나님의 창조 사역은 매우 위대한 역사였지만, 하나님께는 그리 대단한 일이 아니었습니다. 존 웨슬레(John Wesley)는 "하나님께서 천지를 창조하셨지만, 그것은 하나님의 모든 능력의 절반에도 미치지 못하는 것이다"라고 말했던 것입니다.

"하나님이 그것들을 하늘의 궁창에 두어 땅에 비취게 하시며 주야를 주관하게 하시며 빛과 어두움을 나뉘게 하시니라 하나님의 보시기에 좋았더라"(17, 18절).

여기에서 당신은 "빛과 어두움을 나뉘게 하신 분"이 바로 하나님이심을 깨달았을 것입니다. 하나님께서는 지금도 계속 이 일을 하고 계십니다. 오늘날 "선과 악의 차이점이 무엇이냐?"라고 질문하는 사람들이 있습니다. 그러나 하나님께서는 모든 것을 구별할 수 있는 한계선을 그어 놓으셨습니다. 우리는 선한 것을 어떻게 알 수 있습니까? 그에 대해 하나님께서는 분명히 말씀해 주십니다. 하나님께서는 우리가 선과 악을 구별할 수 있는 확실한 원리들을 이미 세워 놓으셨습니다. 하나님께서는 빛과 어두움을 구별하신 것처럼 선과 악을 그렇게 구별하십니다. 하나님은 선과 악을 구별하시는 분이시며 지금도 계속해서 그 일을 하고 계십니다.

"저녁이 되며 아침이 되니 이는 네째 날이니라"(19절).

다섯째 날 : 각종 짐승의 창조

> "하나님이 가라사대 물들은 생물로 번성케 하라 땅 위 하늘의 궁창에는 새가 날으라 하시고"(20절).

여기서 우리가 주목해야 할 것은 하나님께서 창조하신 것들이 매우 발전된 상태로 지어졌다는 사실입니다. 이것은 모든 창조물이 하나의 작은 세포에서 나온 것이 아니라는 사실을 증명해 줍니다. 즉, 이것은 하나님께서 창조물을 각기 따로 창조하시어, 그것으로부터 진화가 이루어져 왔음을 의미합니다. 하나님께서는 "물들은 생물로 번성케 하라" 말씀하시고, 다음 절에서 "그 종류대로"라는 말씀을 덧붙여 사용하셨읍니다. 여기서의 "종류"란 단어는 다윈(Darwin)이 말한 종(種)의 개념과는 다릅니다. 다시 말해 그것은 동식물 분류학상 최고의 구분 단위에 해당되는 문(門)의 개념과 같다고 할 수 있겠읍니다. 당신이 그 단어를 사전에서 찾아보면, 그것이 한 집단 안에서의 직계 혈통의 최고 위치를 의미한다는 것을 알 수 있을 것입니다. 예를 들어, 그것이 말과(馬科)의 동물을 의미할 때 말 한 종류만이 아니라 말과에 속하는 모든 동물을 포함한다는 말입니다. 하나님께서는 짐승을 그와 같은 방법으로 창조하셨으며, 각기 그것으로부터의 놀라운 진화가 오랜 기간에 걸쳐 이루어진 것입니다. 그리고 퇴화현상도 있었읍니다. 즉, 진화가 이루어진 반면 훗날 퇴화한 것도 있읍니다.

> "하나님이 큰 물고기와 물에서 번성하여 움직이는 모든 생물을 그 종류대로, 날개 있는 모든 새를 그 종류대로 창조하시니 하나님의 보시기에 좋았더라"(21절).

여기서 "하나님의 보시기에 좋았더라"는 말씀에 주목해 보십시오. 하나님께서 행하시는 사역은 그 결과가 언제나 보기에 좋은 것입니다.

"하나님이 그들에게 복을 주어 가라사대 생육하고 번성하여 여러 바다 물에 충만하라 새들도 땅에 번성하라 하시니라 저녁이 되며 아침이 되니 이는 다섯째 날이니라"(22, 23절).

여섯째 날 : 생물을 번성케 하심

"하나님이 가라사대 땅은 생물을 그 종류대로 내되 육축과 기는 것과 땅의 짐승을 종류대로 내라 하시고 (그대로 되니라) 하나님이 땅의 짐승을 그 종류대로, 육축을 그 종류대로, 땅에 기는 모든 것을 그 종류대로 만드시니 하나님의 보시기에 좋았더라"(24, 25절).

이제 우리는 하나님께서 식물과 짐승을 사람과 구별하신 장면에 이르게 됩니다. 즉, 하나님께서는 "우리의 형상을 따라 사람을 만들고"라고 말씀하셨읍니다. 사실 인간의 창조는 우리에게 있어 대단한 흥미거리가 아닐 수 없읍니다. 왜냐하면 처음 지어진 "그 사람"이 바로 우리의 최초의 조상이 되기 때문입니다. 이것은 비록 우리가 얼굴을 맞대고 허물없이 지낼 수 있는 사이는 아니라 할지라도 서로가 한 형제 자매임을 의미하는 것입니다. 다시 말하면 모든 인간은 한 가족이라는 것입니다.

인간의 창조 I

"하나님이 가라사대 우리의 형상을 따라 우리의 모양대로 우리가 사람을 만들고 그로 바다의 고기와 공중의 새와 육축과 온 땅과 땅에 기는 모든 것을 다스리게 하자 하시고"(26절).

여기서 제일 먼저 생기는 궁금증은 '사람이 어떻게 지어졌는가?'하는 것입니다. 그러나 이에 대해서는 제 2 장에서 자세히 다룰 것입니다. 본문을 보면 "그로…다스리게 하자 하시고"라는 표현이 있는데,

이는 하나님께서 사람에게 에덴 동산만을 다스리게 하신 것은 아니라고 생각합니다. 아담에게는 하나님께서 주신 놀라운 권한이 있었읍니다. 그에 대해서는 잠시 후에 하나님께서 그에게 말씀해 주실 것입니다.

> "하나님이 자기 형상 곧 하나님의 형상대로 사람을 창조하시되 남자와 여자를 창조하시고"(27절).

우리는 여기에서 인간의 기원에 대한 아주 단순한 하나의 사실을 발견하게 됩니다. 이 말씀에서 "창조하다"는 뜻의 히브리어 『바라』(bara)가 1 장에서 세번째 나타나는데, 그것은 무(無)에서 유(有)의 창조를 의미합니다. 그러므로 우리는 인간이 창조되어졌다는 것을 알 수 있읍니다. 즉, 인간은 새로운 피조물로 창조된 것입니다. 히브리어 바라(bara)는 창세기 1 장 1 절, "태초에 하나님이 천지를 창조하시니라"에서의 '창조하다'와 동일한 단어입니다. 또한, 21 절에서도 "하나님이 큰 물고기와 물에서 번성하여 움직이는 모든 생물을…창조하시니"라고 하셨읍니다. 즉, 하나님께서는 물질적인 우주를 창조하셨을 뿐 아니라 생물들도 창조하셨읍니다. 지금 우리는 하나님께서 인간을 창조하신 기사를 다루고 있는데, 이에 대하여는 다음 장인 창세기 2 장에 가서야 자세히 설명되고 있읍니다.

이로 미루어 볼 때 하나님께서는 우주 창조에 대하여는 많은 것을 생략하셨음을 알 수 있읍니다. "태초에 하나님이 천지를 창조하시니라"는 말씀이 하나님께서 우주 창조에 대하여 말씀하신 전부이며, 우리가 그에 대해 알 수 있는 모든 것입니다. 하나님께서는 더 자세히 기록하실 수도 있었지만 그렇게 하시지 않으셨읍니다. 그러나 그분께서는 한 가지 창조 활동에 대해서는 좀더 자세히 설명하셨는데, 그것이 바로 인간의 창조에 관한 기록입니다. 왜 그렇게 하셨을까요? 그것은 성경이 인간을 위하여 기록되었기 때문입니다. 하나님께서는 사람이 그 자신의 기원에 대하여 알기를 원하십니다. 그것은 마치 하나님께서 "네가 우주의 창조에 대하여 깊이 생각하기보다는 네 자신이 어떻게 창조되었는지에 대하여 먼저 알기를 내가 간절히 원하노라"고 말씀하시는 것과 같습니다. 이것은 우리에게 매우 의미있는 말이 아닐 수 없읍니다.

"하나님이 자기 형상 곧 하나님의 형상대로 사람을 창조하시되."
이 말씀은 성경에 기록된 가장 위대한 말씀 가운데 하나입니다. 얼마나 놀라운 말씀입니까? 우리 인간이 삼위일체되신 하나님의 형상대로 창조되었다는 것입니다. 이에 대해 어떤 분들은 사람이 영과 혼과 육으로 되어 있는 사실을 얼른 머리 속에 떠 올릴지도 모르겠읍니다. 물론 그 생각도 전혀 틀린 것은 아닙니다. 왜냐하면 바울 사도도 데살로니가전서 5 장 23 절에서 "…또 너희 온 영과 혼과 몸이 우리 주 예수 그리스도 강림하실 때에 흠 없게 보전되기를 원하노라"고 밝히고 있기 때문입니다. 그러나 우리가 창세기 2 장을 읽게 될 때 그것은 훨씬 그 이상의 것을 의미하고 있음을 깨닫게 될 것입니다. 즉, 사람은 하나의 인격체로서, 자의식적이며 독립적인 존재라는 사실을 볼 수가 있을 것입니다. 인간은 도덕적으로 자유인입니다. 그것은 분명히 인간만이 누릴 수 있는 유일한 특권입니다. 저는 하나님께서 인간을 자기 형상대로 창조하셨다는 말씀이 바로 이것을 의미한다고 믿습니다.

"남자와 여자를 창조하시고."
이 말씀은 남자와 여자가 어떻게 창조되었는지에 대해 자세히 설명하고 있지 않습니다. 우리는 창세기 2 장에 가서야 비로소 인간의 창조 방법에 대하여 자세한 것을 배우게 될 것입니다. 이것이 바로 제가 하나님께서 우리가 살고 있는 광대한 우주의 창조에 대하여 자세히 설명하시려 하지 않으며, 인간의 창조에 대하여는 다른 장에서 자세하게 설명하려 하셨다고 말씀드린 이유인 것입니다. 하나님께서는 자신이 창조자이심을 분명히 말씀하고 계십니다. 우리는 히브리서 11 장 3 절에서 그것에 관계된 매우 중요한 진리를 배우게 됩니다.

"믿음으로 모든 세계가 하나님의 말씀으로 지어진 줄을 우리가 아나니 보이는 것은 나타난 것으로 말미암아 된 것이 아니니라."

오늘날 우리 눈에 보이는 것들은 이전에는 존재하지도 않았던 무에서 창조된 것들입니다. 창조는 무(無)에서 만들어진 것입니다. 혹시 어떤 사람이 그에 대해 저에게 자세히 설명해 달라고 요청한다면 저는 그것을 설명해 드릴 수는 없습니다. 그리고 진화론으로도 그것에 대해서는 설명할 수가 없습니다. 진화론은 지금까지 무(無)에서 유(有)의 창조에 대한 질문에 전혀 아무런 해답도 주지 못했습니다. 그것은 언제나 인간의 기원이 고작 미세한 아메바나, 쓰레기통, 해초 또는 나무 위에 있는 동물에서 시작하였다고 설명을 하고 있습니다. 이와 같이 우리는 인간의 기원에 대해 어떤 많은 설명과 자료를 요구하고 있지만, 성경은 무(無)에서의 창조를 말하고 있습니다. 즉, 하나님께서 창조하셨다는 것입니다. 이것이 바로 창세기 1 장이 우리에게 알려주고 있는 놀라운 진리입니다.

> "하나님이 그들에게 복을 주시며 그들에게 이르시되 생육하고 번성하여 땅에 충만하라, 땅을 정복하라, 바다의 고기와 공중의 새와 땅에 움직이는 모든 생물을 다스리라 하시니라"(28절).

하나님께서는 우리 인간들에게 특별한 권한을 주셨습니다. 어떠한 권한을 주셨습니까?

첫째로, 하나님께서는 인간에게 "생육하고 번성하여 땅에 충만하라"고 말씀하셨습니다. 하나님께서는 여자를 창조하셨을 때에도 그와 똑같이 말씀하셨습니다. 그런데 하나님께서는 이 우주 가운데 인간을 창조하시기 위하여 다음의 4 가지 방법을 사용하셨습니다. 첫번째 방법은, 직접적인 창조로, 아담을 창조하신 것입니다. 두번째 방법은 간접적인 창조로, 하와를 창조하셨습니다. 세번째 방법은 동정녀 탄생으로, 예수 그리스도께서 인간으로 세상에 오신 것이며, 마지막 네번째 방법은 오늘날 우리가 잘 알고 있는 자연 출생입니다.

그런데 우리는 이 인간의 자연 출생을 아주 저질화시켜 버리고 말았습니다. 하나님께서는 인간으로 하여금 다시금 재생산할 수 있게끔 인간을 지으셨읍니다. 이것은 놀랍고, 영광스러운 일이 아닐 수 없읍니다. 이 때문에 이 일은 오늘날 인간들이 행하고 있는 것처럼 추하고 부정하며 불결한 행위로 전락되어서는 안 되는 것입니다. 사람들은 유치하고 불경스런 내용을 책으로 써서 그것을 가지고 문학작품이라고 높이 평가하고 있읍니다. 참으로 무서운 현실이 아닐 수 없읍니다. 저들이 말하는 예술 작품이라는 것들 가운데 상당수가 타락한 인간의 저속한 심성에서 나온 것들이며, 보는 이에게 혐오감을 주며, 전혀 예술적 가치가 없는 것들입니다. 그것은 외설적인 것으로 전혀 무가치한 것이며, 단순히 황금만능주의적 사고에서 발생된 것이라고도 할 수 있읍니다. 하나님께서는 남자와 여자를 지으실 때 인간의 성(性)이 이와 같이 악용되는 것을 결코 원하시지 않으셨을 것입니다.

하나님께서는 인간을 자신의 형상대로 창조하셨읍니다. 하나님께서는 본질적으로 인격적인 존재(personal being)이시며, 인간을 창조하실 때 인간에게 영혼과 함께 인격을 부여하셨읍니다. 인간은 자의식적인 존재로 자유롭게 선택할 능력과 그에 따르는 도덕적인 책임이 있읍니다. 그것은 인간이 하나님의 형상대로 창조되었기 때문입니다.

"생육하고 번성하여 땅에 충만하라, 땅을 정복하라."
하나님께서는 인간에게 계속 자녀들을 낳아 땅에 충만하라고 말씀하셨읍니다. 그리고 하나님께서는 인간에게 땅을 "정복하라"고 말씀하십니다. 저는 이것이 오늘날 우리가 배우고, 과학적으로 탐구하는 이유라고 생각합니다.
"일을 숨기는 것은 하나님의 영화요 일을 살피는 것은 왕의 영화니라"(잠 25:2).

하나님께서는 땅과 바다 속에 수많은 자원과 값진 보화들을 저장해 놓으셨읍니다. 따라서 인간은 그것을 직접 발굴해야 합니다. 그런데 저는 그것이 오늘날 우리가 배워야 하는 지식에 있어서도 마찬가지라고 믿습니다. 그리고 그것은 하나님의 말씀을 연구하는 일에 있어서도 마찬가지입니다. 하나님께서는 우리가 실험실에 들어가 시험관과 현미경을 이용하여 과학적 진리를 연구하여 그것을 인류를 위해 쓰기를 원하십니다. 그러나 인간은 그 연구의 결과를 악용하여 각종 가공할 무기를 만들어 내어 오히려 인류의 생존을 위협하는 지경에까지 이르게 하고 말았읍니다.

"다스리라"는 말씀은 하나님의 명령입니다. 아담은 에덴 동산만을 관리하도록 위임받은 정원사가 아니었읍니다. 인간은 모든 땅을 다스리도록 창조되었읍니다. 우리 인간이 다스릴 영역은 지구상의 모든 땅 전체입니다. 하나님의 "다스리라"는 명령은 오늘날도 취소되지 않았읍니다. 지구상의 모든 영역은 하나님께서 우리에게 맡기신 것입니다. 이 때문에 우리 인류는 그것을 잘 사용하고 다스려야 할 책임이 있는 것입니다.

> "하나님이 가라사대 내가 온 지면의 씨 맺는 모든 채소와 씨 가진 열매 맺는 모든 나무를 너희에게 주노니 너희 식물이 되리라"(29절).

저는 인간이 처음에는 채식만을 하였으며, 홍수 이후에야 비로소 육식을 하지 않았나 생각해 봅니다.

> "또 땅의 모든 짐승과 공중의 모든 새와 생명이 있어 땅에 기는 모든 것에게는 내가 모든 푸른 풀을 식물로 주노라 하시니 그대로 되니라 하나님이 그 지으신 모든 것을 보시니 보시기에 심히 좋았더라 저녁이 되며 아침이 되니 이는 여섯째 날이니라"(30, 31절).

우리는 여기에서 창세기 1 장을 마치면서 그 내용을 간단히 요약해 보고자 합니다. 우리가 여기에서 몇 가지 염두에 두어야 할 것 가운데 하나는 하나님께서 창세기 1 장에서 32 번에 걸쳐 직접 말씀하셨다는 사실입니다. 성경은 하나님께서 계시다는 것을 증명하려고 하지 않습니다. 왜 그럴까요? 그것은 시편 14 편 1 절에서 "어리석은 자는 그 마음에 이르기를 하나님이 없다 하도다"라고 말하고 있는 것처럼 오직 어리석은 자만이 하나님이 계신 것을 부인하기 때문입니다.

성경은 영적이고 신앙적이며, 구원에 대한 진리를 가르치기 위하여 기록된 책으로 그 모든 것은 오직 믿음을 통해서만 받아들일 수 있습니다. 그러므로 우리는 여기서 하나님께서 친히 모든 피조물을 창조하신 창조자가 되시는 분임을 알 수 있게 되는 것입니다.

우리는 창세기 1 장에서 하나님의 유일하심과 능력 그리고 인격성을 볼 수 있습니다. 이에 대해서는 바울이 로마서 1 장 20 절에서 잘 보여 주고 있습니다.

"창세로부터 그의 보이지 아니하는 것들 곧 그의 영원하신 능력과 신성(神性)이 그 만드신 만물에 분명히 보여 알게 되나니 그러므로 저희가 핑계치 못할지니라."

사실 하나님께서는 우리에게 자신에 대한 신앙을 핑계치 못하도록 이미 분명하게 그 증거를 보여 주신 것입니다.

또한 우리는 창세기 1 장에서 이 외에도 다른 몇 가지의 진리를 발견하게 됩니다.

첫째로, **창세기 1장은 다신론을 철저히 부인합니다.**

즉, 천지를 창조하신 하나님은 한 분이시기 때문입니다.

둘째로, **물질의 영원성을 부인합니다.**

창세기는 "태초에…"란 말로 시작합니다. 모든 만물은 시작이 있다는 뜻이지요. 한때 과학에서 물질의 영원성을 주장한 사실이 있었읍니다만, 성경에서 말씀하는 바가 진리입니다.

세째로, **범신론을 배격합니다.**

하나님께서는 만물보다 먼저 계셨으며, 그것들과는 완전히 구별되십니다.

네째로, **운명론을 배격합니다.**
하나님께서는 친히 그 뜻하시는 대로 행하시는 분이시기 때문입니다.

끝으로, 창세기 1 장에서 뚜렷하게 나타나는 특징을 열거해 본다면, 하나님의 명령과, 그 명령이 이루어지는 과정과, 그 일의 신속성과, 그 결과의 완전함이라고 할 수 있겠읍니다.

제 2 장

안식일 / 천지 창조의 대략 / 인간의 창조 II / 인간에게 주어진 조건 / 여자의 창조

본 장은 위대한 계시의 원리가 처음으로 나타나는 장입니다. 그러나 우리는 앞으로 계속해서 그러한 원리들을 성경에서 발견하게 될 것입니다. 그것은 일종의 영감(靈感)받은 것을 기록하는 방법의 하나이기도 합니다. 이런 것을 우리는 「재현의 법칙」 또는 「반복의 법칙」이라고도 부릅니다. 다시 말씀드려서, 성령께서는 종종 하나님의 말씀을 전하시는 데 있어 일련의 위대한 사건과 진리에 대해 처음에는 간단하게 진술하시고 그 가운데 중요한 것에 대해서는 뒤에 다시 상세히 설명하시는 것을 볼 수 있읍니다. 성령께서는 창세기 2 장에서도 1 장에서 언급하셨던 6 일 동안의 창조 기사에 대해 다시 상술하시고 있읍니다. 우리는 이러한 원리를 신명기에서도 볼 수 있읍니다. 신명기는 40 년 동안의 광야 생활을 경험한 후에 기록되어진 율법에 대한 해설서입니다. 즉, 신명기는 율법을 해설한 책인 것

입니다. 이러한 과정은 성경 전체를 통하여 계속 나타나고 있습니다.

안식일

창조에 관한 기록을 세세히 기록하고 있는 창세기 2 장은 인간과 깊은 연관을 맺고 있습니다. 창세기 2 장은 안식일로 시작하고 있습니다.

> "천지와 만물이 다 이루니라 하나님의 지으시던 일이 일곱째 날이 이를 때에 마치니 그 지으시던 일이 다하므로 일곱째 날에 안식하시니라 하나님이 일곱째 날을 복 주사 거룩하게 하셨으니 이는 하나님이 그 창조하시며 만드시던 모든 일을 마치시고 이 날에 안식하셨음이더라"(1-3 절).

여기서 하나님께서 창조 사역을 쉬셨다는 것은 무엇을 의미할까요? 하나님께서 피곤하여, 일곱째 날에 앉아 쉬셨다는 말일까요? 다시 말해서 하나님께서 "야, 참 큰 일을 해냈구나! 일 주일 동안 40 시간도 넘게 일했으니 이제 좀 쉬고 싶구나"라고 말씀하신 것일까요? 만일 당신이 그렇게 생각하고 있다면, 그것은 잘못된 생각입니다. 하나님께서는 자신의 모든 창조 사역을 완성하셨기 때문에 쉬신 것입니다. 하나님께서 6 일 동안 창조 사역을 마치신 후에 보니 보시기에 심히 좋았으며, 완전하였읍니다. 이렇듯 일을 완벽하게 다 마치셨기에, 또 더 이상 창조하셔야 할 일이 없기에 쉬신 것이지, 힘드셨기 때문에 쉬신 것은 아닙니다. 이것은 본문에 있는 가장 오묘한 영적 진리 가운데 하나입니다. 히브리서 4 장에 보면 "이미 그의 안식에 들어간 자는 하나님이 자기 일을 쉬심과 같이"(10 절) 자기 일을 쉬기에 우리가 저 안식에 들어가기를 힘쓸 것이라고 말씀하고 있읍니다. 예수께서는 2 천년 전에 십자가에서 우리 죄를 위하여 돌아가심으로, 우리에게 구속(救贖)의 은혜를 베풀어 주셨읍니다. 그러므로 바울 사도는 기록하기를 "그러므로 우리가 믿음으로 의롭다 하심을 얻었은즉 우리 주 예수 그리스도로 말미암아 하나님으로 더불어 화평을 누리자"(롬 5:1)라고 하였던 것입니다. 우리는 이제 구원을 얻기 위해 우리의 작은 손가락조차도 움직일 필요가 없게 되었읍니다. 이는 예수께서 이미 모든 것을 이루어 놓으셨기 때문입니다.

천지 창조의 대략

> "여호와 하나님이 천지를 창조하신 때에 천지의 창조된 대략이 이러하니라"(4절).

여기서 "대략"이란 단어의 원래의 의미는 "계보"입니다. 창세기는 만물의 시작을 말하는 책일 뿐만 아니라 계보를 밝혀주는 책이기도 합니다. 그러므로 본 절을 이렇게 바꿔 말할 수도 있겠읍니다.
"여호와 하나님이 천지를 창조하신 때에 창조된 계보가 이러하니라."

> "여호와 하나님이 땅에 비를 내리지 아니하셨고 경작할 사람도 없었으므로 들에는 초목이 아직 없었고 밭에는 채소가 나지 아니하였으며 안개만 땅에서 올라와 온 지면을 적셨더라"(5, 6절).

이 모든 피조물은 인간이 땅 위에 창조되기 오래 전부터 존재해 있었읍니다. 여기서 우리는 창세기 1 장에 나타난 하나님의 목적을 발견할 수 있게 됩니다. 하나님께서는 창세기 1 장에서 그분이 창조하실 인간이 살 수 있는 보금자리를 미리 예비해 두셨읍니다. 하나님께서는 지금, 인간을 위하여 예비하신 장소에 인간을 두시고자 준비하고 계신 것입니다.

인간의 창조 II

그러면 과연 하나님께서는 인간을 어떻게 창조하셨을까요? 우리는 창세기 1 장에서 처음에는 아무것도 없는 무(無)의 상태, 즉 아무런 유기적 조직체가 없었던 그런 곳에, 유기적인 조직체가 창조되었다는 사실을 보았읍니다.
"태초에 하나님이 천지를 창조하시니라"(창 1:1).

창조 과정에 있어 제 2 단계는 유기체, 즉 생명체의 창조였읍니다. 우리는 그것을 하나님께서 큰 물고기와 모든 생물을 창조하셨다고 기록하고 있는 창세기 1 장 21 절에서 살펴 보았읍니다. 하나님께서는 각종 생물들을 창조하셨으나, 그 전에 이미 식물이 분명히 존재하고 있었으며, 제 2 단계의 과정이 진행될 때는 이미 식물의 씨앗까지 땅 위에 있었읍니다. 이것은 성경의 기록을 자세히 살펴볼 때 쉽게 짐작할 수 있는 내용입니다. 다만 이에 대해서는 하나님께서 거의 언급하시지 않으셨읍니다.

그런데 인간은 이같은 창조 과정에서 맨 마지막 단계에 창조되었읍니다. 자연변이란 실제로 불가능한 것이며, 진화론은 인류가 지상에 출현하기까지의 단절된 기간에 대하여 아무런 해답도 주지 못하고 있읍니다. 이처럼 이 지구는 창조되어질 인간을 위하여 만들어졌읍니다.

> "여호와 하나님이 흙으로 사람을 지으시고 생기를 그 코에 불어 넣으시니 사람이 생령이 된지라"(7절).

하나님께서는 바로 이렇게 사람을 만드셨읍니다. 이 말씀이 하나님께서 우리에게 알려주신 말씀의 전부입니다. 인간의 육체는 흙으로 만들어졌읍니다. 우리의 육체가 약 15,16 가지의 화학 성분으로 구성되어 있다는 것은 매우 흥미로운 사실입니다. 이와 똑같은 화학 성분이 흙에도 포함되어 있읍니다. 인간의 육체는 이 흙으로 만들어진 것입니다. 인간의 육체를 화학 성분으로 분해하여, 돈으로 환산한다면 그것은 참으로 무가치한 한 줌의 흙값에 불과할 것입니다. 어떤 사람이 그것을 계산했는데, 그 값이 약 이천 원 정도밖에 안 된다고 합니다.

그러나 인간은 흙으로 만들어진 육체 그 이상의 가치가 있습니다. 인간의 육체는 흙으로 되어 있기에 결국 흙으로 돌아가지만, 그 영혼은 하나님께로 갑니다. 그것은 하나님께서 "생기를 그 코에 불어 넣으시니 사람이 생령이 되었기" 때문입니다. 하나님께서는 사람에게 "생기"를 불어 넣으셨습니다. 하나님께서는 사람에게 육체적 또는 정신적인 생명을 주셨으며, 그 때 영적인 생명도 동시에 주셨습니다. 다시 말해 이제 인간은 그의 창조자되신 하나님과 놀라운 관계를 갖게 된 것입니다. 인간은 본래 하나님을 찾도록 만들어진 존재입니다. 우리가 아는 바와 같이, 이것이 곧 인간이 다른 모든 피조물과 근본적으로 구별되는 점입니다. 물론, 천사가 있긴 하지만, 우리는 그것에 대해서는 거의 아는 바가 없습니다. 단지 우리는 하나님께서 사람을 자신의 형상대로 지으사 모든 피조물보다 뛰어나게 하셨음을 알 수 있을 뿐입니다.

> "여호와 하나님이 동방의 에덴에 동산을 창설하시고 그 지으신 사람을 거기 두시고"(8절).

저는 에덴 동산의 위치가 정확히 어디였는지는 알지 못합니다. 그러나 저는 그곳이 티그리스와 유프라테스 계곡 유역의 어디였을 것이라고 생각합니다. 그곳은 사실 그 계곡의 전체에 해당되는 넓은 지역이었을지도 모릅니다. 본래 그 일대는 매우 기름진 곳이었으며 지금도 그러합니다. 그곳은 "초승달"모양의 아주 비옥한 지역입니다. 그곳에서는 농작물이 저절로 성장하였기 때문에 한 때는 거기에 살던 사람들이 농사를 짓지 아니하고 수확만 하던 때도 있었습니다. 어쩌면, 이 지역이 언젠가는 다시 지구의 중심지가 되는 날이 올지도 모르겠습니다.

> "여호와 하나님이 그 땅에서 보기에 아름답고 먹기에 좋은 나무가 나게 하시니 동산 가운데에는 생명나무와 선악을 알게 하는 나무도 있더라" (9절).

여기에 나오는 나무는 "생명나무"와 "선악을 알게 하는 나무"로 좀 특별한 나무들입니다. 하지만 그 나무들은 오늘날은 존재하지 않습니다. 만일 그 나무들이 오늘날까지 죽지 않고 자라고 있다면 아마 그곳은 세계 제일의 관광 명소가 될 것입니다.

또, "여호와 하나님이 그 땅에서…나무가 나게 하시니" 했는데 그 나무는 보기에 아름답고 먹기에 좋은 나무였다고 했읍니다. 그 나무는 아름다왔으며 매우 유용한 나무였읍니다. 오늘날도 우리가 사는 지구상에는 아주 아름답고 실용적인 나무들이 많이 있읍니다. 우리는 지금까지도 그 나무의 아름다움을 보고 있읍니다. 인류의 타락으로 땅 위에 가시와 엉겅퀴가 자라고 있음에도 불구하고 그 아름다움이 지금까지 남아 있는 것입니다.

> "강이 에덴에서 발원하여 동산을 적시고 거기서부터 갈라져 네 근원이 되었으니 첫째의 이름은 비손이라 금이 있는 하윌라 온 땅에 둘렸으며 그 땅의 금은 정금이요 그곳에는 베델리엄과 호마노도 있으며 둘째 강의 이름은 기혼이라 구스 온 땅에 둘렸고 세째 강의 이름은 힛데겔이라 앗수르 동편으로 흐르며 네째 강은 유브라데더라"(10-14절).

여기서 구스 온 땅으로 둘렸던 강은 아마 나일 강이었을 것이며, 힛데겔 강은 아마도 티그리스 강이었을 것입니다.

> "여호와 하나님이 그 사람을 이끌어 에덴 동산에 두사 그것을 다스리며 지키게 하시고"(15절).

이 사람에게는 하나님께서 그에게 주신 명령에 따라 자연을 마음대로 다스릴 수 있는 권한과 능력이 있었읍니다. 범죄하지 않은 인간의 사명은 이 땅을 하나님의 뜻에 부합되게 다스려 나가는 것입니다.

인간에게 주어진 조건

"여호와 하나님이 그 사람에게 명하여 가라사대 동산 각종 나무의 실과는 네가 임의로 먹되 선악을 알게 하는 나무의 실과는 먹지 말라 네가 먹는 날에는 정녕 죽으리라 하시니라"(16,17절).

인간이 죽는 것은 하나님께서 본래 의도하신 바가 아니었으나, 인간의 불순종으로 말미암아 인간은 지금 사망의 종이 되어버렸읍니다. 당신이 이미 아는 바와 같이, 인간에게는 자유 의지가 있으며, 그것은 언제나 책임을 동반합니다. 이것은 매우 자명한 이치입니다. 인간에게 자유 의지를 허락할 때는 먼저, 그가 그 의지를 하나님 뜻에 순종하여 사용할 것인가를 시험해야 하는 것입니다.

"네가 먹는 날에는 정녕 죽으리라."
여기서의 죽음은 육체적인 죽음과 영적인 죽음 모두를 의미합니다. 한 번 죽는 것은 사람에게 정해 놓으신 것이기 때문에 사람은 누구나 한번씩 육체적인 죽음을 맞게 됩니다. 그러나 여기서 영적인 죽음은 영혼의 존재가 멸하는 것이 아니고 우리의 영혼이 하나님과 분리되어지는 것을 말합니다. 하나님과 분리되어지는 것 자체가 곧 죽음이 아니고 무엇이겠읍니까? 아담은 열매를 먹는 그 날, 곧 범죄하는 그 날로 하나님과 영적으로 분리되었읍니다.

"여호와 하나님이 가라사대 사람의 독처하는 것이 좋지 못하니 내가 그를 위하여 돕는 배필을 지으리라 하시니라"(18절).

하나님께서 남자를 동산 가운데서 잠시 동안 독처하게 하신 것에는 중요한 목적이 있었읍니다. 그것은 그에게 그와 함께 있어야 할 사람이 필요하다는 것을 보여주시기 위해서였읍니다.

"여호와 하나님이 흙으로 각종 들짐승과 공중의 각종 새를 지으시고 아

> 담이 어떻게 이름을 짓나 보시려고 그것들을 그에게로 이끌어 이르시니 아담이 각 생물을 일컫는 바가 곧 그 이름이라"(19절).

사실, 사람이 모든 짐승에게 이름을 지어주기 위하여서는, 그 만큼 지혜로와야 했을 것입니다. 어떤 식으로 각종 짐승들의 이름을 지어주었는지는 알 수 없지만, 모든 짐승들에 맞게, 그리고 그 특징에 따라 매우 잘 지어주었을 것입니다. 우리가 우리의 몇 안 되는 자녀들의 이름을 지어주는 일도 참으로 어려운 일인데, 수많은 종류의 짐승들의 이름을 지어주는 일은 분명코 쉬운 일이 어닐 것입니다. 아마 이름 지어주는 일만 해도 여러 날이 걸렸을 것입니다. 이 이름을 짓는 일을 사람이 수행했다는 것 자체가 사람이 하나님의 형상대로 창조되었다는 사실을 증거해 주고 있읍니다.

> "아담이 모든 육축과 공중의 새와 들의 모든 짐승에게 이름을 주니라 아담이 돕는 배필이 없으므로"(20절).

이 구절에서 "돕는 배필"이라 함은 의견을 나누며, 뜻을 함께할 수 있는 조력하는 상대자로서의 아내를 의미합니다. 남자는 결혼을 함으로써 온전하게 된다는 사실을 알아야 하겠읍니다. 여기서 저는 결혼을 권장하기 위해서 하는 말이 아닙니다. 다만 남녀가 결혼하여 한 몸을 이룬 것이 하나님의 뜻임을 말씀드리고자 하는 것입니다. 그리고 여자는 남자를 돕는 데 자신을 드릴 수 있어야 하겠읍니다.

여자의 창조

> "여호와 하나님이 아담을 깊이 잠들게 하시니 잠들매 그가 그 갈빗대 하나를 취하고 살로 대신 채우시고 여호와 하나님이 아담에게서 취하신 그 갈빗대로 여자를 만드시고 그를 아담에게로 이끌어 오시니"(21, 22절).

여자는 아담의 갈빗대를 취하여 만들어졌읍니다. 메튜 헨리(Matthew Henry)는 하나님께서 여자를 아담의 머리에서 취하지 않으신 것은 그로 남자를 지배하지 못하게 하심이며, 남자의 발에서 취하지 않으신 것은 남자의 지배를 받지 않게 하시기 위하여서이고, 여자를 남자의 옆구리에서 취하신 것은 남자와 동등하며 늘 그 곁에 있게 하기 위하심이었다고 말하였읍니다. 이것이 곧 하나님께서 여자를 창조하신 창조의 목적입니다. 그러므로 여자는 남자의 동반자가 되어야 합니다. 하나님께서 "아내들아, 남편에게 복종하라" 하신 말씀은 바로 이런 입장에서 이해해야 할 줄로 압니다. 하나님께서는 여자로 하여금 남자를 따르고 순종할 것을 원하셨던 것입니다. 또한 아내는 남편의 한 부분입니다. 그러므로 남자는 여자가 있을 때라야만이 완전하게 되는 것입니다.

사실, 하와는 아름다운 여자였읍니다. 오늘날 아름다움을 지니고 있는 여자들은 원래 하와가 가지고 있던 아름다움을 물려받은 것입니다. 그 아름다움은 모두 하와가 지니고 있었던 것입니다. 참으로, 그녀는 인형처럼 아름다왔읍니다. 그리고 그녀는 남편인 아담의 참된 동반자였읍니다.

> "아담이 가로되 이는 내 뼈 중의 뼈요 살 중의 살이라 이것을 남자에게서 취하였은즉 여자라 칭하리라 하니라"(23절).

여기서 히브리어의 "여자"란 단어는 "남자"란 단어와 매우 비슷합니다. 히브리어의 남자는 『이쉬』(ish)이고 여자는 『이솨』(ishah)입니다. 즉, 여자는 남자의 일 부분이며, 남자를 따라야 합니다. 하나님께서는 남자로 여자를 이끌게 하시고자 남자를 먼저 창조하셨으며 여자는 남자를 따르도록 창조하셨읍니다. 남자는 신체 구조상으로 여자보다 강하게 창조되었으며, 여자는 남자에게 복종하도록 지음을 받았읍니다.

> "이러므로 남자가 부모를 떠나 그 아내와 연합하여 둘이 한 몸을 이룰지

로다"(24절).

남자가 부모의 보호에서 벗어나 아내에 대한 책임을 지고 있다는 점에서, 이제부터는 그가 아내를 보살펴야 하는 의무를 갖게 됩니다.

"아담과 그 아내 두 사람이 벌거벗었으나 부끄러워 아니하니라"(25절).

성경에 기록되어 있지는 않지만, 저는 아담과 하와가 내적인 영광의 옷을 입고 있었다고 생각합니다. 이것이야말로 남자와 여자가 사랑스럽고 가장 귀한 이유라고 생각합니다. 여기에 진정으로 하나님께서 맺어주신 아름다운 부부가 있습니다. 하나님께서 자기 백성들에게 순종하기를 요구하시는 것들 가운데 하나가 바로 이 결혼입니다.

결혼은 현대인들이 떨쳐버리고자 노력하는 구속 가운데 하나입니다.

"우리가 그 맨 것을 끊고 그 결박을 벗어 버리자 하도다"(시 2:3). 저들은 과연 무슨 노력을 하고 있읍니까? 인간들은 결국 하나님의 지배를 벗어나고자 애쓰고 있는 것입니다. 왜냐하면 결혼 제도를 만들어 놓으신 분은 바로 하나님이시기 때문입니다.

하나님께서는 여자가 남자의 일 부분이라는 사실을 보이시기 위하여 여자를 남자에게서 취하셨기 때문에 사실상 여자는 간접적인 창조물입니다. 이것에 대해 다음과 같이 말한 사람이 있읍니다.

"여자란 미진화한 남자가 아니라 남자와는 다른 존재로 창조되었으며 따라서, 남자와 여자는 같지는 않지만, 많은 점에서 유사하다. 그러나 시간이 흐름에 따라 둘은, 마치 훌륭한 곡과 가사가 조화를 이룰 때에만 완전한 음악이 되듯, 여자가 남자에게 순종하여 서로가 일치할 때까지 가까와지도록 노력해야 한다. 그러나 서로의 개성을 존중하면서 사랑할 것을 잊지 말아야 한다."

남자를 위하여 여자가 창조되었다는 것은 가장 아름다운 말 가운데 하나입니다.

창세기 2장의 주제는 참으로 놀라운 것들입니다. 인간의 창조와 인간이 처음 있었던 장소, 인간에게 주어진 책임과 또 동반자의 필요성, 여자의 창조, 남편과 아내 사이에는 동일성이 있어야 한다는 것 등인데 하나님께서는 이에 대해 "남편들아, 네 아내를 사랑하라"고 말씀하십니다. 이것이 지금까지 우리가 다루어 온 창조에 관한 기록입니다.

뉘렘베르그 교도소(Nuremberg Prison)에서 나찌의 우두머리들을 교도하였던 어느 목사님이 그의 경험담을 책으로 썼읍니다. 게레케(Gerecke)라는 이 목사님은 그리스도를 계속 부인하고 있던 헤르만 괴링(Herman Goering)이라는 사람과의 마지막 대화 내용을 이렇게 기록하고 있읍니다.

"그 날 밤 8시 30분 경, 나는 괴링과 함께 긴 예배 시간을 마련하였읍니다. 그때 그는 창조설에 대하여 비웃고 성경의 영감설을 무시하며, 기독교의 기본 진리를 부인하였읍니다."

그 후 두 시간도 못 되어 그는 스스로 그의 목숨을 끊었다고 합니다.

요즘 세계적으로 증가하고 있는 자살률을 줄일 수 있는 한 가지 방법은 사람들로 하여금 그들이 창조주 하나님께서 주신 생명에 대하여 보호할 책임을 갖고 있는, 하나님의 피조물임을 알게 하는 것입니다. 이것은 매우 중요한 사실이 아닐 수 없읍니다.

우리는 지금까지 창세기 2장에서, 인간은 하나님의 자녀로서 하나님의 영광을 위하여 하나님께 예배드릴 의무를 가지고 있고, 하나님과 교제하며, 하나님께 충성스럽게 봉사하고, 하나님으로부터 만물을 다스릴 수 있는 권한을 받았으며, 사회 생활을 하도록 창조되었다는 것을 배웠읍니다. 이것이 바로 창세기 2장의 중심된 멧세지입니다.

제 3 장

> 하나님의 말씀에 의심의 그림자를 던지는 뱀 / 하나님의 말씀을 부정하는 뱀 / 남자와 여자, 하나님의 말씀을 불순종함 / 미래를 향한 하나님의 계획

우리는 지금부터 사람들이 성경의 가장 중요한 장이라고 부르고 있는 부분을 다루겠읍니다. 저는 모든 보수적인 성경 주석가들도 이에 동의하리라고 믿습니다. 그리피쓰 토마스(Griffith Thomas) 박사는 창세기 3 장을「성경의 축(軸)」이라고 불렀읍니다. 만약 당신이 그에 대해 의심이 간다면, 창세기 1,2 장을 읽고, 3 장을 건너 띄어 4 장부터 11 장을 계속 읽어 보십시오. 그러면 당신은 아마도 그 사이를 채워야 할 분명한 공백, 즉 뭔가 부족한 점이 있다는 것을 발견하게 될 것입니다. 예를 들어, 우리는 창세기 1,2 장에서, 인간의 무죄성, 만물의 완전성, 그리고 하나님과 인간 사이의 교제를 보게 됩니다. 그러나 창세기 4 장부터 11 장을 읽어 내려가노라면 거기에는 질투, 분노, 살인, 거짓, 악과 타락, 배신과 심판 등이 있음을 깨달을 것입니다. 문제는, 그 모든 것이 어디에서 왔느냐 하는 것

입니다. 과연 어디에서부터 시작되었을까요? 그리고 죄는 어디에서 기원했읍니까? 사실 저는 이 모든 것이 창세기 3 장의 내용에서 기원하였다고는 생각지 않으며, 그것이 인간과 관계되는 것인 만큼 인간에게서 시작하였다고 믿습니다.

창세기 3 장에 대해 설명하는 다음과 같은 글이 있읍니다.
"이 장(章)은 하나님의 많은 심오한 진리가 시작되는 부분이다. 인류 역사의 무대 위에서 공연되는 대드라마가 바로 여기에서 시작되는데, 그 드라마는 거의 6 천 년이 지난 지금까지도 그 대단원의 막을 내리지 못하고 있다. 여기서 우리는 타락으로 말미암아 파멸 상태에 빠져 있는 인간에 대한 하나님의 멧세지를 발견하게 된다. 또한 우리의 원수인 마귀의 교묘한 속임수를 보게 된다. 그리고 우리는 인간이 하나님의 은혜가 없이는 바른 길을 걸어갈 수 없는, 전적으로 무능력한 존재인 것도 보게 된다. 또 우리는 죄가 인간으로 하여금 하나님의 곁을 떠나도록 역사한다는 것도 깨닫게 된다. 여기에서 우리는 죄인을 하나님께서 어떻게 대하시는가도 알게 된다. 또한 우리는 도덕적인 수치심을 숨기려 하는 것이 인간의 본성임도 볼 수 있을 것이다. 우리는 하나님께서 우리에게 필요한 것들을 특별히 예비해 놓으셨다는 사실에 대해서도 배우게 된다. 성경 전체를 통해 계속 나타나는 놀라운 예언의 줄기가 여기에서부터 시작된다. 끝으로 우리는 여기서 인간이 중보자 없이는 하나님께 나아갈 수 없다는 사실도 배울 것이다."

하나님의 말씀에 의심의 그림자를 던지는 뱀

우리는 창세기 3 장의 첫부분에서 인간이 시험당하는 장면을 보게 됩니다.

"여호와 하나님의 지으신 들짐승 중에 뱀이 가장 간교하더라 뱀이 여자에게 물어 가로되 하나님이 참으로 너희더러 동산 모든 나무의 실과를 먹지 말라 하시더냐"(1절).

문제는 왜 인간이 시험을 받았느냐 하는 것입니다. 우리가 창세기 1,2 장을 다시 읽어 본다면 우리는 인간이 무죄하게 창조되었지만, 의롭게 창조되지는 않았다는 것을 발견하게 됩니다. 의롭다는 것은 무슨 말일까요? 의롭다는 것은 죄의 유혹 앞에서도 넘어지지 않고 끝까지 무죄한 상태로 남아있는 것을 뜻합니다.

유혹은 당신을 보다 성장시켜 주든지 아니면 멸망으로 인도합니다. 아담은 모든 유혹이 차단되는 온상 같은 곳에 있는 식물이 아니었읍니다. 그러기에 그는 여러 시험들을 통해 인격이 성숙되고 단련되어야만 했던 것입니다. 온전한 성숙은 유혹의 시험을 이겨낼 때만 가능합니다. 인간은 책임질 줄 아는 존재로 창조되었기에, 아담에게는 하나님을 영화롭게 하고, 순종과 봉사로써 그분의 통치에 복종해야 할 책임이 있었읍니다.

인간은 스스로 만들어진 것이 아니라 하나님께서 창조하셨읍니다. 하나님께서는 인간에게 주신 권한에 대하여 방임하시지는 않았읍니다. 하나님께서는 아담에게 "선악을 알게 하는 나무의 실과는 먹지 말라 네가 먹는 날에는 정녕 죽으리라"(창 2:17)고 말씀하셨읍니다. 동산 안에 먹을 수 있는 나무가 그것만 있었던 것은 아닙니다. 만일 사람이 그 나무의 열매를 먹지 못하게 되면 굶어 죽는데, 그것을 먹지 못하게 말씀하셨다면 그것은 매우 잔인한 명령이었을 것입니다. 그러나 동산 가운데에는 열매를 맺는 나무가 충분하게 있었기 때문에, 사람은 그 나무의 열매만을 먹을 필요가 전혀 없었읍니다. 그러므로 우리는 인간이 책임이 있는 피조물임을 여기서 발견하게 됩니다.

본 절에서 뱀이 등장합니다. 우리는 금방 '도대체 그것이 어디에서 생겼을까?' 하는 의문을 지닐 것입니다. 성경 말씀에 비추어보면 우리는 그 뱀이 처음부터 배로 기어다니지는 않았음을 짐작할 수 있습니다. 그리고 그것이 어떻게 그곳에 들어왔는지에 대하여는 전혀 알 수가 없습니다. 단지 그곳에 있었다는 사실만 알고 있을 뿐입니다. 성경에는 그것에 대해 자세히 기록되어 있지 않습니다. 사단은 인간을 시험하기 위해 그것을 이용하였습니다. 그것은 오늘날도 사단이 사용하는 방법입니다.

"이것이 이상한 일이 아니라 사단도 자기를 광명의 천사로 가장하나니"(고후 11:14).

사단에 대해 가장 많이 언급하고 있는 요한계시록에는 다음과 같은 구절이 있읍니다.

"큰 용이 내어 쫓기니 옛 뱀 곧 마귀라고도 하고 사단이라고도 하는 온 천하를 꾀는 자라 땅으로 내어 쫓기니 그의 사자(使者)들도 저와 함께 내어 쫓기니라"(계 12:9).

이 피조물은 오늘날 우리가 생각하는 것처럼 배로 기어다니는 뱀이 아닙니다. 그것은 오늘날의 뱀과는 전혀 다른 존재입니다.

"용을 잡으니 곧 옛 뱀이요 마귀요 사단이라 잡아 일천 년 동안 결박하여"(계 20:2).

이것은 놀라운 능력을 지니고 있는 피조물입니다. 창세기에는 그것의 기원에 대하여 전혀 기록되어 있지 않습니다. 그것의 기원과, 그것이 어떻게 하여 그와 같은 피조물이 되었는지에 대해서는 해석상의 차이가 있긴 하지만 이사야 14 장과 에스겔 28 장을 통해서 약간 짐작해 볼 수 있을 정도입니다.

> "여자가 뱀에게 말하되 동산 나무의 실과를 우리가 먹을 수 있으나 동산 중앙에 있는 나무의 실과는 하나님의 말씀에 너희는 먹지도 말고 만지지도 말라 너희가 죽을까 하노라 하셨느니라"(2, 3절).

뱀은 왜 여자에게 접근하였을까요? 남자에게 접근하지 않은 이유가 무엇일까요? 하나님께서는 아담을 창조하신 후, 그에게 동산 각종 나무의 실과는 먹되, 선악을 알게 하는 나무의 실과는 먹지 말라고 하셨읍니다. 여자는 그 다음에 창조되었기 때문에 남자로부터 간접적으로 그것을 듣게 되었읍니다. 그것이 바로 뱀이 먼저 여자에게 접근한 이유입니다. 필자의 견해로는 여자가 남자보다 친절하게 창조되었다고 생각합니다. 즉, 그녀에게는 보다 많은 인정과 동정심이 있었읍니다. 하와는 아마 남의 의견을 들어주는 데 있어 남자보다 더 호의적이었을 것입니다. 여자에게는 남자보다 많은 호기심이 있는 줄 압니다. 오늘날도 우상과 다른 종교를 먼저 믿어 남편을 그리로 인도하는 사람은 바로 여자입니다. 사실, 지금까지 이단과 다른 종교를 만든 창시자 가운데 많은 사람이 여성이었읍니다.

사단은 그가 어떻게 해야 할 것인가를 잘 알았읍니다. 사단이 어떻게 했는지를 잘 생각해 봅시다. 사단은 여자에게 접근할 때 매우 교묘한 술책을 사용하였읍니다. 사단은 여자에게 "하나님이 참으로 너희더러 동산 모든 나무의 실과를 먹지 말라 하시더냐?"라고 질문함으로 여자로 하여금 하나님의 말씀을 의심케 만들었읍니다. 사단은 여자의 마음 가운데 의심을 일으켜 그녀의 호기심을 자극했읍니다. 그 때 여자가 대답하기를 "동산 나무의 실과를 우리가 먹을 수 있으나 동산 중앙에 있는 나무의 실과는 너희가 먹지도 말고 만지지도 말라 너희가 죽을까 하노라 하셨느니라"라고 했읍니다. 그러나 하나님께서는 결단코 "만지지도 말라"고 말씀하신 적은 없읍니다.

하나님의 말씀을 부정하는 뱀

"뱀이 여자에게 이르되 너희가 결코 죽지 아니하리라 너희가 그것을 먹는 날에는 너희 눈이 밝아 하나님과 같이 되어 선악을 알 줄을 하나님이 아심이니라"(4,5절).

그런데 여기서 사단은 사실 "너희는 절대로 죽는 일이 없을거야. 왜냐하면 죽는다는 것 자체가 불가능한 일이거든!"하고 말한 것과 다름없읍니다. 사단은 "하나님께서 선하신 분이라면, 왜 이러한 제한을 주셨을까?" 하는 의문이 생기도록 하여, 하나님의 사랑과 선하심을 의심케 만들었읍니다. 사단이 "네가 죽지 아니하리라"고 말한 것은 하나님을 거짓말장이로 만들려고 했던 것입니다. 그리고 사단은 "너희가 그것을 먹는 날에는 너희 눈이 밝아 하나님과 같이 되어 선악을 알 줄을 하나님이 아심이니라"고 말하여 하나님의 거룩하심을 의심케 하였읍니다.

하와는 하나님의 말씀을 부풀려 말하였읍니다. 자유주의자와 무신론자들은 하나님의 말씀을 삭제하려 하지만, 하나님께서는 그것을 경고하셨읍니다. 그와 반대로 성경 숭배자들과 소수의 근본주의자들은 하나님의 말씀을 더하여 말하는 경향이 있는데, 하나님께서는 그것에 대해서도 경고하십니다. 오늘날 우리의 구원이 율법으로 말미암아 이루어진다고 담대히 말하는 사람들이 있읍니다. 그들은 "물론 이신득의지요. 그러나 그것은 율법을 동반한 이신득의입니다"라고 주장합니다. 그들은 믿음 외에 다른 무엇을 제시합니다. 그러나 성경은 분명히 말씀합니다.
"예수께서 대답하여 가라사대 하나님의 보내신 자를 믿는 것이 하나님의 일이니라"(요 6:29).
이것은 매우 중요한 말씀입니다.

뱀은 매우 교활한 방법으로 하나님의 말씀을 부인하였으며, 자신의 말을 하나님의 말씀으로 대치시켜 버렸읍니다. 로마서는 믿는 자는 순종한다는 사실을 가르치고 있읍니다. 믿음은 순종에 이르게 하며, 불신은 불순종으로 인도합니다. 의심하는 것은 언제나 불순종을 야기시킵니다.

남자와 여자, 하나님의 말씀을 불순종함

> "여자가 그 나무를 본즉 먹음직도 하고 보암직도 하고 지혜롭게 할 만큼 탐스럽기도 한 나무인지라 여자가 그 실과를 따 먹고 자기와 함께한 남편에게도 주매 그도 먹은지라"(6절).

뱀이 유혹한 방법이 아주 치밀했음을 여기서 볼 수 있습니다. 그것은 육체의 먹고 싶은 욕망을 우선 일차적으로 자극했지만, 진정 중요한 관심은 그것에 있지 않았습니다.

"보암직도 하고."

이것은 육체적 욕망에 대한 시험이었을 뿐아니라, 사람의 심적인 면, 즉 마음을 유혹하려는 시험이었습니다.

"지혜롭게 할 만큼 탐스럽기도 한."

이 부분은 인간의 종교적인 심성을 유혹하려는 시험이었습니다.

당신은 이것이 광야에서 사단이 예수를 시험한 것과 똑같은 형태로 취하여졌다는 것을 발견하게 될 것입니다. 이에 대해서는 마태복음 4 장과 마가복음 1 장, 그리고 누가복음 4 장을 참조하십시오.

우선, 마귀가 예수께 "이 돌들을 떡덩이가 되게 하라"고 말한 것은 나무가 먹음직도 하였던 것처럼 육체의 욕망을 유혹하려는 것이었읍니다. 그리고 마귀가 예수께 천하 만국을 보여준 후 엎드려 경배하면, 그것을 주겠다고 말한 것은 그 나무가 보암직도 하였던 것처럼, 사람의 마음을 유혹하려는 것이었읍니다. 마지막으로 사단이 "뛰어내리라"고 말한 것은, 나무가 사람을 지혜롭게 할 만큼 보였던 것처럼, 사람의 종교적 심성을 유혹하고 있읍니다. 오늘날도 그와 똑같은 방법을 사용하는 이유는 그 수법이 가장 효과적이기 때문입니다. 사단은 지금까지 그러한 방법을 바꿀 필요가 없었읍니다. 왜냐하면 모든 사람이 그 방법에 쉽게 속아 넘어가기 때문입니다.

요한은 다음과 같이 말합니다.

"이는 세상에 있는 모든 것이 육신의 정욕과 안목의 정욕과 이생의 자랑이니 다 아버지께로 좇아 온 것이 아니요 세상으로 좇아 온 것이라"(요일 2:16).
여기에서 우리는 「육신의 정욕」은 "나무가 먹음직도 하고"에, 「안목의 정욕」은 "나무가 보암직도 하고"에, 「이생의 자랑」은 "나무가 지혜롭게 할 만큼 탐스럽기도 하며"에 서로 연결시켜 생각해 볼 수도 있읍니다. 이 모든 것은 아버지께로 좇아 온 것이 아니요, 세상으로 좇아 온 것입니다. 예수께서는 육신의 죄가 사람의 마음 깊은 곳에서 나온다고 말씀하셨읍니다. 이곳이 바로 사단이 사람을 유혹하는 장소입니다. 사단은 결국 그곳을 공략하여 성공하였읍니다. 사단은 그들이 선악을 알게 되리라고 말하였읍니다. 그 결과 어떻게 되었읍니까? 우리는 처음 인간의 타락으로 말미암아 죄의 그 무서운 결과를 전가받았읍니다.

> "이에 그들의 눈이 밝아 자기들의 몸이 벗은 줄을 알고 무화과나무 잎을 엮어 치마를 하였더라"(7절).

"이에 그들의 눈이 밝아."
우리는 저들이 양심의 가책을 느끼고 있음을 볼 수 있읍니다. 인간이 타락하기 전에는 그에게 죄가 없었기 때문에 양심의 가책을 느끼지 않았읍니다. 그들은 죄가 없었읍니다. 여기서 죄가 없다는 것은 악에 대하여 무지하다는 것을 의미합니다. 인간이 양심을 만들어 낸 것은 아닙니다. 그것은 마치 우리 개개인의 내적 생활의 선악을 판단하여 주는 심판자와도 같은 것입니다. 어떤 사람은 죄의식이란 인간에게 있어 마치 그의 오른 팔과 같은 것이라고도 말했읍니다. 인간의 죄의식을 심리학적인 방법으로는 결코 극복할 수 없읍니다.

"자기들의 몸이 벗은 줄을 알고 무화과나무 잎을 엮어 치마를 하였더라."
무화과나뭇잎은 그들의 벗은 것을 덮어 주었지만, 진정으로 가리워

주지는 못하였읍니다. 아담과 하와는 그들의 죄를 고백하지 않았읍니다. 그들은 자신들의 죄를 숨기려고만 하였읍니다. 그들은 자신이 하나님에게서 멀리 떠난 상태에 있다는 것을 인정하지 않으려 하였읍니다.

오늘날 종교인들의 상태가 바로 이와 같습니다. 그들은 의식과 규례를 지키고, 교회도 나가며, 매우 종교적인 사람이 되어 있읍니다. 당신은 그리스도께서 무화과나무를 저주하시는 것을 성경 말씀에서 본 적이 있읍니까? 그 직후에 주님은 세상의 종교에 대하여 꾸짖으셨읍니다. 그리스도께서는 세상 종교가 무화과나뭇잎처럼 우리의 죄를 살짝 가리울 뿐이므로 그것을 엄히 꾸짖으셨읍니다.

사단은 시험을 통해서 하나님과 사람 사이를 영적으로 이간시키고자 하였읍니다. 즉, 사단은 사람을 하나님과 분리시키고 그를 유혹하여 자기 편으로 끌어 들이며 자신이 인간의 거짓 하나님이 되고자 하였읍니다. 그 때 육체에 대한 유혹만으로는 사람에게 전혀 먹혀 들어가지 못하였을 것입니다. 아담은 도적질하거나, 거짓말하거나 또는 남의 것을 탐내는 것에는 유혹을 받지 않았읍니다. 그가 유혹을 받아 넘어간 것은 하나님께서 그에게 명령하신 것을 의심토록 한 일이었읍니다. 땅을 다스릴 만큼 부족함이 없던 그 젊은이에게 어떠한 잘못이 있었읍니까? 그것은 그가 하나님의 말씀을 믿지 않았다는 것입니다. 가라지의 비유에서, 가라지는 하나님을 믿지 않는 자들입니다. 사단이 어떠한 방법으로 사람을 유혹하였는지 잘 유의해 보십시오. 첫째는 그 나무가 하와에게 먹음직하게 보였으며, 둘째는 보암직하게 보였고, 세째는 사람을 지혜롭게 할 만큼 탐스럽게 보였읍니다. 사단은 우리를 시험할 때, 외부로부터 내부로 시험하여 들어갑니다.

반면에, 하나님께서는 역사하실 때, 우리의 내면, 즉 심령부터 치료하십니다. 종교는 사람들의 외면적인 문제를 주로 다루지만, 하나님께서는 그와 전혀 다른 각도에서 시작하십니다. 그럼, 기독교와 종교의 차이는 무엇입니까? 기독교는 종교가 아닙니다. 기독교의 중심은 그리스도이십니다. 세상에는 종교가 많이 있지만, "네가 거듭나야 하느니라"는 그리스도 예수의 말씀은 모든 종교를 초월하는 진리의 핵심입니다.

예수께서는 종교적으로 매우 외식적인 바리새인들에게 "회칠한 무덤 같으니 겉으로는 아름답게 보이나 그 안에는 죽은 사람의 뼈와 모든 더러운 것이 가득하도다"(마 23:27)라고 말씀하셨습니다. 얼마나 무서운 책망의 말씀입니까? 아담과 하와는 그들의 죄를 고백하지 않고 무화과나뭇잎을 엮어 치마를 만들었습니다. 무화과나뭇잎으로 만든 옷에는 새로운 스타일이 전혀 있을 수 없습니다. 사람들은 교회에 나가 예배드리고 선행을 베풀지만 그들의 죄는 고백하지 않습니다.

> "그들이 날이 서늘할 때에 동산에 거니시는 여호와 하나님의 음성을 듣고 아담과 그 아내가 여호와 하나님의 낯을 피하여 동산 나무 사이에 숨은지라 여호와 하나님이 아담을 부르시며 그에게 이르시되 네가 어디 있느냐"(8, 9절).

종교는 우리를 하나님으로부터 멀어지게 합니다. 그리하여 아담은 잃어버린 바 되었습니다. 아담이 영적으로 하나님을 떠났을 때, 인간이 하나님을 찾은 것이 아니라 하나님께서 그를 먼저 찾으셨습니다.

> "가로되 내가 동산에서 하나님의 소리를 듣고 내가 벗었으므로 두려워하여 숨었나이다 가라사대 누가 너의 벗었음을 네게 고하였느냐 내가 너더러 먹지 말라 명한 그 나무 실과를 네가 먹었느냐 아담이 가로되 하나님이 주셔서 나와 함께하게 하신 여자 그가 그 나무 실과를 내게 주므로 내가 먹었나이다"(10-12절).

아담이 자신의 죄를 하나님께 고백하지 않았다는 사실을 주목하십시오. 여기에서 중요한 문제는 아담이 하와를 비난했다거나 혹 그의 책임을 남에게 돌렸다는 데에 있는 것이 아니라 아담이 하나님께 그의 죄를 고백하지 않았다는 데에 있습니다.

> "여호와 하나님이 여자에게 이르시되 네가 어찌하여 이렇게 하였느냐 여자가 가로되 뱀이 나를 꾀므로 내가 먹었나이다"(13절).

여기에서도 하와가 자기 죄에 대하여 뱀에게 "책임을 전가시키고 있음"을 뚜렷하게 볼 수 있습니다.

미래를 향한 하나님의 계획

하나님께서 만드신 피조물인 아담이 그의 범죄로 하나님을 저버렸기 때문에 하나님께서는 그에게 벌을 가하셔야 했읍니다.

> "여호와 하나님이 뱀에게 이르시되 네가 이렇게 하였으니 네가 모든 육축과 들의 모든 짐승들보다 더욱 저주를 받아 배로 다니고 종신토록 흙을 먹을지니라"(14절).

본문에서의 뱀은 오늘날 우리가 생각하는 것처럼 배로 기어다니는 동물이 분명히 아니었읍니다. 처음에는 그것이 오늘날과는 달랐으나 하나님께로부터 심판을 받아 다시 지음을 받은 것입니다. 하나님께서는 인간에게 커다란 죄악을 범하게 한 사단에게 심판을 내리셨읍니다.

> "내가 너로 여자와 원수가 되게 하고 너의 후손도 여자의 후손과 원수가 되게 하리니 여자의 후손은 네 머리를 상하게 할 것이요 너는 그의 발꿈치를 상하게 할 것이니라 하시고"(15절).

"내가 너(사단)로 여자와 원수가 되게 하고 너의 후손도 여자의 후손과 원수가 되게 하리니 여자의 후손(그리스도)은 네 머리를 상하게 할 것이며 너는 그의 발꿈치를 상하게 할 것이니라."

이 말씀은 메시야가 이 땅에 오실 것에 대한 최초의 예언의 말씀으로 참으로 놀라운 말씀이 아닐 수 없습니다. 본문이 말하고자 하는 가장 핵심적인 사상은 앞으로 오게 될 최후의 승리가 아니라, 앞으로 계속 되어질 투쟁입니다. 본문은 선과 악 사이에 오랫동안 싸움이 있으리라는 것을 암시합니다. 당신은 이것을 성경의 나머지 부분에서 분명히 발견하게 될 것입니다.

예수께서는 이 싸움에 대하여 다음과 같이 말씀하셨읍니다.
"너희는 너희 아비 마귀에게서 났으니 너희 아비의 욕심을 너희도 행하고자 하느니라 저는 처음부터 살인한 자요 진리가 그 속에 없으므로 진리에 서지 못하고 거짓을 말할 때마다 제 것으로 말하나니 이는 저가 거짓말장이요 거짓의 아비가 되었음이니라"(요 8:44).
본문에서 "마귀"는 사단을 의미합니다. 예수께서는 여기서 하나님께 속한 자녀와 사단에 속한 자녀의 차이점을 말씀하셨읍니다. 요한은 이것에 대해 요한일서 3 장 10 절에서 다음과 같이 재강조합니다.
"이러므로 하나님의 자녀들과 마귀의 자녀들이 나타나니 무릇 의(義)를 행치 아니하는 자나 또는 그 형제를 사랑치 아니하는 자는 하나님께 속하지 아니하니라."

그러므로 이 땅에서는 하나님의 후손과 마귀의 후손이 있어 그들 사이에 충돌과 싸움이 계속 생기게 되었읍니다. 언젠가는 이 싸움이 끝나고, 최후의 승리가 있을 것이지만, 중요한 것은 그 싸움이 오랫동안 계속될 것이라는 사실입니다. 모든 사람이 사단의 시험을 직면하여 그 시험과의 싸움에서 반드시 승리해야만 할 것입니다. 그리스도께서 이 땅에 오시기까지 구약의 성도들은 믿음으로 순종함으로써 승리하였읍니다. 그러나 그리스도께서 오신 이후로는 우리가 믿음으로 그리스도와 함께하는 삶을 살아야 합니다. 즉, 우리는 '그리스도 안'에 있어야 합니다.

인간은 세 가지의 창조물, 곧 천사, 인간, 짐승 가운데 하나입니다. 짐승에게는 선택의 자유가 허락되지 않았지만 인간과 천사에게는 선택의 자유가 주어졌읍니다. 당신에게는 하나님께서 주신 선택의 자유가 있읍니다. 인간은 스스로 결정을 내려야 하며 자신이 내린 그 결정에 대해서는 책임을 져야 합니다.

"여자의 후손"이라는 말을 유의해 보십시오. 이 말은 인간의 후손을 말하고 있는 것이 아니라 그리스도의 동정녀 탄생을 가리키고 있읍니다. 하나님께서는 동산에 숨어 있는 아담을 부르실 때 "네가 어디에 있느냐?" 하고 물으셨읍니다. 세상의 종교 서적들은 인간이 하나님을 찾고 있다고 말합니다. 그러나 실은 그 정반대입니다. 저는 구원이란 하나님께서 인간을 찾으시는 것이라고 말하고 싶습니다. 인간은 하나님을 떠났지만, 하나님께서는 그에게 "네가 어디 있느냐?" 하고 부르셨읍니다. 그리피쓰 토마스는 그의 『창세기 주석』에서 다음과 같이 말하고 있읍니다.
"그 부르심은 죄에 대하여 간과하지 않으시는 하나님의 심판의 부르심이다. 그 부르심은 죄인을 구원하시려는 하나님의 사랑의 부르심이다."
우리는 본문에서 그러한 부르심들을 찾아볼 수 있으며, 더 나아가 그리스도의 오심에 대한 약속을 발견할 수 있읍니다.

하나님께서 인간을 찾고 계시다는 사실은 성경 전체에서 나타나고 있읍니다. 바울은 로마서 3 장 11 절에서 하나님을 찾는 자가 없다고 했읍니다. 또한 예수께서도 "너희가 나를 택한 것이 아니요 내가 너희를 택하여 세웠나니"(요 15:16)라고 말씀하셨읍니다. 그러므로 우리는 요한 사도가 말한 바와 같이 "우리가 사랑함은 그가 먼저 우리를 사랑하셨음이라"(요일 4:19)고 고백할 수 있읍니다. 하나님께서는 인간을 찾고 계시며, 인간에게 구원을 베푸시지만 구원이 완성되기까지는 사단과의 오랜 싸움이 계속될 것입니다.

"또 여자에게 이르시되 내가 네게 잉태하는 고통을 크게 더하리니 네가

> 수고하고 자식을 낳을 것이며 너는 남편을 사모하고 남편은 너를 다스릴 것이니라 하시고"(16절).

이것은 하나님께서 여자에게 내리신 심판이었습니다. 여자는 아이를 낳을 때 고통을 당해야 합니다. 그것이 사실이라는 것을 생각하니 신기하지 않습니까? 삶의 진정한 기쁨과 가정의 행복은 고통을 통해서 오는 것입니다. 그것이 인생의 참 모습입니다.

> "아담에게 이르시되 네가 네 아내의 말을 듣고 내가 너더러 먹지 말라 한 나무 실과를 먹었은즉 땅은 너로 인하여 저주를 받고 너는 종신토록 수고하여야 그 소산을 먹으리라 땅이 네게 가시덤불과 엉겅퀴를 낼 것이라 너의 먹을 것은 밭의 채소인즉 네가 얼굴에 땀이 흘러야 식물을 먹고 필경은 흙으로 돌아가리니 그 속에서 네가 취함을 입었음이라 너는 흙이니 흙으로 돌아갈 것이니라 하시니라"(17-19절).

이것은 하나님께서 남자에게 내리신 심판이었습니다. 인류에게 죽음이 선포됐습니다. 죽음이란 무엇입니까? 육체의 죽음은 인간의 영혼과 몸의 분리를 말합니다. 전도서 기자는 이렇게 말합니다.
"흙은 여전히 땅으로 돌아가고 신(神)은 그 주신 하나님께로 돌아가기 전에 기억하라"(전 12:7).
인간은 결국 하나님께 돌아가야 합니다. 그가 구원을 받은 자든 구원을 받지 못한 자든 모든 인간은 하나님께로 돌아가게 되어 있습니다.

아담은 열매를 따먹고도 육체적으로는 죽지 않았습니다. 그는 그 후 900 년 이상을 더 살았습니다. 그러나 본문의 전체적인 요점은, 아담이 하나님께 불순종하는 순간, 그가 영적으로 죽었으며, 하나님을 멀리 떠나게 되었다는 것입니다. 이와 같이 죽음은 우리에게 분리를 가져다 줍니다.

바울이 에베소 교회의 성도들에게 보낸 편지에서 "허물과 죄로 죽었던 너희"라고 말한 것은 그들이 육체적으로 죽었다는 말이 아니라, 영적으로 죽어 하나님과 분리되었음을 가리키는 말입니다.

예수께서는 탕자의 비유를 통하여 아버지 곁을 떠난 자식에 대하여 말씀하셨읍니다. 그가 다시 돌아왔을 때, 그 아버지는 맏아들에게 "이 내 아들은 죽었다가 다시 살아났으며 내가 잃었다가 다시 얻었노라"(눅 15:24)고 말하며 기뻐합니다. 그가 육체적으로 죽은 것은 아니었지만, 그는 분명히 죽었으며, 아버지의 곁을 떠났었읍니다. 하나님의 곁을 떠났다는 말은 곧 죽었다는 말입니다.

예수께서는 요한복음 11 장 25 절에서 마르다에게 말씀하시기를 "…나는 부활이요 생명이니 나를 믿는 자는 죽어도 살겠고 무릇 살아서 나를 믿는 자는 영원히 죽지 아니하리니 이것을 네가 믿느냐"고 물으셨읍니다. 다시 말해 여기서의 "죽음"은 영적인 죽음, 즉 하나님과 분리됨을 의미합니다. 인간은 선악을 알게 하는 나무의 실과를 먹는 순간 영적으로 죽게 되었읍니다. 그것은 그가 하나님의 말씀에 불순종하여 하나님을 떠났기 때문입니다. 그것이 바로 그가 자신을 부끄러워하여 무화과나뭇잎을 엮어 치마를 만든 이유입니다.

> "아담이 그 아내를 하와라 이름하였으니 그는 모든 산 자의 어미가 됨이러라"(20절).

이 말씀은 가인과 아벨이 에덴 동산에서 태어났다는 것을 의미하는 것이 아닙니다. 그들은 아담과 하와의 타락 후에 태어났음이 분명합니다.

> "여호와 하나님이 아담과 그 아내를 위하여 가죽옷을 지어 입히시니라"(21절).

짐승의 가죽을 얻기 위해서는 짐승을 죽여야만 했읍니다. 저는 이것이 제사의 기원이라 믿으며, 더우기 하나님께서 아담에게 그것을 분명하게 보이셨다고 생각합니다. 하나님께서는 그들에게 무화과나뭇잎으로 만든 옷 대신 가죽 옷을 만들어 입히셨는데, 그 후 그들은 에덴 동산을 떠나 아마도 피의 제사를 생각했을 것입니다.

우리는 무화과나뭇잎으로 만든 옷과 하나님께서 아담과 하와에게 가죽옷을 만들어 입히셨다는 사실을 통하여 네 가지의 귀한 교훈을 깨닫게 됩니다.

첫째로, 인간이 하나님께로 나아가기 위하여서는 거기에 맞는 옷을 입어야 한다는 사실입니다. 우리는 선행을 통해서는 하나님께 나아가지 못합니다. 우리는 우리의 모습 그대로, 즉 죄인의 모습 그대로 솔직하게 하나님께 나아가야 합니다.

둘째로, 무화과나뭇잎의 옷은 하나님께서 용납하실 수 없는 옷이었읍니다. 그것은 무성의하게 만들어진 옷이었읍니다. 하나님께서는 아무렇게나 만들어진 옷은 용인하지 않으십니다.

세째로, 하나님께서는 다른 옷을 마련하셔야 했읍니다.

네째로, 그 옷은 예수 그리스도의 죽음을 통해서만 가능하다는 사실입니다.

인간에게는 죄로 인한 하나님의 진노를 대신 받아줄 화목제물이 반드시 있어야 합니다. 인간은 하나님 앞에서 아무도 의롭지 못하며 온전할 수 없읍니다. 그러기에 다음과 같은 시(詩)의 고백이 우리에게 필요한 것입니다.

그는 기도했네, 성공할 수 있는 큰 힘을 달라고
하지만 그는 순종을 하도록 연약하게 지음받았네
그는 기도했네, 보다 큰 일을 할 수 있는 건강을 달라고
하지만 그는 더 나은 일을 하도록 병을 얻었네
그는 기도했네, 보다 행복해질 수 있게 많은 물질을 달라고
하지만 그는 보다 지혜로와지도록 가난하게 되었네
그는 기도했네, 사람들에게 보다 많은 칭찬을 받게 해 달라고
하지만 그는 보다 많은 하나님의 필요를 느끼도록 허약하게 되었네
그는 기도했네, 삶을 즐길 수 있게 모든 것을 달라고
하지만 그는 모든 것을 즐길 수 있는 생명을 얻었네

그는 구하고 바란 것을 아무것도 받지 못했으나
그의 기도는 응답받았네.
그는 참으로 큰 축복을 받은 자일세.

그렇습니다. 우리는 하나님 앞에서 자신이 죄인이라는 사실을 고백할 때 구원을 받게 됩니다.

> "여호와 하나님이 가라사대 보라 이 사람이 선악을 아는 일에 우리 중 하나 같이 되었으니 그가 그 손을 들어 생명나무 실과도 따먹고 영생할까 하노라 하시고 여호와 하나님이 에덴 동산에서 그 사람을 내어 보내어 그의 근본된 토지를 갈게 하시니라"(22, 23절).

본문을 대하면서 저는 오직 하나님께서 우리로 하여금 영원히 죄악 가운데 살지 않게 하셨고, 또 앞으로도 우리에게 그렇게 해주실 것임에 대하여 감사드릴 뿐입니다. 이 얼마나 놀라운 축복입니까?

> "이같이 하나님이 그 사람을 쫓아 내시고 에덴 동산 동편에 그룹들과 두루 도는 화염검을 두어 생명나무의 길을 지키게 하시니라"(24절).

이것은 하나님께서 에덴 동산에 바리케이트를 설치하셨다는 말이 아닙니다. 오히려 본문은 인간이 하나님께 이르도록 하기 위해 생명의 길을 지키고 있음을 말합니다. 그러나 이제 그 길은 생명나무를 통해 이루어지지 않게 되었읍니다. 구원은 오직 하나의 피의 제사를 통해서만 이루어져야 합니다. 그 피의 제사는 바로 에덴 동산에서 쫓겨나온 인간이 대망했던 것입니다.

제 4 장

가인과 아벨의 탄생 / 가인에게 두번째 기회를 주시는 하나님 / 아벨을 살해하는 가인 / 가인의 후예들과 무신론적 문명 / 셋의 탄생

창세기 3 장이 죄의 뿌리에 관한 기록이라면, 창세기 4 장은 죄의 열매에 관한 기록이라고 할 수 있습니다. 죄는 얼마나 악한 것입니까? 창세기 4 장은 죄가 인간에게 실제로 얼마나 심각한 결과를 가져다 주었는가를 보여 줍니다. 아담은 그의 불신과 불순종으로 말미암아 하나님을 멀리 떠났으며 그의 범죄로 말미암아 당신과 제가 그와 똑같은 성품을 이어 받게 되었고 그 결과 우리는 모두 하나님의 심판 아래에 처하게 되었읍니다. 우리는 우리 조상과 똑같은 성품을 가지고 있으며, 그 성품은 바로 아담이 우리에게 물려준 매우 악한 죄의 성품입니다. 이 모든 것은 아담과 하와의 두 아들의 이야기에 매우 잘 드러나고 있읍니다. 그들에게는 이 외에도 많은 자녀가 있었지만 그들에 대해서는 성경에 자세히 기록되어 있지 않습니다.

가인과 아벨의 탄생

> "아담이 그 아내 하와와 동침하매 하와가 잉태하여 가인을 낳고 이르되 내가 여호와로 말미암아 득남하였다 하니라"(1절).

본문의 말씀으로 미루어 보아 아담과 하와는 창세기 3 장 15 절의 "여자의 후손은 네 머리를 상하게 할 것이요"라는 하나님의 말씀이 신속하게 성취된 것으로 생각했던 것 같습니다. 가인이 태어났을 때 하와는 하나님의 그 말씀을 기억하면서 "여호와로 말미암아 그 후손을 낳았다"고 했던 것입니다. 아담과 하와는 그들의 첫 아들이 사단의 머리를 상하게 할 것으로 믿었읍니다. 그러나 가인은 그렇지 못했읍니다. 그는 친동생을 잔인하게 죽였고, 하나님께 저주를 받음으로 인해 부모의 기대를 사정없이 짓밟았읍니다. 사단의 머리를 상하게 하실 메시야가 이 땅에 오시기까지는 참으로 오랜 시간이 걸렸읍니다. 여자의 후손과 뱀의 후손 사이의 싸움은 그후 6 천년 이상이나 계속되었읍니다.

> "그가 또 가인의 아우 아벨을 낳았는데 아벨은 양치는 자이었고 가인은 농사하는 자이었더라 세월이 지난 후에 가인은 땅의 소산으로 제물을 삼아 여호와께 드렸고"(2, 3절).

여기서 이제 우리의 초점은 두 아들, 가인과 아벨에게 집중됩니다. 본문에서 "세월이 지난 후에"를 "날들의 끝에"로 해석할 수도 있는데 그렇게 되면 그 날을 우리는 안식일로 볼 수도 있겠읍니다. 또 "여호와께 드렸고"에서 "드렸다"는 말은 제물을 제단에 바쳤다는 뜻입니다. 즉, 가인과 아벨은 하나님께 제사드리고자 제물을 제단에 가지고 왔읍니다. 이로 보건대 그들은 아마도 어떤 계시의 말씀을 통해 그렇게 한 것임을 우리는 알 수 있읍니다. 히브리서 11 장 4 절에서 "믿음으로 아벨은 가인보다 더 나은 제사를 하나님께 드림으로 의로운 자라 하시는 증거를 얻었으니 하나님이 그 예물에 대하여 증거하심이라 저가 죽었으나 그 믿음으로써 오히려 말하느니라"고 하신 말씀을 통하여 우리는 그들이 어떠했음을 짐작할 수 있읍니다.

아벨은 어떻게 "믿음으로" 제물을 드릴 수 있었읍니까? 로마서 10 장 17 절을 보십시오.
"그러므로 믿음은 들음에서 나며 들음은 그리스도의 말씀으로 말미암았느니라."
하나님께서는 그들에게 제사드리는 방법에 대해 말씀하셨던 것입니다.

가인은 믿음으로 행하지 않았읍니다. 곧, 그는 하나님께서 그에게 말씀해 주신 방법으로 하지 않았읍니다. 가인은 땅의 소산으로 여호와께 드렸읍니다. 그가 드린 소산물 자체에는 아무런 흠이 없었읍니다. 가인이 그의 소산물 가운데서 찌꺼기를 바쳤을 것이라고 생각지 않습니다. 그에게 형편없는 제물을 바치려는 의도는 없었읍니다. 만약 그 당시에 품평회를 열었더라면 그가 바친 소산물이 아마도 최우수상을 받았을 것입니다. 그는 그가 경작한 우수하고 기름진 소산물 가운데서 가장 좋은 것을 가져와 하나님께 제물로 드렸을 것입니다.

> "아벨은 자기도 양의 첫 새끼와 그 기름으로 드렸더니 여호와께서 아벨과 그 제물은 열납하셨으나 가인과 그 제물은 열납하지 아니하신지라 가인이 심히 분하여 안색이 변하니"(4, 5절).

어떤 이는 가인이 바친 제물에 아무런 잘못이 없다고 생각합니다. 유다는 지난 날 신앙에서 떠난 자들에 대해 "가인의 길로 행한 자들"(11 절)이라고 말합니다. 「가인의 길」이란 어떤 길입니까? 가인이 하나님께 드린 제물은 믿음으로 드린 것이 아니었읍니다. **가인이 바친 제물에는 인간의 죄를 인정하며 용서받으려는 정성이 없었읍니다.** 하나님께서는 "세상에 올 어린 양을 예표하는 피의 제사를 드려라. 조금도 네 뜻으로 하지 말고, 온전한 믿음으로 제물을 바치라"고 말씀하셨읍니다.

또한 가인의 제물에는 인간이 하나님을 떠나 있다는 것을 인정하려는 마음이 없었읍니다. 가인은 아무런 죄에 대한 개념이 없이 제물을 바쳤읍니다. 그는 마치 자신을 의인처럼 생각했을 것입니다. 그러나 하나님 앞에 그 때나 지금이나 의인은 없읍니다. 단 한 사람의 의인도 없었읍니다. 때문에 하나님과 분리되지 아니한 사람은 아무도 없읍니다. 그러나 가인은 그 사실을 인정하지 않았으며, 오늘날도 많은 사람들이 그 사실을 인정하려 하지 않고 있읍니다.

가인의 제물에는 인간이 하나님 앞에서 의(義)를 행할 수 있으며, 그에 따라 자신이 의롭게 될 수 있다고 하는 교만한 마음이 있었읍니다. 그러나 성경은 이렇게 말합니다.

"우리를 구원하시되 우리의 행한 바 의로운 행위로 말미암지 아니하고 오직 그의 긍휼하심을 좇아 중생의 씻음과 성령의 새롭게 하심으로 하셨나니"(딛 3:5).

가인과 아벨에 있어서의 차이점은 성품에 있었던 것이 아니라, 바로 그들의 바친 제물에 있었읍니다. 그 두 형제는 똑같은 조건을 가지고 있었읍니다. 그들은 같은 부모에게서 태어났으며, 같은 환경 가운데서 자라났읍니다. 그들에게 차이점은 성품에 있었던 것이 아니라, 바로 그들이 바친 제물에 있었읍니다.

그리스도인은 자신이 남들보다 의롭다는 생각을 결코 가져서는 안됩니다. 그리스도인인 우리는 스스로 우리 자신이 다른 사람들과 마찬가지로 죄인이기 때문에 제물과 제사를 드려야 하며 우리 죄를 대신하여 희생을 치르실 분이 있어야 함을 깨달아야 합니다. 바울은 그리스도에 대해 다음과 같이 말합니다.

"이 예수를 하나님이 그의 피로 인하여 믿음으로 말미암는 화목제물로 세우셨으니…"(롬 3:25).

이와 같이 말한 후 바울은 한 걸음 더 나아가 자기 의(義)를 고집하는 자들을 향해 다음과 같이 말합니다.

"하나님의 의를 모르고 자기 의를 세우려고 힘써 하나님의 의를 복종치 아니하였느니라"(롬 10:3).
이것은 바로 오늘날 많은 사람들이 지니고 있는 모습입니다. 이러한 태도를 가진 사람들은 다른 종교나 교회 출석 혹은 선행을 통하여 하나님께 나아가려고 합니다.

그러나 우리는 그리스도께서 우리를 위하여 예비하신 의를 통해서만이 하나님께 나아갈 수 있습니다.
"예수는 우리 범죄함을 위하여 내어줌이 되고 또한 우리를 의롭다 하심을 위하여 살아나셨느니라"(롬 4:25).

또한 바울은 빌립보서 3 장 8,9 절에서 다음과 같이 말합니다.
"그리스도를 얻고 그 안에서 발견되려 함이니 내가 가진 의는 율법에서 난 것이 아니요 오직 그리스도를 믿음으로 말미암은 것이니…."

가인은 자신이 율법으로 의롭게 되고자 하였읍니다. 그러나 아벨의 의는 장차 오실 그리스도의 희생을 믿는 믿음으로 이루어졌읍니다. 그러기에 하나님께서는 아벨의 제사만을 받으셨던 것입니다.

가인에게 두번째 기회를 주시는 하나님

> "여호와께서 가인에게 이르시되 네가 분하여 함은 어찌이며 안색이 변함은 어찌이뇨 네가 선을 행하면 어찌 낯을 들지 못하겠느냐 선을 행치 아니하면 죄가 문에 엎드리느니라 죄의 소원은 네게 있으나 너는 죄를 다스릴지니라"(6, 7절).

가인은 왜 분하게 여겼을까요? 가인은 그 자신의 친동생을 살해할 정도로 분하게 여겼읍니다. 그러나 하나님께서는 형제를 미워하는 자마다 살인하는 자라고 말씀하셨읍니다. 가인이 아벨에게 분하여 한 것은 그에게 질투하는 마음이 있었기 때문이며, 그가 질투한 것은 자신의 잘못에 대하여 뉘우치는 마음이 없었기 때문입니다. 영적으로 교만한 자는 죄를 깨닫지 못합니다. 야고보는 그의 서신에서 다음과 같이 말하였읍니다.
"욕심이 잉태한즉 죄를 낳고 죄가 장성한즉 사망을 낳느니라"(약 1:15).
가인의 분한 마음은 급기야 그에게 살인을 범하게 하였으며, 그의 질투심과, 죄를 뉘우치지 않는 교만한 마음이 그 동기가 되었읍니다.

이에 하나님께서는 가인을 어떻게 대하셨읍니까? 하나님은 가인에게 "네가 선을 행하면 어찌 낯을 들지 못하느겠느냐?"라고 질문하셨읍니다. 이것은 다른 말로 하자면 "네가 왜 총애를 받지 못하느냐?"라는 것입니다. 맏아들인 가인은 언제나 가장 좋은 대우를 받았기 때문에 그가 이제는 그러한 위치를 빼앗길 것이라고 생각했읍니다. 그러나 하나님께서는, 그가 선을 행하면 결코 그것을 빼앗기지 않을 것이라고 말씀하셨읍니다. 가인이 행하여야 할 선은 하나님께서 아벨에게서 받으신 것과 같은 제사를 자신이 드리고 그가 죄인이라는 것을 인정하는 것이었읍니다. 그러나 가인은 그렇게 하지 않았읍니다. 그는 오직 분해 하기만 했읍니다.

"죄가 문에 엎드리느니라."
이 말씀을 속죄제가 문에 엎드려 있다는 의미로 해석하는 사람들이 있읍니다. 즉, 어린 양이 문에 엎드려 있다는 말입니다. 이것도 어느 정도 타당성이 있는 해석이지만 저는 그것이 여기에서 속죄제를 가리킨다고 생각하지는 않습니다. 사실 모세 이전에는 속죄제가 없었기 때문입니다. 당신은 레위기에서 속죄제에 대한 설명을 찾아볼 수 있을 것입니다. 레위기의 앞 부분에 다섯 가지의 제사가 있는데 그 가운데 하나가 속죄제입니다. 속죄제는 율법 이후에야 시작되었읍니다. 바울이 로마서 3 장 20 절에서 말한 바와 같이 율법으로써만 죄를 깨달을 수 있기 때문입니다. 그 때까지는 하나님께 드린 제사는 모두 번제였읍니다. 모세보다 전시대 인물로 여겨지는 욥도 그 당시 번제만을 드렸읍니다. 그것은 분명코 속죄제가 아니었읍니다. 당신이 성경을 자세히 살펴보면, 쉽게 그 사실을 발견할 수 있을 것입니다.

가인은 자신이 죄에 쉽게 빠질 수 밖에 없는 존재라는 사실을 알지 못했읍니다. 본문에서 "죄가 문에 엎드리느니라"는 말은 죄란 마치 야수와 같아서 문에 엎드려 기다리고 있다가 기회만 있으면 사람을 공격하려 한다는 뜻입니다. 따라서 가인은 하나님께서 열납하실 수 있는, 그리스도를 예표하는 제사를 드려야 했읍니다.
"가인같이 하지 말라 저는 악한 자에게 속하여 그 아우를 죽였으니 어찐 연고로 죽였느뇨 자기의 행위는 악하고 그 아우의 행위는 의로움이니라"(요일 3:12).

"선을 행치 아니하면 죄가 문에 엎드리느니라"는 구절에서 가인의 행할 선은 아벨처럼 번제물을 드리는 것이었읍니다. 당신은 아브라함도 번제를 드렸다는 사실을 잘 알고 있을 것입니다. 아브라함이 속죄제를 드리지 않고 번제를 드린 것은 율법이 있은 후에야 죄를 속하는 속죄제가 있을 수 있기 때문입니다. 그러므로 당신은 하나님께서 실제로 가인을 보호하여 주셨다는 것을 깨닫게 될 것입니다.

아벨을 살해하는 가인

"가인이 그 아우 아벨에게 고하니라 그후 그들이 들에 있을 때에 가인이 그 아우 아벨을 쳐 죽이니라 여호와께서 가인에게 이르시되 네 아우 아벨이 어디 있느냐 그가 가로되 내가 알지 못하나이다 내가 내 아우를 지키는 자니이까"(8, 9절).

이것은 실로 오만불손한 대답이었읍니다. 그는 사실 하나님을 경외하지도 않았고, 그의 아우도 귀하게 여기지 않았읍니다. 그는 자신의 범행을 숨기려고 했지만 마태복음 10 장 26 절 말씀처럼 "감추인 것이 드러나지 않을 것이 없고 숨은 것이 알려지지 않을 것이 없는" 것입니다.

혹시 당신은 아직도 죄를 숨기고 있지 않습니까? 만일 그렇다면 지금 당장 그 죄를 해결하십시오. 그 어떠한 죄도 하나님 앞에서는 숨길 수가 없습니다. 하나님께서는 벌써부터 그 죄들을 다 알고 계십니다. 이에 당신은 그 숨긴 죄를 모두 다 내어놓고 하나님께 용서를 구하십시오. 죄인에게 긍휼을 베푸시기를 기뻐하시는 우리 하나님께서 지금 곧 그 모든 죄를 용서해 주실 것입니다.

가인은 마치 자신에게는 죄가 없다는 것처럼 "내가 내 아우를 지키는 자니이까?"라고 말했읍니다. 이 얼마나 교만한 대답입니까!

> "가라사대 네가 무엇을 하였느냐 네 아우의 핏소리가 땅에서부터 내게 호소하느니라"(10절).

히브리서 기자는 이것에 대하여 히브리서 12 장 24 절에 이렇게 기록하고 있읍니다.

"새 언약의 중보이신 예수와 및 아벨의 피보다 더 낫게 말하는 뿌린 피니라."

아벨의 피는 단지 그가 살해됐음을 알려주지만, 그리스도의 피는 구속(救贖), 곧 구원의 복음을 호소하고 있읍니다.

> "땅이 그 입을 벌려 네 손에서부터 네 아우의 피를 받았은즉 네가 땅에서 저주를 받으리니 네가 밭 갈아도 땅이 다시는 그 효력을 네게 주지 아니할 것이요 너는 땅에서 피하며 유리하는 자가 되리라"(11,12절).

사실 오늘날도 우리는 이러한 피로 인한 저주로 효력을 잃은 땅이 많이 있음을 볼 수 있읍니다. 지구상의 가장 기름진 지역에서조차, 많은 사람이 식량 부족으로 고통당하고 있읍니다. 사람이 땅에서 풍부하게 생산하기 위하여서는 대단한 노동과 연구가 필요하게 되었읍니다. 분명 아벨의 핏소리는 땅에서부터 지금도 우리를 향해 호소하고 있읍니다.

> "가인이 여호와께 고하되 내 죄벌이 너무 중하여 견딜 수 없나이다"(13절).

가인의 죄벌이 너무 중하여 그가 견딜 수 없었다면, 왜 가인은 하나님께 돌아와 자신의 죄를 고백하고 하나님의 자비를 구하지 않았는지 모르겠습니다. 그 형벌이 그에게는 견디기 어려운 것이었긴 하지만, 하나님께서는 그가 돌아오기만 한다면 그에게 주실 구세주를 예비하여 놓으셨습니다.

> "주께서 오늘 이 지면에서 나를 쫓아 내시온즉 내가 주의 낯을 뵈옵지 못하리니 내가 땅에서 피하며 유리하는 자가 될지라 무릇 나를 만나는 자가 나를 죽이겠나이다"(14절).

가인은 그가 하나님의 면전에서 떠나야 할 것을 말하였으며, 그것은 그대로 되었습니다. 그러나 하나님께서는 그를 지켜주셨음을 기억하십시오. 이것은 매우 놀라운 일입니다. 하나님께서는, 죄인이요 흉악한 살인자를 보호해 주셨습니다.

> "여호와께서 그에게 이르시되 그렇지 않다 가인을 죽이는 자는 벌을 칠 배나 받으리라 하시고 가인에게 표를 주사 만나는 누구에게든지 죽임을 면케 하시니라"(15절).

하나님께서 가인에게 주셨다는 표에 대하여 지금까지 많은 연구가 있었으나 그것이 어떠한 표였는지에 대하여는 밝혀진 바가 없습니다. 그러나 하나님께서 가인을 보호하신 것만은 사실입니다. 그때까지는 율법이 주어지지 않았었습니다. 가인은 죄인이었으나 율법을 위반한 사람은 아니었습니다. 그것은 살인자에 대한 율법이 없었기 때문입니다. 그에게 있어 진실로 큰 죄는 하나님께서 열납하실 수 있는 제물을 바치지 않았다는 사실입니다. 그가 하나님께 드린 제물에 나타난 그 소행은 악한 것이었으며, 그는 그의 아우를 죽임으로써 그러한 죄의 성품을 겉으로 드러냈습니다.

가인의 후예들과 무신론적인 문명

이제 우리는 가인이 하나님으로부터 떠나 하나님과는 전혀 무관한 문명을 건설하는 장면을 보게 됩니다. 가인의 후손들도 무신론적인 문명을 창설합니다.

> "가인이 여호와의 앞을 떠나 나가 에덴 동편 놋 땅에 거하였더니"(16절).

놋 땅이 오늘날 어느 지역을 일컫는지 몹시 궁금하지 않을 수 없읍니다. 하지만 그 정확한 곳은 알 수 없다 할지라도 우리는 가인이 하나님을 떠나 그 곳에 거하였다는 사실에 대해서는 분명히 알 수 있읍니다.

> "아내와 동침하니 그가 잉태하여 에녹을 낳은지라 가인이 성(城)을 쌓고 그 아들의 이름으로 성을 이름하여 에녹이라 하였더라"(17절).

그 후 인간은 계속 그들 자신이나 사랑하는 사람의 이름을 따서 거리와 성의 이름을 짓곤 했읍니다. 선교를 목적으로 세워진 학교조차도 개인의 이름을 붙여 불리워지는 곳이 있읍니다. 사람은 누구나, 그가 가인의 방법을 따르는 사람이든 기독교인이든 간에 그렇게 하는 것을 좋아하는 것 같습니다.

한편, 우리가 주목해야 할 것은 도시 생활이 바로 여기에서부터 시작했다는 사실입니다.

"가인이 성을 쌓고 그 아들의 이름으로 성을 이름하여 에녹이라 하였더라."

오늘날 도시 문제는 참으로 심각한 문제가 아닐 수 없읍니다. 과거의 도시 형태에서 더욱 발전되었기는 하지만 그 문제점 또한 결코 작지 않습니다. 도시는 점차 병들어 가고 있지만 사람들은 여전히 도시로 도시로 모여 들고 있읍니다.

> "에녹이 이랏을 낳았고 이랏은 므후야엘을 낳았고 므후야엘은 므드사엘을 낳았고 므드사엘은 라멕을 낳았더라 라멕이 두 아내를 취하였으니 하나의 이름은 아다요 하나의 이름은 씰라며"(18, 19절).

일부다처제는 라멕에서부터 시작되었읍니다. 라멕은 하나님의 뜻과 반대되는 것, 즉 하나님께서 인간에게 허락지 않으신 것을 행하였읍니다. 하나님께서는 일부다처제를 성경 어디에서도 인정하지 않으셨읍니다. 당신이 성경을 자세히 읽어보시면, 하나님께서 그것을 책망하셨음을 쉽게 발견할 수 있을 것입니다.

라멕의 아내, 『아다』(Adah)는 그 이름이 "기쁨" 또는 "장식한 자"라는 뜻입니다. 저는 그녀가 미용으로 자기를 단장한 최초의 여인이 아니었나 생각합니다. 또 다른 아내, 『씰라』(Zillah)는 "감추다"라는 뜻입니다. 저는, 그 이름으로 미루어보아 그녀가 요부(妖婦)가 아니었나 추측해 봅니다. 라멕이 아내로 취한 이 두 여인은 과연 어떠한 사람들이었겠읍니까? 충분히 짐작하고도 남습니다. 그러니 그에게는 당연히 문제가 생길 수 밖에 없읍니다. 우리는 그에게 어떠한 일이 생겼는지에 대해 곧 보게 될 것입니다.

우리는 다음 20 절에서부터 가인에 의한 문명이 시작됨을 보게 됩니다.

> "아다는 야발을 낳았으니 그는 장막에 거하여 육축 치는 자의 조상이 되었고"(20절).

"그는 장막에 거하여."
야발은 장막을 만들어 거기에 거하게 됨으로 최초로 건축업자가 되었읍니다. 사도 바울이 장막업자가 된 것은 그보다 아주 오랜 후였읍니다.

"육축 치는 자의 조상이 되었고."
그는 또한 육축을 치는 자로서 최초의 목축업자가 되었읍니다.

"그 아우의 이름은 유발이니 그는 수금과 퉁소를 잡는 모든 자의 조상이 되었으며"(21절).

이로 보아 우리는 유발을 최초의 음악가라고 부를 수 있습니다. 현대 음악을 몇 곡 들어 보면 그것은 틀림없이 가인의 문명에서부터 시작되었음을 많은 사람들이 동의할 것입니다.

"씰라는 두발가인을 낳았으니 그는 동철로 각양 날카로운 기계를 만드는 자요 두발가인의 누이는 나아마이었더라"(22절).

두발가인은 최초의 장인이며 그로 말미암아 전쟁의 병기가 생산되게 되었습니다. 핵무기도 두발가인적인 문명의 산물입니다.

"라멕이 아내들에게 이르되 아다와 씰라여 내 소리를 들으라 라멕의 아내들이여 내 말을 들으라 나의 창상을 인하여 내가 사람을 죽였고 나의 상함을 인하여 소년을 죽였도다 가인을 위하여는 벌이 칠 배일진대 라멕을 위하여는 벌이 칠십칠 배이리로다 하였더라"(23, 24절).

본문의 내용으로 미루어 볼 때 라멕은 "가인이 벌을 피할 수 있었다면 나도 피할 수 있을거야. 사실 가인은 자기가 잘못하고도 화를 내면서 동생을 죽인 것이지만 나는 나를 방어하기 위한 목적으로 어쩔 수 없이 살해하였어"라고 말한 것과 다름이 없습니다. 그는 정당방위로 사람을 죽였다고 했습니다. 우리는 그 사건에 대해 잘 알 수 없습니다. 단지 우리는 그가 사람들을 죽인 것에 대해 전혀 가책이 없고 오히려 자기를 위해서는 벌이 칠십칠 배라고 떠들면서 교만하게 호언장담하고 있는 모습을 볼 수 있을 뿐입니다.

셋의 탄생

"아담이 다시 아내와 동침하매 그가 아들을 낳아 그 이름을 셋이라 하였

> 으니 이는 하나님이 내게 가인의 죽인 아벨 대신에 다른 씨를 주셨다 함이며 셋도 아들을 낳고 그 이름을 에노스라 하였으며 그 때에 사람들이 비로소 여호와의 이름을 불렀더라"(25, 26절).

사람들이 처음으로 하나님의 이름을 부른 것이 여기에서부터 시작되었음이 분명합니다. 하나님이 자기들과 상대하실 때의 속성을 미루어봐서 그분의 이름을 붙인 것입니다.

제 5 장

아담 계보의 마지막 장 / 에녹의 놀라운 이야기 / 셋에서 노아까지의 족보

창세기의 처음 부분인 1 장부터 11 장까지에는 창조, 타락의 대 사건이 기록되어 있는데, 그 가운데 5–9 장은 홍수에 대한 기록입니다. 창세기 5 장 1–5 절에는 아담에서 셋까지의 계보가 기록되어 있습니다. 앞에서 가인의 계보가 잠깐 나왔으나, 여기에서는 생략되었습니다. 그것은 믿음의 조상들의 계열에 대한 설명이 끝난 다음에 가서야 다시 언급될 것입니다. 이것이 바로 창세기의 전개 방식입니다.

어떤 의미에서 창세기 5 장은 성경 가운데 우리에게 가장 많은 실망과 절망감을 주는 장(章)이라 할 수 있겠습니다. 그 이유는 마치 우리가 공동묘지를 지나가는 것과 같은 기분을 주기 때문입니다. 하나님께서 아담에게 "네가 먹는 날에는 정녕 죽으리라"고 말씀하셨듯이, 아담의 후손은 실제로 모두 죽었습니다. 이에 바울도 고린도전서 15 장 22 절에서 "아담 안에서 모든 사람이 죽은 것같이…"라고 말하

고 있읍니다.

아담 계보의 마지막 장

> "아담 자손의 계보가 이러하니라 하나님이 사람을 창조하실 때에 하나님의 형상대로 지으시되 남자와 여자를 창조하셨고 그들이 창조되던 날에 하나님이 그들에게 복을 주시고 그들의 이름을 사람이라 일컬으셨더라"(1,2절).

하나님께서는 그들에게 복을 주시고 그들의 이름을 사람이라 부르셨읍니다. 그런데 여기서의 "사람"이란 단어는 복수로 쓰이지 않고 단수로 쓰였읍니다. 이로 미루어 하나님께서는 아담과 하와를 분리할 수 없는 한 사람으로 보셨던 것이 틀림없읍니다.

"아담 자손의 계보."

이 특이한 표현은 신약성경의 초두에서 다시 한 번 나타날 뿐입니다. 즉, 마태복음 1장 1절의 "예수 그리스도의 세계(계보)라"는 구절입니다. 계보에 대해 이처럼 두 종류의 기록이 있는데, 우리가 이미 살펴본 바와 같이 두 개의 계열과 후손이 있어 그들은 서로 대립 관계를 보이고 있읍니다. 그 싸움은 사단의 계열과 하나님께서 열납하신 그리스도의 계열 사이에 오랫동안 계속될 것입니다. 우리가 지금 계승하고 있는 계열은 셋으로부터 내려온 계열이며 그리스도께서 마지막에 나타나실 때도 이 계열을 통하여 오실 것입니다.

> "아담이 일백삼십 세에 자기 모양 곧 자기 형상과 같은 아들을 낳아 이름을 셋이라 하였고"(3절).

아담이 130세였을 때, 과연 그는 얼마나 늙었을까요? 우리는 그에 대해 잘 알 수 없읍니다. 그러나 하나님께서는 처음부터 그를 성인(成人)으로 만드셨음은 분명한 사실입니다. 하나님께서는 충분히 그렇게 하실 능력이 있으신 분입니다. 이로 미루어 볼 때 지구의 실제 나이나 암석들의 생성 연대를 추정하는 것도 이러한 관점에서 봐야 합니다. 만일 어떤 암석이 20 억 년 된 것으로 추정될 경우 그것이 실제로 20 억 년이 된 것이 아니라 하나님께서 애당초 그 암석을 만드실 때 이미 그만큼의 기간이 경과한 것으로 만드셨다는 것입니다.

여기서 중요한 것은 아담이 130 년을 살았을 때 자기의 형상과 같은 아들을 낳았다는 것입니다. 아담은 하나님의 형상대로 지음을 받았지만, 그의 아들은 자기의 형상을 따라 출생하였던 것입니다.

> "아담이 셋을 낳은 후 팔백 년을 지내며 자녀를 낳았으며 그가 구백삼십 세를 향수하고 죽었더라"(4,5절).

이제 우리는 무덤을 통과하게 됩니다. 아담은 많은 자녀를 낳고 "구백삼십 세를 향수하고" 죽었읍니다.

8 절에서 우리는 셋에게 일어난 일을 봅니다. 그도 죽었읍니다. 그는 에노스란 이름의 아들을 낳았읍니다. 그에게는 무슨 일이 일어났읍니까? 11 절에서 우리는 그도 죽었다는 소식을 듣습니다. 그에게도 아들이 하나 있었는데 그의 이름은 게난이었읍니다. 게난에게는 무슨 일이 일어났읍니까? 우리는 14 절에서 그도 또한 죽었음을 알게 됩니다. 그에게는 마할랄렐이라는 아들이 있었읍니다. 그에게는 무슨 일이 일어났읍니까? 17 절은 그 또한 죽었다고 우리에게 말해 줍니다. 그에게는 야렛이라는 아들이 있었는데 그 또한 죽었읍니다 (20 절).

에녹의 놀라운 이야기

야렛에게는 에녹이라는 아들이 있었읍니다.

> "에녹은 육십오 세에 므두셀라를 낳았고"(21절).

므두셀라를 낳은 후 에녹도 죽었습니까? 아닙니다! 그는 죽지 않았습니다. 창세기 5 장은 대체로 어두운 장이지만 여기, 어둠 속에서 밝게 빛나는 지점이 있습니다.

> "므두셀라를 낳은 후 삼백 년을 하나님과 동행하며 자녀를 낳았으며 그가 삼백육십오 세를 향수하였더라 에녹이 하나님과 동행하더니 하나님이 그를 데려가시므로 세상에 있지 아니하였더라"(22-24절).

이는 놀라운 사건이 아닐 수 없습니다. 어떻게 이런 일이 일어날 수 있었을까요? 하나님께는 아마도 어떤 특별한 목적이 있으셨던 것 같습니다. 그리고 에녹은 "하나님과 동행하였다"고 했습니다. 성경에는 하나님과 동행했다고 기록된 사람은 겨우 두 사람밖에 없습니다. 그 나머지 한 사람은 노아입니다. 창세기 6 장에 보면 노아는 하나님과 동행했다고 기록되어 있습니다. 또 구약성경에는 세상에서 죽지 않은 사람도 역시 두 사람뿐입니다. 한 사람은 에녹이며 나머지 한 사람은 우리가 잘 알고 있는 엘리야 선지자입니다.

우리가 성경을 통하여 본 바와 같이 에녹은 65 세에 므두셀라를 낳은 후에야 비로소 하나님과 동행하였습니다. 우리는 그의 생의 처음 65 년에 대해서는 전혀 아는 바가 없습니다. 그러나 에녹은 그의 아들 므두셀라가 태어나면서부터 그 인생이 변화하였습니다. 에녹에게 그의 아들 므두셀라는 참으로 그의 인생을 바꾸게 해 준 하나님의 놀라운 선물이었습니다. 그 후 에녹은 삼백년 동안 하나님과 동행하였고 자녀를 낳았습니다. 그는 삼백육십오 세를 향수했는데 그 나이는 그가 작고한 나이가 아니라 이 세상에 머물고 있었던 나이를 말합니다. 그는 그 후로 하나님께서 데려가심으로 더 이상 이 세상에 있지 않았습니다.

제가 이것에 대하여 설명하는 유일한 방법은 한 어린 소녀가 주일학교에서 돌아와 선생님으로부터 배운 것을 어머니에게 이야기한 방법과 같습니다.
"선생님께서 오늘, 우리에게 에녹이 어떻게 하나님과 동행했는지 가르쳐 주셨어요."
『어떻게 동행했는데 ?』
"하나님께선 매일 에녹을 찾아오셔서 「에녹, 나와 산책하지 않겠니 ?」하고 말씀하신 것 같아요. 그러면 에녹이 집 밖으로 나와 문 쪽으로 가서 하나님과 함께 산책을 나가곤 했어요. 에녹은 하나님과의 산책이 너무나 재미있어서 매일 자기 집 문 앞에서 하나님을 기다리곤 했대요. 그러면 하나님이 오셔서 「에녹, 산책하러 가자」하셨어요. 그러던 어느 날 하나님께서 「에녹, 오늘은 좀더 먼 길까지 거닐자. 내가 너에게 할 말이 많단다」하고 말씀하셨어요. 그래서 하나님과 에녹은 하염없이 거닐었어요. 그러다가 마침내 에녹이 외쳤어요. 「세상에, 너무 늦었어요. 이젠 집에 돌아가 봐야 하겠어요.」 그러자 하나님이 이렇게 말씀하셨어요. 「에녹, 여긴 너희 집보다 나의 집에 더 가까운 곳이야. 그러니 나의 집으로 가자.」 그리하여 에녹은 하나님과 함께 영원한 본향으로 간 것이어요."

저는 더 이상 어떻게 설명해야 좋을지 모르겠습니다. 이것이 바로 본문의 말씀을 정확히 표현해 주고 있습니다.

저는 창세기의 모든 위대한 진리가 미래의 사건과 반드시 어떤 상관 관계를 맺고 있다고 생각합니다. 저는 이 에녹의 사건 또한 장차 일어날 사건에 대한 하나의 예표라고 생각합니다. 여기에 교회의 큰 기쁨과 소망이 있습니다. 하나님께서는 에녹을 위해 홍수 심판이 있기 전에 에녹을 데려가셨던 것입니다.

셋에서 노아까지의 족보

"그는 구백육십구 세를 향수하고 죽었더라"(27절).

므두셀라는 아담보다 오래 살았읍니다. 아담과 므두셀라는 창조에서 홍수까지의 간격을 매우 잘 연결시켜 주고 있읍니다. 계보의 연대를 자세히 살펴보면, 므두셀라는 노아에게 우주 창조 이후의 모든 것에 대하여 자세히 설명해 줄 수 있었을 것입니다.

『므두셀라』(Methuselah)는 "보낸다"는 뜻입니다. 따라서 므두셀라란 이름의 의미를 이렇게 해석하는 사람도 있읍니다.
"그가 죽을 그때에, 그것을 보내리라."
그러면 무엇을 보내시겠다는 말씀일까요? 그것은 바로 홍수입니다. 므두셀라가 살아 있을 때는 홍수가 임하지 않았읍니다. 매우 재미있는 것은 창세기 5 장의 마지막 부분에 나와 있는 족장의 계보 연대를 계산해 보면 홍수는 므두셀라의 죽던 해에 시작되었다는 사실입니다. "그가 죽는 날, 홍수를 보내리라"가 곧 므두셀라(Methuselah) 란 이름의 본래의 의미입니다.

므두셀라가 다른 사람보다 오래 살 수 있었던 것은 무엇 때문이었을까요? 하나님께서 그로 하여금 땅 위에 오래 머물게 하신 것은 사람들에게 하나님께서는 오래 참으시고, 자비를 베푸시는 분이심을 알리시기 위함이었읍니다. 하나님께서는 오늘날 세상의 모든 사람들을 위하여도 기다리고 계십니다. 베드로는 하나님의 오래 참으심에 대하여 다음과 같이 말합니다.
"그들은 전에 노아의 날 방주 예비할 동안 하나님이 오래 참고 기다리실 때에 순종치 아니하던 자들이라 방주에서 물로 말미암아 구원을 얻은 자가 몇 명뿐이니 겨우 여덟 명이라"(벧전 3:20).

> "그는 칠백칠십칠 세를 향수하고 죽었더라 노아가 오백 세 된 후에 셈과 함과 야벳을 낳았더라"(31, 32절).

오늘날 세상의 모든 철학에서 주장하는 바에 따르면 사람은 본래 선하기 때문에 얼마든지 개선되어질 수 있다고 합니다. 그리고 오늘날 널리 시행되고 있는 모든 정책의 중요 내용도 만약 우리가 인류환경과 유전형질을 개선시키고자 노력만 한다면 인간에게는 얼마든지 발전이 있을 수 있다는 것입니다. 공산주의와 사회주의 사회에서는 인간을 개량시키려고 애쓰고 있습니다. 알미니우스파는 인간이 자신의 구원을 위해 조력할 수 있다고 주장합니다. 근대주의는 인간이 자기 자신을 스스로 구원할 수 있다고 합니다. 다시 말해 구원이란 하나님께서 인간에게 주신 것으로서 인간의 능력에 의해 성취 가능한 것이라고 본다는 것입니다. 어떤 종파에서는 인간의 성품은 온전히 선하기 때문에, 거기에 죄 같은 것은 있을 수도 없다고 말합니다.

이에 반해 하나님께서는 인간에 대해 뭐라고 말씀하십니까? 하나님께서는 인간이 전적으로 부패하였다고 말씀하십니다. 그것이 바로 인간의 참 모습입니다.

"의인은 없나니 하나도 없으며"(롬 3:10).

이것이 인간에 대한 성경의 가르침입니다. 오직 우리는 성경 속에서만 인간에 대한 가장 정확하고도 참된 정의(定義)를 발견할 수 있습니다.

인류는 어디로 가고 있습니까? 과연 저들이 말하는 것처럼 이상적인 세계와 지상 낙원을 건설할 수 있을까요? 인간의 본성이, 여러 시대를 거치면서 문화가 발전하듯이 나아질 수 있을까요? 아닙니다. 이에 대해서는 다음 창세기 6장에서 그 해답을 제시해 줄 것입니다.

족장들의 계보

나이

		아담	셋	에노스	게난	마할랄렐	야렛	에녹	므두셀라	라멕	노아	셈	아르박삿	셀라	에벨	벨렉	르우	스룩	나홀	데라	아브람	이삭	[illegible]
아담	창																						
셋	출	130																					
에노스	출	235	105																				
게난	출	325	195	90																			
마할랄렐	출	395	265	160	70																		
야렛	출	460	330	225	135	65																	
에녹	출	622	492	387	297	227	162																
므두셀라	출	687	557	452	362	292	227	665															
라멕	출	874	744	639	549	479	414	252	187														
아담	사	930	800	695	605	535	470	308	243	56													
에녹	데		857	752	662	592	527	365	300	113													
셋	사		912	807	717	647	582		355	168													
노아	출			821	731	661	596		369	182													
에노스	사			905	815	745	680		453	266	84												
게난	사				910	840	775		548	361	179												
마할랄렐	사					895	830		603	416	234												
야렛	사						962		735	548	366												
셈	출								869	682	502												
라멕	사								964	777	595	93											
므두셀라	사								969		600	98											
홍수											600	98											
아르박삿	출										602	100											
셀라	출										637	135	35										
에벨	출										667	165	665	30									
벨렉	출										701	199	99	64	34								
르우	출										731	229	129	94	64	30							
스룩	출										763	261	161	126	96	62	32						
나홀	출										793	291	191	156	126	92	62	30					
데라	출										822	320	220	185	155	121	91	59	29				
벨렉	사										940	438	338	303	273	239	209	177	147	118			
나홀	사										941	439	339	304	274		210	178	148	119			
노아	사										950	448	348	313	283		219	187		128			
아브람	출											450	350	315	285		221	189		130			
르우	사											468	368	333	303		239	207		148	18		
스룩	사											491	391	356	326			230		171	41		
데라	사											525	425	390	360					205	75		
아르박삿	사											538	438	403	373						88		
이삭	출											550		415	385						100		
셀라	사											568		433	403						118	18	
셈	사											600			435						150	50	
야곱	출														445						160	60	
아브라함	사														460						175	75	[illegible]
에벨	사														464							79	[illegible]
이삭	사																					180	[illegible]
야곱	사																						[illegible]

보기 : 창-창조, 출-출생, 사-사망, 데-데려감

예 : 노아(세로 목록)는 므두셀라(가로 목록)가 369세 때 출생함.

※ 이 도표는 각 족장들의 공존한 때를 보여준다.

제 6 장

홍수의 원인 / 홍수 심판에서의 구원 / 방주 제작에 대한 지시 / 방주의 승객들

홍수의 원인

본 장에서 우리는 홍수와 홍수 심판의 원인을 볼 수 있습니다. 하나님께서 단순히 화풀이로 세상을 심판하신 것이 아닙니다. 자비로우신 하나님이 이 세상을 심판하신 데는 용납하실 수 없는 범죄의 측면이 있습니다.

> "사람이 땅 위에 번성하기 시작할 때에 그들에게서 딸들이 나니 하나님의 아들들이 사람의 딸들의 아름다움을 보고 자기들의 좋아하는 모든 자로 아내를 삼는지라"(1, 2절).

본문에서의 "하나님의 아들들"과 "사람의 딸들"에 대해서는 지금까지

많은 논란이 있어 왔습니다. 그런데 저는 본문에서의 "하나님의 아들들"이 천사들이라고 하는 주장에 대해서는 반대 입장을 취합니다. 왜냐하면 만약 그들이 선한 천사였다면 그들은 이러한 죄를 범하지 않았을 것이며 반대로 악한 천사들이었다면, 결코 "하나님의 아들들"이라 불리워지지 못하였을 것이기 때문입니다. 이 때문에 저는 본문의 "아들들"을 인간으로 생각합니다. 그들은 괴물과 같은 존재가 아니었읍니다. 저는 왜 많은 사람들이 그들을 거인이었다고 추측하는지 모르겠읍니다. 우리는 3 절에서 이에 대해 좀더 자세히 살펴보도록 하겠읍니다.

> "여호와께서 가라사대 나의 신이 영원히 사람과 함께하지 아니하리니 이는 그들이 육체가 됨이라 그러나 그들의 날은 일백이십 년이 되리라 하시니라"(3절).

우리는 본문을 통해 노아가 홍수 심판을 경고하면서 120 년 동안이나 저들을 설득하였으며, 그 기간 동안은 하나님의 신(神)이 사람과 함께하셨다는 것을 알 수 있읍니다. 베드로는 노아 때에 하나님의 신이 사람들을 하나님께로 돌이키고자 그들과 함께하셨다는 것을 분명 밝히고 있읍니다. 그러나 그들은 결코 하나님께 돌아오지 않았읍니다. "그리스도께서도 한 번 죄를 위하여 죽으사 의인으로서 불의한 자를 대신하셨으니 이는 우리를 하나님 앞으로 인도하려 하심이라 육체로는 죽임을 당하시고 영(靈)으로는 살리심을 받으셨으니 저가 또한 영으로 옥에 있는 영들에게 전파하시니라"(벧전 3:18,19).
베드로가 본 서신을 기록할 때에는 이 영들이 옥에 있었으나, 노아 시대에는 사람들에게 전파되었었읍니다. 그것은 다음의 구절을 통하여 알 수 있읍니다.
"그들은 전에 노아의 날 방주 예비할 동안 하나님이 오래 참고 기다리실 때에 순종치 아니하던 자들이라 방주에서 물로 말미암아 구원을 얻은 자가 몇 명뿐이니 겨우 여덟 명이라"(벧전 3:20).
그들이 순종치 아니한 때가 언제입니까? 하나님께서 노아의 날에 참으신 120 년 동안이었읍니다.

> "당시에 땅에 네피림이 있었고 그 후에도 하나님의 아들들이 사람의 딸들을 취하여 자식을 낳았으니 그들이 용사라 고대에 유명한 사람이었더라"(4절).

본문을 자세히 보면 "당시에 땅에 네피림이 있었고"라고 했지 그들이 하나님의 아들들과 사람의 딸들의 후손이었다고 하지는 않았읍니다. 후손에 대해서는 다음과 같이 말합니다.
"그들이 용사라 고대에 유명한 사람이었더라."
그들은 괴물과 같이 생기지 않았으며, 단순한 사람이었읍니다. 본문의 기록은 하나님의 아들들과 사람의 딸들이 결혼하기 전에 네피림이 땅 위에 존재하고 있었음을 분명히 보여주고 있으며, 이것은 단지 그 후손들이 매우 출중한 인물들이었음을 나타내 주고 있을 따름입니다.

인간에게는 놀라운 능력이 있읍니다. 인간은 놀랍고도 훌륭하게 창조되었읍니다. 이것은 우리가 지금까지 잊고 있었던 위대한 진리입니다. 인간이 쓰레기통이나 해초의 원형질로부터 진화하였다는 주장은 참으로 모순된 이론이 아닐 수 없읍니다. 진화론은 얼마 있지 않아서 구시대의 낡은 이론으로 전락해버릴 것이라는 신념이 과학자들 세계에 확산되고 있읍니다. 그때가 되면 진화론을 신봉하는 소수의 무리들은 조롱거리가 될 것입니다.

진화론은 단순히 과학계의 관심사일 뿐 거기에 어떤 과학적 근거가 있는, 증명된 사실이 아닙니다. 그것은 마치 어떠한 철학적 주장과도 같아서 인정할 수도 있고 거부할 수도 있는 이론입니다. 진화론을 인정하게 되면 그것은 세계의 문제에 대해 매우 해괴한 답을 도출하여 전 세계를 곤경에 빠뜨리게 할 것입니다. 어떤 이는 우리가 전 세계를 돌아다니며 잘못된 것을 고치는 「백의(白衣)의 기사」라고 생각할지도 모릅니다. 그러나 우리는 내적으로 부패되어 있습니다. 저는 오늘날의 대학, 정부기관, 보도기관, 군대 등에서 종사하는 지식층들이 왜 자신들은 월등한 능력을 가지고 있다고 생각하는지 그 이유를 모르겠습니다. 사람들이 자신을 실제보다도 더 위대하다고 생각하는 것은 시대의 착각입니다. 사실 인간은 지금 무서운 타락으로 인하여 고통당하고 있습니다. 그는 전적으로 부패되어 있습니다. 이것을 다시 고려해 보지 않는 이상 우리는 모든 일을 그르치게 될 것입니다.

그러면 본문, 4 절이 우리에게 주는 교훈은 무엇일까요? 우리가 살펴보았듯이 창세기는 인류의 족보를 기록한 「계보의 책」(系譜의 册)입니다. 여기서 "하나님의 아들들"은 아담으로부터 셋을 통하여 내려운 믿음의 계통이며 "사람의 딸들"은 가인의 계통입니다. 이 두 계통이 서로 결혼하여 혼합됨으로 마침내는 완전히 타락하였다는 것입니다. 이것이 이 절에서 우리에게 제시하는 교훈입니다.

그러면 다음 절에서 홍수 전 인간의 상태는 어떠했으며 하나님께서 홍수 심판을 내리신 이유는 무엇이었는지 살펴보겠습니다.

> "여호와께서 사람의 죄악이 세상에 관영함과 그 마음의 생각의 모든 계획이 항상 악할 뿐임을 보시고"(5절).

본문에는 특별히 강조되어야 할 네 개의 단어가 있습니다. 즉 '관영함'과 '모든', 그리고 '항상'과 '악할 뿐'이란 단어들입니다. 이 네 단어는 땅 위에 있는 인간들의 상태를 그대로 보여주는 말입니다.

> "땅 위에 사람 지으셨음을 한탄하사 마음에 근심하시고"(6절).

"한탄하사."

무엇이 주님을 한탄하시게 만들었을까요? 바로 인간의 타락이 하나님을 한탄하시게 만들었습니다. 그것은 마치 하나님께서 마음이 변하시어, 인간을 땅에서 다시 거두어 가실 것처럼 보였읍니다. 그러나 인간의 죄악이 하나님을 한탄하시게 했지만, 자비로우신 하나님께서는 인간을 완전히 멸절시키시지는 않습니다.

"가라사대 나의 창조한 사람을 내가 지면에서 쓸어 버리되 사람으로부터 육축과 기는 것과 공중의 새까지 그리하리니 이는 내가 그것을 지었음을 한탄함이니라 하시니라"(7절).

그런데 물고기는 물 속에 있는 피조물이기에 이 심판의 대상에서 제외되었읍니다. 하나님께서는 단순히 홍수만을 내리셨던 것입니다.

홍수 심판에서의 구원

"그러나 노아는 여호와께 은혜를 입었더라"(8절).

노아가 은혜를 입을 수 있었던 까닭은 무엇이었을까요?

"노아의 사적은 이러하니라 노아는 의인이요 당세에 완전한 자라 그가 하나님과 동행하였으며"(9절).

하나님께서 노아를 특별히 구원하신 이유는 무엇입니까? 그것은 노아가 하나님과 동행하였기 때문입니다. 그러나 성경은 또 우리에게 다음과 같은 사실을 알려 줍니다.

"믿음으로 노아는 아직 보지 못하는 일에 경고하심을 받아 경외함으로 방주를 예비하여 그 집을 구원하였으니 이로 말미암아 세상을 정죄하고 믿음을 좇는 의(義)의 후사(後嗣)가 되었느니라"(히 11:7).

이슬비조차 내리지 않는 마른 땅 위에서 노아가 방주를 예비한 것은 참으로 놀라운 믿음이 아닐 수 없읍니다. 같은 히브리서 11 장에서 믿음으로 에녹은 죽음을 보지 않고 하늘나라로 옮기워졌다고 기록하고 있읍니다. 교회가 세상에서 들리움을 받는 날, 모든 신자는 믿음이 아무리 약한 성도라 할지라도 하늘나라로 옮겨가는 기쁨을 체험할 것입니다.

그러면 왜 홍수가 일어났을까요? 하나님께서는 왜 꼭 홍수를 내리셔야만 했을까요?

> "때에 온 땅이 하나님 앞에 패괴하여 강포가 땅에 충만한지라 하나님이 보신즉 땅이 패괴하였으니 이는 땅에서 모든 혈육 있는 자의 행위가 패괴함이었더라"(11,12절).

즉, 우리 인간은 하나님의 법도에서 떠나 타락함으로 각기 제 갈길로 갔읍니다. 인간은 하나님께서 인간을 창조하신 목적에서 멀리 떠났던 것입니다.

> "하나님이 노아에게 이르시되 모든 혈육 있는 자의 강포가 땅에 가득하므로 그 끝날이 내 앞에 이르렀으니 내가 그들을 땅과 함께 멸하리라" (13절).

하나님께서는 여기서 홍수를 내리려 하십니다. 그렇게 하시려고 했던 이유를 몇 가지로 정리해 보고자 합니다.

첫째로, **하나님께서 많은 예언자들을 통하여 예언하셨음에도 불구하고 인간들이 하나님의 뜻을 거역했기 때문입니다.**
하나님께서는 인간에게 구원해 주실 분을 보내 주시겠다고 언약하셨으며, 따라서 사람들은 세상에 구세주가 오시리라는 것을 알고 있었읍니다. 인간의 할 일은 오실 메시야를 기다리는 것이었읍니다. **그러나 사람들은 오히려 하나님을 멀리 떠났읍니다.**

하나님께서는 아담과 하와를 위하여 희생제사를 마련하셨읍니다.

그리고 우리는 가인과 아벨에게서 위대하고 영원한 원리 하나를 발견하게 됩니다. 이 두 사람, 가인과 아벨은 커다란 두 개의 계열, 즉 사람들의 두 계열의 대표자입니다. 버림받은 자와 구원받은 자, 독선적인 자와 상한 심령을 지닌 자, 형식적인 신앙고백자와 참된 신앙인, 이러한 구분은 오늘날의 인류에게도 존재합니다.

그리고 우리는 족장들이, 아담과 므두셀라가 창조에서부터 홍수에 이르는 긴 기간을 연결시켜 줄 만큼 오래 산 것처럼, 장수하였다는 것을 알게 됩니다. 그들은 분명히 모든 인류에게 한 계시를 전하였을 것입니다. 유다서 14,15 절은 에녹이 그 기간 동안 홍수에 대하여 전하고 예언하였다고 기록하고 있습니다. 노아도 방주를 세우는 동안 사람들에게 홍수를 위하여 준비할 것을 설득하였읍니다. 에녹이 하늘로 들리움을 받았을 때 사람들은 인간의 삶을 주관하시는 하나님께 회개하고 돌아왔어야 했읍니다. 그들은 또한 므두셀라에 대해서도 알았으며 그의 이름이 무엇을 뜻하는가도 알았읍니다. 므두셀라가 죽었을 때, 그들은 홍수가 임하게 되리라는 것을 알았어야 했읍니다. 마침내 성령의 사역이 시작되었읍니다. 하나님께서는 자신의 신(Spirit)이 인간의 범죄에 대하여 언제나 참으시지는 않을 것임을 말씀하셨읍니다. 하나님의 신은 인간의 범죄에 대하여 참으셨으나 인간이 끝까지 하나님을 저버리자 홍수 심판을 땅 위에 내리셨읍니다.

모든 인간이 하나님을 떠났읍니다.
"…의인은 없나니 하나도 없으며"(롬 3:10).
하나님을 믿는 사람은 노아와 그의 가족 몇 사람뿐이었읍니다. 그리고 하나님을 믿고 그분과 동행한 사람은 노아 한 사람뿐이었읍니다. 그는 끝까지 하나님을 신뢰했읍니다. "믿음으로 노아는"(히 11:7) 비가 내리지 않는 마른 땅 위에서 배를 만들었읍니다. 만약 홍수 심판이 내리지 않았다면 그는 주위 사람들로부터 분명히 조롱거리가 되었을 것입니다. 노아는 120 년 동안이나 홍수에 대비하여 준비하였읍니다. 그러나 그는 하나님의 말씀에 대해 조금도 의심하지 않았읍니다.

둘째로, **예수 재림의 예표를 제공하시기 위해서였읍니다.**
노아 시대는 주께서 우리를 공중으로 들리움받게 하시기 위해서가 아니라 자신의 왕국을 건설하시기 위해서 이 땅에 다시 오시기 전에 마치 예수 재림의 때를 복사해 놓은 듯이 그때와 놀라운 유사점을 지니고 있읍니다. 그 중에는 이미 성취된 것도 있읍니다. 예를 들어, 본 장은 다음과 같이 시작합니다.
"사람이 땅 위에 번성하기 시작할 때에 그들에게서 딸들이 나니"(1절).
그 때에 상당한 인구 증가가 있었으며, 사람들은 땅 위에 꽤 널리 퍼져 있었읍니다. 북미 대륙, 아시아, 유럽, 아프리카 등 거의 전세계에 걸쳐 인간이 거주하고 있었던 것입니다. 오늘날, 우리도 인구 급증 현상을 맞고 있으며 사람들이 온 땅에서 다시 증가하고 있읍니다.

세째로, **성령께서 더 이상 악을 금하지 않으셨기 때문입니다.**
대환난 동안 성령께서는 더 이상 악을 금하지 않으실 것입니다. 그분은 인간을 회심시키려고 이 땅에 오셨지 땅 위에 있는 악을 막기 위해 오신 것이 아니기 때문입니다. 그러나 인간에게 제안하시는 하나님의 뜻은 무시되고 거부당했읍니다. 그것은 오늘날도 마찬가지입니다.

오늘날 세계의 이목이 자유주의 개신교와 로마 카톨릭의 성직자들에게만 집중되어 있는 것은 놀라운 일이 아닙니까? 당신은 보수주의적인 입장에 있는 사람들의 말을 전혀 들어 본 적이 없을 것입니다. 그들은 자유주의자와 로마 카톨릭의 공격에 맞서 싸우고자 노력하였으며 지금도 과거의 정통적 신학의 흐름을 회복하고자 최선을 다하고 있읍니다. 그러나 우리는 하나님의 편에 서서 발언하려고 하려면 TV 카메라 앞에조차 설 수 없는 시대를 맞이했읍니다. 당신이 TV 대담에 참석하려면 우선 당신은 그리스도께 반항하고 그리스도를 짓밟고 그리스도를 부정하는 것을 배워야 할 것입니다.

그러나 결국, 세계는 휴거라는 중대한 문제에 직면하게 될 것입니다. 그때에는 많은 사람들이 신비로운 방법으로 이 땅을 떠나가게 될 것입니다. 노아의 시대에도 이런 심판의 예고가 있었으나 사람들은 주의하지 않았습니다.

방주 제작에 대한 지시

하나님께서는 인간들에게 홍수를 대비하도록 충분한 기회를 주십니다.

> "너는 잣나무로 너를 위하여 방주를 짓되 그 안에 간들을 막고 역청으로 그 안팎에 칠하라"(14절).

"너는 잣나무로 너를 위하여 방주를 짓되."
잣나무는 거의 썩지 않는 나무로 캘리포니아에서 생산되는 삼나무와 매우 비슷한 나무입니다.

"그 안에 간들을 막고."
여기에서의 "간"이란 단어에는 보금자리라는 개념이 있습니다. 코끼리 같은 큰 동물에게는 커다란 간(間)이 필요했겠지만, 작은 짐승에게는 그와 같이 커다란 공간은 필요치 않았을 것입니다. 그러한 짐승에게는 구석의 아주 작은 장소만으로도 충분하였을 것입니다.

"역청으로 그 안팎에 칠하라."
이때 역청은 방수제의 구실을 하여 방주에 물이 스며들지 않게 했습니다.

> "그 방주의 제도는 이러하니 장(長)이 삼백 규빗, 광(廣)이 오십 규빗, 고(高)가 삼십 규빗이며"(15절).

방주에 대해 대개의 사람들은 막연하게 큰 배로 생각하는 경향이 있읍니다.

그러나 성경에는 방주의 크기가 아주 구체적으로 명시되어 있읍니다. 장이 삼백 규빗이라고 했는데, 1 규빗을 50 cm로 계산하면 약 150 m의 길이가 됩니다. 그리고 넓이는 약 25 m요, 배의 높이는 약 150 m 정도가 되는데, 이 정도의 크기라면 적재 톤수가 약 만 사천 톤 정도가 됩니다.

문제는 그 당시에 어떻게 그와 같이 큰 배를 만들 수 있었겠느냐 하는 것입니다. 하지만 노아는 동굴 속에서나 생활하던 야만인이 결코 아니었읍니다. 그는 지각이 매우 발달한 사람이었읍니다. 뿐만 아니라 하나님께서는 노아가 그 배를 만들 때 아주 잘 만들도록 도우셨을 것입니다.

노아가 만든 배는 20 m 이상의 높이의 큰 파도에도 잘 견딜 수 있도록 튼튼하게 만든 대형 어선이 아니었읍니다. 그리고 그 배는 폭풍우를 이겨내기 위한 목적이 아니라 각종 생물과 짐승, 그리고 사람이 홍수가 끝나기까지 일정 기간 동안 피할 수 있는 장소를 마련하는 데 그 주목적이 있었읍니다. 따라서 그 방주는 일반 대형 어선들과 비교할 때 우선 그 구조 면에 있어서 매우 큰 차이가 있었읍니다. 그러나 그 배는 길이와 넓이와 높이의 비율로 보아 아주 균형있게 지어졌음을 알 수 있읍니다.

> "거기 창을 내되 위에서부터 한 규빗에 내고 그 문은 옆으로 내고 상 중 하 삼층으로 할지니라"(16절).

"거기 창을 내되."

방주에 만들어진 창은 배의 옆으로 조그마하게 만들어지지 않았읍니다. 그 때 배 안에는 수 많은 짐승들이 있었기에 그 짐승들에게서 풍겨나오는 악취는 대단히 심했을 것입니다. 창은 배의 지붕 밑의 곡선을 따라 1 규빗, 즉 50㎝ 정도의 높이로 만들어졌읍니다. 그러므로 배의 지붕과 창은 상당 부분이 겹쳤을 것입니다. 그것은 마치 오늘날 체육관을 건축할 때 환기 구멍을 내는 것과 같은 이치입니다.

저는 텍사스 주, 달라스의 주(州)박람회에서 가축 사육장 건물의 창문이 지붕 둘레에 만들어져 있는 것을 본 적이 있읍니다. 그곳에는 박람회에서 선보일 모든 가축들이 다 들어 있었는데도 그곳은 전혀 불쾌한 장소가 아니었읍니다. 사람들은 그 안에서 음식을 먹기도 하고 쉬기도 하며 잠자기도 했읍니다. 그곳은 매우 쾌적한 곳이었으며 악취가 심하게 나지도 않았읍니다. 저는, 노아가 가엾게도 악취에 견딜 수 없어 작은 창문 밖으로 목을 내놓고 있었을 것이라는 이야기를 들은 적이 있읍니다. 그러나 그것은 터무니 없는 이야기입니다. 아무 근거가 없는 사람들의 상상에 의한 이야기일 뿐입니다.

"그 문은 옆으로 내고."
방주에는 문이 이것 하나밖에 없었읍니다. 따라서 그것은 아주 중요한 것이었읍니다. 그리스도께서는 내가 곧 길이라고 하셨고 또 양의 문이라고 말씀하셨읍니다. 그렇습니다. 그리스도께서는 방주로 들어가는 유일한 문이십니다.

"상 중 하 삼층으로 할지니라."
이 방주에는 세 개의 갑판이 있었읍니다. 그러면 각 층마다 출입구가 따로 있었을까요? 이에 대해 저는 각 층마다 하나씩의 문이 있었다기보다는 방주 전체를 위한 하나의 출입구밖에 없었다고 생각합니다.

방주의 승객들

"내가 홍수를 땅에 일으켜 무릇 생명의 기식 있는 육체를 천하에서 멸절하리니 땅에 있는 자가 다 죽으리라"(17절).

이것은 하나님께서 땅 위에 있는 짐승과 새와 사람에게 홍수를 내리시기 바로 직전의 상황이었읍니다.

> "그러나 너와는 내가 내 언약을 세우리니 너는 네 아들들과 네 아내와 네 자부들과 함께 그 방주로 들어가고 혈육 있는 모든 생물을 너는 각기 암 수 한 쌍씩 방주로 이끌어 들여 너와 함께 생명을 보존케 하되 새가 그 종류대로, 육축이 그 종류대로, 땅에 기는 모든 것이 그 종류대로 각기 둘씩 네게로 나아오리니 그 생명을 보존케 하라"(18-20절).

"모든 것이 그 종류대로 각기 둘씩 네게로 나아오리니 그 생명을 보존케 하라."
노아는, 짐승을 산 채로 잡아오기 위해 밖으로 나가는 사냥꾼처럼 행하지 않았읍니다. 그는 사냥꾼이 아니었읍니다. 그는 짐승을 데리러 찾아갈 필요가 없었읍니다. 짐승들이 스스로 그에게 왔읍니다.

짐승들은 긴박한 위험에 처하게 되면, 본능적으로 그렇게 하도록 되어 있읍니다.

필자는 어린 딸을 데리고 요세미티 계곡에 간 적이 있읍니다. 그 아이는 눈을 본 적이 없었기 때문에 우리가 그 아이를 눈 위에 내려놓자 아이가 울기 시작했읍니다. 그러나 아이가 주위를 둘러보다가 아기 사슴을 발견하자 울음을 뚝 그쳤읍니다. 그 아기 사슴에게 다가가 그를 쓰다듬을 수도 있었을 텐데 어떤 위험이 있을까봐 우리는 그에게 더 이상 접근하지 않았읍니다. 그런 일이 있은 후, 저는 산림 경비원에게 사슴 이야기를 꺼내자 그는 웃으면서 다음과 같은 말을 하였읍니다.
"예, 지금 하이시에라에는 눈이 잔뜩 덮여 있거든요. 그곳에 눈이 덮이면 위험하지요. 그래서 사슴들이 이곳으로 내려와 있지요. 이럴 때면 그들은 다른 짐승들과 마찬가지로 아주 온순해져요. 하지만 봄이 되어 눈이 녹으면 그들은 이곳을 떠나는데 그때는 그들에게 조금이라도 접근할 수 없을 정도로 사나워지지요."

이와 같이 동물들은 위험에 처하면 사람에게로 옵니다. 그래서 노아 홍수 때에도 동물들이 스스로 노아에게로 왔으므로 노아는 전혀 어려움이 없었을 것이라고 생각합니다.

> "너는 먹을 모든 식물을 네게로 가져다가 저축하라 이것이 너와 그들의 식물이 되리라 노아가 그와 같이 하되 하나님이 자기에게 명하신 대로 다 준행하였더라"(21, 22절).

노아는 이 때 모든 짐승들의 생계를 위해 식량을 준비해 두어야만 했읍니다. 그래서 그는 짐승에게 먹일 많은 양의 건초를 방주에 실었읍니다. 어떤 사람들은 '육식을 하는 동물들은 다른 짐승들을 잡아먹지나 않았을까' 하고 의문을 가질 수도 있을 것입니다. 하지만 저는 그렇게 생각하지 않습니다. 홍수 때까지는, 사람과 짐승 모두가 육식을 하지 않았읍니다. 그들은 채식만을 하고 살았읍니다.

천년 왕국 시대가 되면 이리가 어린 양과 함께 누우며 사자가 소처럼 풀을 먹을 것입니다(사 11:6,7). 그러한 때가 분명히 올 것입니다. 왜냐하면 그것이 동물의 원 상태이기 때문입니다.

제 7 장

방주로 들어간 노아와 그의 가족들 그리고 짐승들 / 모든 생물의 소멸과 구원

방주로 들어간 노아와 그의 가족들 그리고 짐승들

> "여호와께서 노아에게 이르시되 너와 네 온 집은 방주로 들어가라 네가 이 세대에 내 앞에서 의로움을 내가 보았음이니라"(1절).

노아가 이렇게 의롭다 여기심을 받았던 이유는 무엇이었을까요? 그것은 오랜 세월이 지난 후 아브라함이 믿음으로 의롭다 함을 받은 것처럼, 그에게는 믿음이 있었기 때문이었습니다.

"아브람이 여호와를 믿으니 여호와께서 이를 그의 의로 여기시고"(창 15:6).

아브람함처럼 노아는 하나님을 믿었으며, 그것은 그로 하여금 의롭다 인정함을 받게 하였습니다. 히브리서 기자는, 노아는 믿음으로 방

주를 예비했다고 히브리서 11 장 7 절에서 밝히고 있읍니다. 그것이 바로 하나님께서 노아를 구원하신 이유였읍니다.

당신은 홍수 심판 동안에 하나님께서 노아에게 얼마나 큰 은혜를 베푸셨는지 아십니까? 하나님께서는 1 절에서 "너는 방주로 들어가라"고 말씀하셨읍니다. 이것은 오늘날 예수께서 모든 인간을 향하여 부르시는 초청의 말씀과 똑같은 것입니다.
"수고하고 무거운 짐 진 자들아 다 내게로 오라 내가 너희를 쉬게 하리라"(마 11:28).

그런데 7 장 16 절 말씀에 보니까 "여호와께서 그를 닫아 넣으시니라"라고 하셨고, 또한 제 8 장에서는 "하나님이 노아를 권념하사"라는 말씀으로 시작하고 있읍니다. 참으로 깊은 사랑의 말씀들이 아닐 수 없읍니다. 하나님께서는 노아에 대해서 아주 쉽게 잊으실 수도 있었읍니다. 몇 년 후 하나님께서는 "아, 노아에 대하여 깜박 잊고 있었구나. 노아를 방주 안에 넣어 놓기만 하고 그만 잊고 있었구나"라고 말씀하실 수도 있었읍니다. 만일 정말로 그렇게 되었더라면, 노아는 어떻게 되었을까요? 생각할수록 끔찍한 일이 아닙니까? 그러나 하나님께서는 결코 그를 잊지 않으셨읍니다. 하나님께서는 당신도 기억하고 계십니다. 하나님께서 오로지 기억하시지 않는 것이 있다면 그것은 당신이 하나님 앞에서 회개한 죄뿐입니다. 당신이 회개하면 하나님께서는 더 이상 당신의 죄를 기억하시지 않습니다. 이 얼마나 감사한 일입니까?

> "너는 모든 정결한 짐승은 암 수 일곱씩, 부정한 것은 암 수 둘씩을 네게로 취하며 공중의 새도 암 수 일곱씩을 취하여 그 씨를 온 지면에 유전케 하라"(2, 3절).

몇 년 전 미국의 해리 림머(Harry Rimmer) 박사는 성경에서 모순을 발견하는 사람에게는 누구든지 수 천 달러를 주겠다고 발표했읍니다. 이때 몇 명의 자유주의 신학자들이 법정에서 바로 이 구절을 가지고 소송을 제기했읍니다. 즉, 앞에서는 암 수 한 쌍씩으로 되어 있는데 여기서는 왜 암 수 일곱씩으로 되어 있느냐는 것이었읍니다. 물론 재판은 림머 박사가 승리했읍니다.

당신은 다음 장에서 노아가 방주 밖으로 나갔을 때 정결한 짐승을 제물로 바쳤다는 사실을 보게 될 것입니다. 만약 그가 정결한 짐승을 두 마리 이상 취하지 않았다면, 그것을 어디에서 구할 수 있었겠읍니까? 그가 암 수 일곱씩을 취한 것은 정결한 짐승이었읍니다. 그러니까 모든 생물을 각기 암 수 한 쌍씩 방주로 이끌어 들이되 특별히 정결한 짐승은 암 수 일곱씩을 취하라고 하셨던 것입니다. 그리고 3 절 말씀에 공중의 새도 암 수 일곱씩을 취하였다고 했는데 그것도 역시 정결한 짐승을 취한 것이었읍니다.

> "지금부터 칠 일이면 내가 사십 주야를 땅에 비를 내려 나의 지은 모든 생물을 지면에서 쓸어 버리리라"(4절).

7 일 동안의 잔여 기간에 혹시나 다른 사람들이 방주문을 두드렸다면 그들도 그 안으로 들어갈 수 있었을 것입니다. 사실 그들이 그렇게 했더라면 하나님께서는 그들을 구원하셨을 것입니다. 하나님께서는 그 때까지도 그들을 기다리셨읍니다.

> "홍수가 땅에 있을 때에 노아가 육백 세라 노아가 아들들과 아내와 자부들과 함께 홍수를 피하여 방주에 들어갔고 정결한 짐승과 부정한 짐승과 새와 땅에 기는 모든 것이 하나님이 노아에게 명하신 대로 암 수 둘씩 노아에게 나아와 방주로 들어갔더니"(6-9절).

노아가 방주에서 나와 짐승을 몰고 들어갔다는 이야기는 성경의 어디에서도 찾아볼 수 없읍니다. 왜 그럴까요? 그것은 짐승들이 스스로 노아에게 왔기 때문입니다.

모든 생물의 소멸과 방주의 구원

"노아 육백 세 되던 해 이월 곧 그 달 십칠일이라 그 날에 큰 깊음의 샘들이 터지며 하늘의 창들이 열려 사십 주야를 비가 땅에 쏟아졌더라"(11, 12절).

"들어간 것들은 모든 것의 암 수라 하나님이 그에게 명하신 대로 들어가매 여호와께서 그를 닫아 넣으시니라 홍수가 땅에 사십 일을 있었는지라 물이 많아져 방주가 땅에서 떠 올랐고"(16, 17절).

창세기의 이 홍수 사건에 대해서는 과학적으로 입증할 수 있는 많은 증거들이 있읍니다. 하지만 여기서는 그러한 증거들에 대해서는 다루지 않겠읍니다. 이미 이에 대해서 좋은 전문 서적들이 시중에 나와 있기 때문에 자세히 알기를 원하시는 분들은 그 책들을 참고하시기 바랍니다.

"지면의 모든 생물을 쓸어 버리시니 곧 사람과 짐승과 기는 것과 공중의 새까지라 이들은 땅에서 쓸어 버림을 당하였으되 홀로 노아와 그와 함께 방주에 있던 자만 남았더라"(23절).

근래에 들어 홍수가 일부 지역에만 있었다고 주장하는 사람들이 있읍니다. 즉, 홍수가 티그리스와 유프라테스 계곡 근방에만 국한되어 발생했다는 것입니다. 다시 말해 그것은 커다란 수영장과 같은 형태를 이루었으며 그것이 이 홍수 심판의 전부였다는 것입니다. 그러나 하나님께서는 홍수로 일부의 땅이 아니라 모든 땅을 멸하실 것을 분명히 말씀하셨읍니다.
"하나님이 노아에게 이르시되 모든 혈육 있는 자의 강포가 땅에 가득하므로 그 끝날이 내 앞에 이르렀으니 내가 그들을 땅과 함께 멸하리라"(창 6:13).

그 때 이미 인류는 상당히 먼 지역에까지 흩어져 살았으며 거기에는 틀림없이 짐승들도 있었을 것입니다. 그에 대해 이의를 제기할 사람은 아마 없을 것입니다. 그래도 만일 홍수가 세계 전역에 걸쳐 일어난 것이 아니라고 주장하는 사람이 있다면 그 사람은 홍수 이후에 인류를 다시 번성케 한 사람이 노아 외에 또 다른 사람이 있었다는 것을 인정하는 사람입니다. 성경은 우리에게 그렇게 말씀하고 있지 않습니다. 하나님의 말씀을 그대로 인정하지 않는다면 그것은 하나님의 말씀을 부인하는 것입니다. 이 때문에 홍수를 일부 지역에만 있었던 사건으로 보려고 하는 것은 결국 하나님의 말씀을 실제로 거부하는 것이 되고 맙니다. 성경은 "지면의 모든 생명을 쓸어 버리시니…홀로 노아와 그와 함께 방주에 있던 자만 남았더라"고 했읍니다.

"물이 일백오십 일을 땅에 창일하였더라"(24절).

이는 약 5 개월 동안 물이 땅을 덮고 있었다는 말입니다.

노아 시대의 홍수와 같은 대변동이나 대변혁은 지구상에서 일어난 적이 없다는 입장을 취하는 자들이 있읍니다. 저는 더 이상 이것에 대해 상세히 말하지 않고 단지 베드로가 말세에는 우리에게 기롱하는 자가 나타날 것을 매우 명백하게 말한 것을 지적하고자 합니다. "먼저 이것을 알지니 말세에 기롱하는 자들이 와서 자기의 정욕을 좇아 행하며 기롱하여 가로되 주의 강림하신다는 약속이 어디 있느뇨 조상들이 잔 후로부터 만물이 처음 창조할 때와 같이 그냥 있다 하니"(벧후 3:3,4).

기독교를 부인하려는, 기롱하는 자들은 지금까지 항상「상태론자」(uniformitarian)였읍니다. 그러나 우리는 이와 같이 특수한 문제에 대하여 그러한 입장을 결코 취해서는 안 되며 하나님의 말씀의 완전성을 받아들여야 합니다.

제 8 장

비가 그침 / 지면이 마르자 방주를 떠나는 노아 / 제단을 쌓는 노아

비가 그침

> "하나님이 노아와 그와 함께 방주에 있는 모든 들짐승과 육축을 권념하사 바람으로 땅 위에 불게 하시매 물이 감하였고 깊음의 샘과 하늘의 창이 막히고 하늘에서 비가 그치매 물이 땅에서 물러가고 점점 물러가서 일백오십 일 후에 감하고 칠월 곧 그 달 십칠일에 방주가 아라랏산에 머물렀으며"(1-4절).

성경에는 홍수의 발생뿐만 아니라, 홍수의 범람과 그것이 땅 위에서 물러갔다는 기사가 모두 기록되어 있읍니다. 우리는 성경에서 "하나님께서 노아를 권념하사 바람으로 땅 위에 불게 하시매 물이 감하였고"라고 기록된 것을 보게 됩니다. 얼마나 놀라운 하나님의 사랑입니까! 그것은 하룻밤 사이에 일어난 사건이 아니었읍니다. 물은 홍수가 시작된 지 150 일만에 감소하기 시작하였으며, 물이 물러가 산봉

우리가 보이기 시작한 것은 홍수가 시작된 지 261 일 후였읍니다. 저들은 오랜 시간 동안 기다리면서 하나님의 역사하심을 직접 목격했을 것입니다. 그리고 저들이 최초로 산봉우리를 보았을 때의 감격을 상상해 보십시오. 저들은 아마도 평생토록 그 감격의 봉우리를 잊지 못했을 것입니다.

"물이 점점 감하여 시월 곧 그 달 일일에 산들의 봉우리가 보였더라 사십일을 지나서 노아가 그 방주에 지은 창을 열고"(5,6절).

이제 노아는 새로운 삶을 시작하는 첫 단계인 창문을 열었읍니다. 그 다음에 노아가 어떻게 했는지를 살펴봅시다.

"까마귀를 내어 놓으매 까마귀가 물이 땅에서 마르기까지 날아 왕래하였더라 그가 또 비둘기를 내어 놓아 지면에 물이 감한 여부를 알고자 하매"(7,8절).

노아는 이때 이미 조류 연구가로서 손색이 없었읍니다. 그는 지혜롭게도 두 마리의 새, 까마귀와 비둘기를 방주 밖으로 날려 보내어 방주 바깥 세상의 상황을 정확하게 파악한 것입니다.

"온 지면에 물이 있으므로 비둘기가 접족할 곳을 찾지 못하고 방주로 돌아와 그에게로 오는지라 그가 손을 내밀어 방주 속 자기에게로 받아들이고 또 칠 일을 기다려 다시 비둘기를 방주에서 내어 놓으매 저녁 때에 비둘기가 그에게로 돌아왔는데 그 입에 감람 새 잎사귀가 있는지라 이에 노아가 땅에 물이 감한 줄 알았으며 또 칠 일을 기다려 비둘기를 내어 놓으매 다시는 그에게로 돌아오지 아니하였더라"(9-12절).

본 8 장에서의 까마귀와 비둘기에 대한 설명에는 참으로 위대한 영적 진리가 담겨 있읍니다. 노아는 방주에서 1 년 이상을 보낸 후 까마귀를 날려 보내었으나, 까마귀는 다시 그에게로 돌아오지 않았읍니다. 그러나 비둘기는 입에, 푸른 감람 새 잎사귀를 물고 되돌아왔읍니다. 저는 비둘기와 올리브, 즉 감람나무 잎이 왜 지금까지 항상 평화의 상징으로 사용되고 있는지에 대해서는 잘 모르지만, 어쨌든 그것이 평화의 상징으로 쓰이고 있는 것만은 사실입니다. 노아가 비둘기를 세번째 내보냈을 때, 아주 돌아오지 않았다는 것은 하나님의 심판이 끝나고, 이제는 세상에 평화가 왔다는 표시가 아닐까요? 물론 방주에서 나온 사람들은 홍수 심판을 받았던 아담의 자손들과 똑같은 모습의 사람들이었읍니다. 당신은 홍수 이후라 하더라도 인간의 모습에는 전혀 다를 바가 없다는 사실을 알 것입니다. 사실 인간에게는 어떠한 변화도 없었읍니다.

여기에는 당신이 반드시 알아야 할 위대한 영적 교훈이 있읍니다. 노아는 새를 자세히 관찰했읍니다. 그가 까마귀를 내보냈는데 그 까마귀는 돌아오지 않았읍니다. 까마귀가 왜 그에게로 돌아오지 않았을까요? 당신은 까마귀가 무엇을 먹고 사는지를 알 것입니다. 까마귀는 죽은 짐승의 고기를 먹고 삽니다. 홍수 후에 물에는 죽은 짐승의 고기가 매우 많이 떠 있었으며, 그것은 이 까마귀가 매우 좋아하는 것들이었읍니다. 까마귀가 방주로 돌아오지 않았던 것은 실로 진수성찬을 먹고, 자기 나름의 매우 재미있는 시간을 보냈기 때문이었을 것입니다. 그 때문에 까마귀는 부정한 짐승으로 취급받는 것입니다.

비둘기는 정결한 짐승이며 성경에도 후에 그렇게 기록되었읍니다. 노아는 방주에 정결한 짐승과 부정한 짐승을 모두 데리고 들어갔음을 기억하십시오. 이제 두번째로 비둘기를 보냈는데, 그 비둘기는 그에게 육지가 드러나고 있다는 증거를 가져다 주었읍니다. 그런데 세번째로 보낸 비둘기는 돌아오지 않았기 때문에 노아는 홍수 심판의 물이 육지에서 물러갔음을 알게 되었읍니다.

저는 앞에서 성경의 모든 위대한 진리는 창세기에서부터 시작되고 있다는 것을 말씀드렸읍니다. **성경은 그리스도인에게 두 가지의 성품,**

즉 옛 성품과 새 성품이 있다고 가르칩니다.
"그런즉 누구든지 그리스도 안에 있으면 새로운 피조물이라 이전 것은 지나갔으니 보라 새것이 되었도다"(고후 5:17).

우리에게는 깨끗한 성품과 더러운 성품이 함께 있습니다. 그리스도인인 당신과 저에게도 이 두 가지 성품이 함께 공존하고 있습니다. 그래서 예수께서는 다음과 같이 말씀하십니다.
"육으로 난 것은 육이요 성령으로 난 것은 영이니"(요 3:6).
또한 바울 사도는 로마서 7 장 18 절에서 이렇게 말합니다.
"내 속 곧 내 육신에 선한 것이 거하지 아니하는 줄을 아노니 원함은 내게 있으나 선을 행하는 것은 없노라."
바울은 여기서 두 성품 사이에 있는 다툼에 대하여 말한 것입니다. 그리스도인들 안에는 옛 성품과 새 성품 사이의 싸움이 언제나 계속되고 있습니다.

까마귀는 심판을 받은 세상으로 날아가 죽은 짐승의 시체를 발견하여 그곳에서 더 많은 즐거움을 누렸습니다. 죽어서 부풀어 오른 코끼리의 시체는 까마귀에게 큰 잔치상이 되었습니다. 그것은 까마귀에게, 법석대며 먹고 마시는 큰 잔치상이 되었을 것입니다. 까마귀는 쉬지 않고 전후좌우로 오르락 내리락 하면서 그것을 즐겼을 것입니다. 그것은 바로 우리의 옛 성품의 모습입니다. 우리의 옛 성품은 마치 그 까마귀와 같습니다. 우리의 옛 성품은 세상의 것들을 사랑하며, 그것에서 기쁨을 얻습니다. 많은 사람들이 주일날 저녁에 교회에 나가지 아니하고 집에서 텔레비젼을 시청하는 것이 바로 그러한 이유 때문입니다. 만일 당신이 그렇게 하고 있다면 그것에 대해 어떤 변명을 하려고 하지 마십시오. 우리에게는 분명히 그러한 옛 성품이 누구에게나 다 있습니다. 그러나 우리가 그러한 옛 성품을 핑계로 삼아서는 안 됩니다. 왜냐하면 우리는 이제 그러한 옛 성품 가운데 살아서는 안 되기 때문입니다.
비둘기도 심판받은 세상으로 날아갔으나 정착할 곳을 찾지 못하여

쉴 수 없었기 때문에 다시 방주로 돌아왔습니다. 그 비둘기는 세상에 있는 신자들을 나타냅니다. 옛 성품을 나타내는 까마귀는 세상으로 날아갔을 때 세상을 사랑했습니다. 까마귀는 부패한 짐승의 시체를 발견하였을 때 아마 천년왕국이 임하였다고 생각하였을지도 모르겠읍니다.

어떤 이는 이것은 관점의 문제라고 생각합니다. 어떤 교수는 저에게 "선악의 문제는 상대적인 것입니다"라고 말하였읍니다. 물론 그 말도 일리가 있읍니다. 그러나 하나님께서 말씀하신 것을 그렇지 않다고 부정하는 것은 잘못된 것입니다.

그러면 하나님께서는 우리에게 어떻게 말씀하시는지 살펴봅시다.
"이 세상이나 세상에 있는 것들을 사랑치 말라"(요일 2:15).
우리는 하나님으로부터 심판받은 세상에서 살고 있읍니다. 우리는 세상에 살고 있지만 세상에 속하지는 않았읍니다. 우리는 세상의 것들을 사용해야 하지만 그것들에 도취되어서는 안 됩니다. 우리는 세상에서 믿지 않는 자들을 하나님 앞으로 인도하고 하나님의 말씀을 깨닫도록 하기 위하여 힘써야 하지만, 세상을 사랑해서는 안 됩니다. 예수께서는 우리에게 "너희는 온 천하에 다니며 만민에게 복음을 전파하라"(막 16:15)고 말씀하셨읍니다. 따라서 우리는 이 땅에서 우리에게 맡겨진 사명을 잘 감당해야 할 것입니다.

비둘기는 자신이 어떠한 세계에 속해 있는가를 잘 알기 때문에, 안착할 곳을 찾지 못했읍니다. 비둘기는 그의 보금자리가 방주에만 있음을 알고 있었읍니다. 그 방주는 장차 오실 그리스도를 상징합니다.

당신은 과연 어떤 새에 속한 사람입니까? 까마귀에 속한 사람입니까? 아니면 비둘기에 속한 사람입니까? 당신이 하나님의 자녀라 해도 당신에게도 두 가지 성품이 모두 다 있읍니다. 당신은 지금 어느 성품 가운데서 살고 있읍니까? 당신은 하나님께 속한 것들을 참으로 사랑하고 있읍니까?

지면이 마르자 방주를 떠나는 노아

"육백일 년 정월 곧 그 달 일일에 지면에 물이 걷힌지라 노아가 방주 뚜껑을 제치고 본즉 지면에 물이 걷혔더니"(13절).

홍수가 나기 시작하여 산봉우리가 보이기 시작하기까지는 261 일이 걸렸으므로, 홍수가 시작되어 땅이 마르기까지의 전체 기간은 371 일, 즉 1 년 이상이 걸렸읍니다. 그리고 이것은 홍수가 전 세계적인 사건이었다는 성경의 기록을 입증해 줍니다. 그것은 마치 수영장에 채워져 있는 물처럼 작은 규모가 아니었읍니다. 그것은 분명히 그 이상의 것이었읍니다.

그 동안 홍수에 대하여 신빙성 있는 좋은 자료들이 많이 발견되었읍니다. 저는 여기에서 홍수가 세계적인 사건이었기 때문에 지구상의 온 지면을 뒤덮었다고 주장하는 셸리(J. E. Shelley) 박사의 말을 당신에게 잠시 소개하고자 합니다.

"이 사실에 대한 가장 확실한 증거는 맘모스 화석에서 발견되고 있다. 이러한 상아뼈가 시베리아의 툰드라와 아시아 대륙 및 알래스카와 캐나다 북쪽에 걸쳐 있는 결빙된 침니* 지역에 묻힌 채 발견되고 있다. 그런데 그것들은 습지가 아니라 고지대에서 수십만 개씩 무더기로 발견된다."

그는 계속해서 말하기를, 연구 결과 그 상아뼈들은 물에 잠겨 몰사했던 맘모스의 것들임이 밝혀졌다고 합니다.

"북쪽 지방으로 가면 갈수록, 그러한 뼈들은 더욱더 많이 발견된다. 북극권 내의 백해(白海)에 있는 섬들의 토양은 주로 검치(劍齒) 호랑이와 북유럽·북아시아 산(產)의 뿔이 큰 사슴과 혈거(穴居) 곰, 사향소의 뼈, 그리고 통나무와 땅 속에 깊이 뿌리박혀 있는 나무 등과 함께 섞여 있는 상아뼈로 이루어져 있다. 그 지역에는 지금도 나

---

* 침니(沈泥/slit) : 모래보다 곱고 진흙보다 거친 침적토

무가 전혀 없어 최소한 거의 수백, 수천 킬로미터 밖을 벗어나야 나무를 찾아볼 수 있을 정도이다. 맘모스는 그 지역에서 연 3개월 동안만 자라는 키 작은 식물을 먹을 수 없으며 160 m 정도의 좁은 공간에서 한 달도 채 살 수 없다. 그들은 소나무와 산사나무 등을 먹는다. 이런 맘모스가 그 침니지역이 질퍽거렸을 때 산 채로 매장되었다. 그런 후 그 침니는 갑자기 얼어붙었으며 여전히 풀리지 않고 있다."

이러한 증거에도 불구하고 전세계적인 홍수에 대해 의심이 갑니까?

> "노아가 그 아들들과 그 아내와 그 자부들과 함께 나왔고 땅 위의 동물 곧 모든 짐승과 모든 기는 것과 모든 새도 그 종류대로 방주에서 나왔더라"(18, 19절).

제단을 쌓는 노아

하나님께서는 이제 노아와 언약을 맺으시려 합니다. 우리는 하나님과 노아 사이의 새로운 관계의 시작을 다음 장에서 보게 될 것입니다. 이 언약은 매우 중요한 것입니다. 하나님께서 노아와 맺으신 언약은 오늘날 땅 위에 살고 있는 모든 인류와 맺으신 언약이었읍니다.

> "노아가 여호와를 위하여 단을 쌓고 모든 정결한 짐승 중에서와 모든 정결한 새 중에서 취하여 번제로 단에 드렸더니"(20절).

당신은 이제 노아가, 정결한 짐승은 암 수 일곱씩, 그리고 부정한 짐승은 암 수 둘씩을 취한 이유를 아실 것입니다. 그는 정결한 짐승을 하나님께 제물로 드렸읍니다.

노아가 방주에서 나와 처음으로 한 일은 여호와께 단을 쌓고, 번제를 드린 일이었읍니다. 그 번제는 예수 그리스도를 의미합니다. 그

제물은 하나님의 은혜에 감사하며, 하나님을 믿고 찬양하는 마음에서 바쳐졌읍니다. 이것은 분명코 이같은 특별한 시기에 하나님을 매우 기쁘시게 해 드렸을 것입니다.

> "여호와께서 그 향기를 흠향하시고 그 중심에 이르시되 내가 다시는 사람으로 인하여 땅을 저주하지 아니하리니 이는 사람의 마음의 계획하는 바가 어려서부터 악함이라 내가 전에 행한 것같이 모든 생물을 멸하지 아니하리니"(21절).

이 말씀을 읽으며 당신은 "정말 그렇구나" 하며 무릎을 칠 것입니다. 당신의 어린 시절을 생각해 보십시오. 우리가 어렸을 때 생각하는 바가 악하지 않았었읍니까? 우리는 이 사실에 대해 핑계할 수 없읍니다. 사회 환경으로 인해 우리의 선한 성품이 악하게 변하는 것이 아닙니다. 우리 인간은 본래 전적으로 타락하고 부패된 상태에서 태어나기 때문에 어렸을 때부터 생각하고 행하는 바가 악한 것입니다. 이는 성경 전체가 우리에게 가르치는 교훈이기도 합니다.

> "땅이 있을 동안에는 심음과 거둠과 추위와 더위와 여름과 겨울과 낮과 밤이 쉬지 아니하리라"(22절).

인류에게 임했던 홍수는 온 지면을 덮을 만큼 광대하였다는 것을 지금까지 우리는 살펴보았읍니다. 당신도 잘 아시는 바와 같이 지구는 평면으로 되어 있는 원판이 아닙니다. 우리는 지구의 중심에서 멀리 떨어진 지구 표면에서 살고 있읍니다. 이러한 지구는 태양의 주위를 돌면서 자전하고 있는데, 그 회전축은 수직에서 약간 기울어져 있읍니다. 이 약간 기울어진 축으로 인해 지구상에는 계절의 변화가 생기는 것입니다. 우리에게 주신 이 계절의 변화는 하나님의 놀라우신 은혜입니다.

홍수가 일어나기 전에 인간에게는 다음과 같은 세 가지 사건이 있었읍니다.

첫째로는, 하나님께 대한 반역입니다.
그것은 모든 사람에게서 나타난 사실입니다.

둘째로는, 인간은 하나님께서 주신 계시를 부인하였습니다.
노아가 사람들을 설득하였지만 그들은 그것을 받아들이지 않았습니다.

세째로는, 죄에 대하여 회개할 것을 끝까지 거부하였습니다.
인간은 결코 하나님께 돌아오지 않았습니다.

인간은 하나님께서 예비하신 피난처를 거부하였으며 노아가 그들에게 120 년 동안이나 회개할 것을 설득하였지만, 그들은 회개하지 않았습니다. 인간은 하나님을 반역하였으며, 죄에 대해 회개하지 않았습니다.

노아가 방주에서 나올 때 그의 위치는 아주 독특했읍니다. 즉, 아담처럼 다시 인류의 조상이 되어야 하는 입장에 있었읍니다. 우리는 모두가 아담의 후손이지만, 우리에게는 보다 가까운 혈통이 있읍니다. 즉, 우리 모두는 노아의 후손이기도 합니다. 그러한 면에서 노아는 오늘날 우리 모두의 조상이 된 것입니다.

제 9 장

새로운 명령과 새 언약 / 노아와 그 아들들의 죄

우리는 여기에서 홍수 이후에 새로운 질서가 시작되고 있음을 보게 됩니다. 그것은 참으로 큰 개혁이었읍니다. 인간의 양심이 통치하는 시대는 끝이 나고, 이때부터는 하나님께서 인간으로 하여금 인간이 다스리는 정부의 지배를 받게 하셨읍니다. 우리는 이것을 하나님과 노아의 언약 관계에서 보게 됩니다. 우리는, 하나님께서 노아와 언약을 맺으셨을 때, 그것은 노아뿐만 아니라 우리 모든 인간과 맺으신 것임을 기억해야 하겠읍니다.

새로운 명령과 새 언약

"하나님이 노아와 그 아들들에게 복을 주시며 그들에게 이르시되 생육하고 번성하여 땅에 충만하라"(1절).

본문에서의 '충만하라'는 말은 중요한 의미를 지니고 있습니다. 왜냐하면 홍수 전에도 문명이 있었으나 이제는 홍수 이후의 새로운 문명이 시작되어야 했기 때문입니다.

홍수 이후, 하나님께서 노아에게 처음으로 하신 말씀이 "생육하고 번성하여 땅에 충만하라"는 말씀이었다는 사실에 주목하십시오. 홍수 후였기 때문에 이 땅에는 노아의 여덟 식구를 제외하고는 다른 사람은 아무도 없었습니다. 그래서 하나님께서는 노아의 신앙과 성품을 닮은 많은 하나님의 자녀들이 번성해야 할 것을 명하신 것입니다. 무엇보다도 그 당시는 인류의 번성이 급선무였습니다. 하지만 오늘날 지구상의 인구는 이미 50 억을 넘고 있으며 전세계는 지금 심각한 인구 문제에 직면해 있습니다. 그러나 노아는 특수한 상황에 처해 있었습니다. 노아와 그의 가족은 지상에 남아 있는 유일한 사람들이었습니다.

당신은 아침에 고속도로를 달려 출근할 때 당신의 전후 좌우에서 경적을 울리며 빵빵거리는 가운데 교통 마비 상태에 놓여 본 경험이 있습니까? 1 년 후 당신이 다시 그 고속도로에 가 봤을 때 다른 차는 하나도 보이지 않고 당신 차만 있다고 상상해 보십시오. 당신은 신호등을 떼내어 버려도 될 것입니다. 고속도로를 질주하는 차는 당신 차뿐이므로 그러한 교통표지들이 없어도 되기 때문입니다. 이것은 우리에게 매우 특별한 경험이 될 것입니다. 이것이 바로 노아가 처해 있는 상황이었습니다.

> "땅의 모든 짐승과 공중의 모든 새와 땅에 기는 모든 것과 바다의 모든 고기가 너희를 두려워하며 너희를 무서워하리니 이들은 너희 손에 붙이웠음이라"(2절).

이제 두번째 언약이 주어졌습니다. 그것은 인간이 동물계를 보호하고 다스리는 것이었습니다. 저는 그 전에는 사람과 동물의 관계가 그와 같지 않았을 것이라고 생각합니다. 홍수 전에 인간은 분명히 육식을 하지 않았읍니다. 모든 동물은 온순하였으며, 따라서 동물 세계에는 강한 동물이 약한 동물을 잡아먹는 일이 없었읍니다. 홍수가 임박하자 동물들이 스스로 노아에게 왔음을 기억하십시오. 그 동물들은 노아에게 전혀 두려움을 느끼지 않은 것 같습니다.

지금은 짐승들이 인간에 대하여 공포와 두려움을 느끼고 있읍니다. 그러나 인간에게는 동물을 보호할 책임이 있읍니다. 하지만 인간은 동물에 대해 어떤 때는 매우 잔인하기까지 합니다. 인간은 지금까지 많은 동물을 전멸시키려 하였읍니다. 인간은, 국가에서 만일 법으로 금하지 않았더라면, 아마도 수많은 짐승들을 잡아 멸종시켰을 것읍니다. 한때, 미국 서부에는 거대한 물소떼가 있었으나 지금은 인간에 의해 깡그리 죽임을 당했읍니다. 오늘날 우리는 동물과 새들을 안전하게 보호할 특별 구역을 마련하지 않으면 안 됩니다. 아프리카의 동물들도 멸종되어 가고 있읍니다. 우리 인간들은 얼마나 잔인 무도합니까! 우리는 국가를 중심으로 하여 동물들을 인간의 손에서 보호해야 합니다.

> "무릇 산 동물은 너희의 식물이 될지라 채소같이 내가 이것을 다 너희에게 주노라"(3절).

하나님께서는 바로 이 때 인간에게 새로운 음식을 허락해 주셨읍니다. 홍수가 있기 전에는 하나님께서 인간에게 채소와 과실만을 먹게 하셨읍니다. 그러나 하나님께서는 이 때 인간에게 산 짐승도 먹을 것을 허락하셨읍니다.

오늘날 많은 사람들이 식이요법을 궤변적으로 취하고 있읍니다. 그들은 그것을 하나의 생활 신조로까지 삼고 있읍니다. 저는 이러한 생활 신조를 지니고 있는 여성을 만난 적이 있읍니다. 그녀는 채식주의자였읍니다. 제가 그녀에게 노아 홍수 전에는 모든 사람이 채식만을 했다고 이야기해 주자 그녀는 몹시 기뻐했읍니다. 그녀는 저의 말을 우리가 채식을 해야 한다는 그녀의 논점을 보강해 주는 것이라고 생각하고 그녀의 노우트에 기록하였읍니다. 그러나 그녀는 아마 다음과 같은 저의 말을 듣고는 노우트에 기록한 것을 지워 버렸을 것입니다.

"내가 당신이었다면 이 말을 그리 중요하게 여기지 않았을거요. 왜냐하면 노아 홍수 때 소멸을 당한 사람들은 모두 채식주의자들이었으니까. 만약 식이조절 요법이 그때 그들의 죄를 회개하는 데 조금이라도 도움이 되었더라면 그들은 멸절되지 않았을거요."

하나님께서는 인간에게 육식을 허락하셨읍니다. 그러나 피를 먹는 것은 금하셨읍니다.

> "그러나 고기를 그 생명 되는 피 채 먹지 말 것이니라"(4절).

짐승을 죽일 때에는 피를 빼내어야 합니다. 피는 생명을 상징합니다. 짐승의 피를 빼내는 것은 짐승을 죽일 때 고통을 연장시키지 않고 죽여야 한다는 것을 의미합니다.

저는 사냥을 좋아하지만 메추라기 따위를 향하여 총을 쏘는 것은 싫어합니다. 왜냐하면 때때로 작은 짐승을 쏘아 떨어뜨리면 그것은 파닥거리며 어디론가 도망가 몸을 숨기기 때문에 저는 그것을 다치게 하여 고통당하게 만든 결과밖에 안 되기 때문입니다.

하나님께서는 우리가 동물을 먹을 때 피 채 먹지는 않는가를 반드시 확인하고 먹도록 말씀하십니다. 짐승을 죽일 때 우리는 피를 빼내고 그것이 완전히 죽었는가를 반드시 확인해야 합니다.

> "내가 반드시 너희 피 곧 너희 생명의 피를 찾으리니 짐승이면 그 짐승에게서, 사람이나 사람의 형제면 그에게서 그의 생명을 찾으리라"(5절).

사실 이러한 예는 우리 주위에서도 많이 볼 수 있읍니다. 짐승을 해

하려다가 짐승에게 오히려 생명을 잃는 경우도 많고, 또 작은 짐승들과 곤충들로 인해 인류에게 큰 해를 주는 전염병도 우리는 많이 경험했읍니다.

새 언약에 있어서 우리에게 주시는 다섯번째 말씀인 다음 절은 가장 무서운 것입니다.

> "무릇 사람의 피를 흘리면 사람이 그 피를 흘릴 것이니 이는 하나님이 자기 형상대로 사람을 지었음이니라"(6절).

하나님께서는 여기에서 정부 조직과, 인간의 보호에 대한 원리를 제정하셨읍니다. 하나님께서는 정부에게 범죄자를 사형에 처할 수 있는 권한을 주셨읍니다. 우리는 하나님께서 주신 새 언약에서, 인간은 종족을 번성시켜야 하고, 동물을 보호하며 다스려야 한다는 것과 인간이 고기를 먹는 것이 허락되었으나, 피 채 먹는 것은 금지되었다는 것을 보았읍니다. 지금 우리는 인간에게 정부의 조직 원리가 주어졌음을 보게 되는데, 그것은 사형 제도의 기초가 되고 있읍니다.

현대인들은 놀라울 정도로 하나님의 말씀에서 멀리 떠나 있읍니다. 당신이 아는 바와 같이, 세상에는 성경에 대하여 잘 아는 사람들이 많지 않습니다. 사람들은 하나님의 말씀에 대하여 거의 전적으로 무지합니다. 이 때문에 사형제도에 대하여 반대하는 법관이나 변호사 또는 정치인들이 많이 있읍니다. 그들은 많은 사건에서 승소하였읍니다. 그리하여 결국에는 이 사형제도가 우리 문화에서 사라지게 될 것이라고 생각합니다. 그와 동시에 범죄는 증가할 것이며 무시무시한 범죄가 곳곳에서 발생하게 될 것입니다. 저는 이 사형제도가 성경적인 것이며, 정부 조직의 기초가 된다고 믿고 있읍니다. 정부에는 한 개인이 남의 생명을 침해하였을 때, 그 생명을 빼앗을 수 있는 권한이 있읍니다. 그 이유는 하나님께서 사람의 생명을 보호하기 위하여 그렇게 정하셨기 때문입니다.

지금 우리는 우리의 생명이 거리와, 때로는 가정에서조차 위협을 받고 있는 시대에 살고 있습니다. 요즘 우리 사회에는 떼강도가 우리의 생존을 위협하고 있습니다. 범죄를 저지르려는 사람이 자기가 다른 사람의 생명을 해하면 자신도 죽게 될 것이라는 것을 안다면 그는 범죄를 저지르기 전, 한번 더 생각하게 될 것입니다.

"무릇 사람의 피를 흘리면 사람이 그 피를 흘릴 것이니."
정부 조직은 모든 인류가 나아가는 방향입니다. "무릇 사람의 피를 흘리면 사람이 그 피를 흘릴 것이니 이는 하나님이 자기 형상대로 사람을 지었음이니라"는 말씀은 인간 정부 조직의 근거가 됩니다. 이 말씀이 인간 정부에 관한 것임은 변치 않는 사실입니다.

> "너희는 생육하고 번성하며 땅에 편만하여 그 중에서 번성하라 하셨더라"(7절).

이 말씀은 1 절에서 말씀하신 하나님의 명령의 반복입니다.

> "하나님이 노아와 그와 함께한 아들들에게 일러 가라사대 내가 내 언약을 너희와 너희 후손과"(8, 9절).

여기서 "너희와 너희 후손"은 모든 인류를 가리키고 있습니다.

> "너희와 함께한 모든 생물 곧 너희와 함께한 새와 육축과 땅의 모든 생물에게 세우리니 방주에서 나온 모든 것 곧 땅의 모든 짐승에게니라"(10절).

하나님의 언약에는 모든 피조물이 다 포함됩니다. 이사야는 사자와 어린 양이 함께 누우며, 서로 물고 죽이지 않는 때가 올 것을 예언하였습니다. 바울은 로마서에서 지금은 모든 피조물이 고통 중에 신음하며 괴로워하고 있다고 말하였습니다. 이러한 신음은 그분의 나라가 임하기까지 노아와 모든 피조물에게 주신 것입니다. 그것은 노아와 그와 "함께한 모든 생물에게" 주신 것이었습니다.

> "내가 너희와 언약을 세우리니 다시는 모든 생물을 홍수로 멸하지 아니할 것이라 땅을 침몰할 홍수가 다시 있지 아니하리라"(11절).

이것은 하나님의 약속이었읍니다. 이 약속의 내용은 하나님께서 다시는 홍수로 세상을 멸하시지 않겠다는 것입니다. 그러나 세상에 대한 하나님의 두번째 심판은 불로 멸하시는 것입니다. 이에 대해서는 베드로후서 3 장에서 자세히 말씀하고 있읍니다.

우리는 다음 절들에서 언약의 증거와 그것의 진정한 영적 의미를 보게 됩니다. 어떤 면에서 그것은 하나의 성례전이라고도 할 수 있겠읍니다. 언약에 대해서 하나님께서 그런 증거를 주신 것은 그것을 반드시 실행하시겠다는 구체적인 표시입니다.

> "하나님이 가라사대 내가 나와 너희와 및 너희와 함께하는 모든 생물 사이에 영세까지 세우는 언약의 증거는 이것이라 내가 내 무지개를 구름 속에 두었나니 이것이 나의 세상과의 언약의 증거니라"(12,13절).

이 무지개는 언약의 표시로서 성례전과 같은 것이었읍니다.

> "내가 구름으로 땅을 덮을 때에 무지개가 구름 속에 나타나면 내가 나와 너희와 및 혈기 있는 모든 생물 사이의 내 언약을 기억하리니 다시는 물이 모든 혈기 있는 자를 멸하는 홍수가 되지 아니할지라 무지개가 구름 사이에 있으리니 내가 보고 나 하나님과 땅의 무릇 혈기 있는 모든 생물 사이에 된 영원한 언약을 기억하리라"(14-16절).

우리는 본문에서 하나님께서 "내가 보고", "내가 기억하리니"라고 말씀하셨다는 것을 주의할 필요가 있읍니다. 하나님께서는 '네가 보리니'라고 말씀하시지 않았읍니다. 하나님께서는 친히 하나님 자신이 보실 것을 말씀하셨읍니다. 하나님께서는 친히 약속을 보실 것이며, 그것은 "하나님과 땅의 무릇 혈기 있는 모든 생물 사이에 된 영원한 언약"이 되리라고 말씀하셨읍니다.

"하나님이 노아에게 또 이르시되 내가 나와 땅에 있는 모든 생물 사이에 세운 언약의 증거가 이것이라 하셨더라"(17절).

하나님의 언약은 노아뿐만 아니라 땅 위에 있는 모든 생물과의 약속이었읍니다.

저는 또 다시 여기에서 무지개는 하나의 성례전과 같은 것이라고 말씀드리고 싶습니다. 왜냐하면 성례전은 특별한 약속들을 내포하고 있는 가시적(可視的)인 표이기 때문입니다. 그러한 가시적인 표로는 유월절 잔치와 놋뱀, 기드온의 양털뭉치 그리고 오늘날 실시되고 있는 세례와 성찬 등이 있읍니다. 우리는 이와 같은 예표와 성례전을 통해 하나님의 특별하신 약속들을 기억하며 누리게 되는 것입니다. 이런 의미로 볼 때 이 무지개는 우리에게 하나님의 약속을 되새겨 주는 성례전적인 의미를 가진다고 말할 수 있읍니다.

주석가 랑게(Lange) 박사는 "하나님의 은혜의 눈과 우리의 믿음의 눈은 성례전을 통하여 만나게 된다"고 말했읍니다. 우리는 무지개를 쳐다보게 될 때 이 사실을 경험하게 됩니다. 신앙은 그 표징에 내재되어 있는 약속을 믿게 해 줍니다. 그 표징의 진정한 가치는 그 속에 내재되어 있는 약속의 말씀입니다. 그러나 언약 속에 신앙이 있는 것이 아니며 그 표징 속에 확신이 있는 것도 아닙니다. 말씀과 징표는 서로 병립합니다. 하나님께서는 우리에게 약속하시면서 거기에 표징을 부여하셨읍니다. 무지개는 노아가 쌓은 단에 대한 하나님의 응답이었기에 하나님께서는 지금도 그 무지개를 보시면서 "하나님과 땅의 무릇 혈기 있는 모든 생물 사이에 된 영원한 언약을 기억하리라"고 말씀하십니다.

노아와 그 아들들의 죄

본 창세기 9 장의 나머지 부분은 또 다시 우리에게 큰 실망을 안겨다 줍니다. 우리의 의문은 홍수 심판으로 말미암아 모든 죄인이 죽었고 노아의 가족만이 살아남았다는 것이 땅 위에는 이제 죄가 사라졌음을 의미하는 것이냐 하는 것입니다. 그러면 다음 절들에서 그에 대해 살펴보도록 합시다.

> "방주에서 나온 노아의 아들들은 셈과 함과 야벳이며 함은 가나안의 아비라"(18절).

함의 아들 가나안이 여기에서 특별히 언급된 것은 무슨 이유 때문일까요? 다음 두 가지의 이유 때문입니다. 우선 첫째 이유는, 모세가 이 내용을 기록할 당시 이스라엘 백성들이 가나안 땅을 향하여 가는 중이었기에 저 가나안 백성들이 하나님의 심판을 받은 자손이라는 사실을 알려 주기 위함이었읍니다. 그리고 두번째 이유는 잠시 후에 살펴보기로 합시다.

> "노아의 이 세 아들로 좇아 백성이 온 땅에 퍼지니라 노아가 농업을 시작하여 포도나무를 심었더니 포도주를 마시고 취하여 그 장막 안에서 벌거벗은지라"(19-21절).

여기에는 노아의 범죄가 기록되어 있읍니다. 분명한 사실은 노아가 포도주에 만취하였다는 것이며, 이것은 분명코 죄였읍니다. 그러면 왜 노아는 그토록 술에 만취되었을까요? 물론 그에 대해서는 우리가 정확하게는 알 수 없지만 저는 아마도 그 전에는 술을 먹고 취한 사람이 없었기 때문에 노아가 포도주의 독성에 대하여 무지하여 술에 취했던 것이 아닌가 생각합니다. 당신은 홍수 전에는 술에 취하는 것이 죄로 언급되지 않았다는 것을 아실 것입니다. 하지만 어찌됐든간에 노아는 검소하고 거룩했던 족장으로서 불결하고 매우 수치스러운 행동으로 많은 사람들의 조롱거리가 되고 말았습니다. 그의 절제하지 못했던 행동으로 결국 가나안이 저주를 받게 됩니다.

> "가나안의 아비 함이 그 아비의 하체를 보고 밖으로 나가서 두 형제에게 고하매 셈과 야벳이 옷을 취하여 자기들의 어깨에 메고 뒷걸음쳐 들어가서 아비의 하체에 덮었으며 그들이 얼굴을 돌이키고 그 아비의 하체를 보지 아니하였더라 노아가 술이 깨어 그 작은 아들이 자기에게 행한 일을 알고"(22-24절).

이제, 하나님께서 노아를 통하여 무엇을 말씀하시는지 주목해 보십시오. 이것은 노아 언약의 부분이 됩니다.

> "이에 가로되 가나안은 저주를 받아 그 형제의 종들의 종이 되기를 원하노라"(25절).

하나님께서는 가나안을 저주하셨읍니다. 함에게 저주하신 것이 아닙니다. 여기서 함의 후예가 오늘날의 흑인들이라고 볼 때, 여기서의 함에 대한 저주가 오늘날의 흑인들에게 피부가 검게 되도록 전가된 것일까요? 물론, 아닙니다. 그렇게 생각하는 것은 큰 잘못입니다. 성경은 그렇게 말씀하고 있지 않습니다. 겉으로 보이는 피부 색깔은 우리의 내적 죄 때문이 아니라 외부의 태양 광선에 의해 생겨진 것입니다. 저주는 함에게 임한 것이 아니라 그 아들 가나안에게 임하였읍니다. 우리는 어떻게 하여 가나안이 이 사건에 연관되었는지에 대해서는 알 수 없읍니다. 성경에는 자세한 기록이 없으나, 우리는 가나안이 여기에서 언급된 것은 매우 분명한 목적이 있었기 때문이라는 것을 알 수 있읍니다. 다시 말씀드려서 그것은 피부 색깔과는 아무런 관계가 없읍니다. 즉, 인류에게 내려진 저주는 피부 색깔을 변화시키는 그러한 것이 아니었읍니다. 만일 그러한 주장이 사실이라면, 그것은 흑인들에게는 매우 부당한 것이며, 하나님 편에서도 공정치 못한 처사가 될 것입니다. 하지만 하나님께서는 그렇게 말씀하시지 않았읍니다. 다시 말씀드리지만, 인류 최초의 가장 위대하였던 2대(二

大) 문명인 바빌론 문명과 애굽 문명은 함 족속이 세운 문명이었읍니다.

여기서 생기는 또 하나의 의문이 있다면 그것은 왜 하나님께서 노아의 죄에 대하여 기록하도록 하셨겠느냐 하는 것입니다. 창세기가 인간에 의해 기록된 것이라면 그 기록자는 두 가지 중에서 한 가지만을 기록하였을 것입니다. 즉, 기자가 노아를 위대한 인물로 나타내고자 했다면 그의 죄에 대해서는 전혀 언급하지 않고 덮어 두었을 것입니다. 만일 그 반대의 경우라면 그 기자는 노아를 실제보다도 더 죄가 많은 사람으로 묘사하였을 것입니다. 그러나 하나님께서 성경에 노아의 죄상을 사실 그대로 기록하신 것은 그분의 목적이 있으셨기 때문입니다.

그 목적 가운데 첫째는, 제가 이미 지적해 드린 바와 같이 모세 시대에 가나안 땅으로 가고 있던 **이스라엘 백성들에게 용기를 주시기 위해서**였읍니다. 그것은 그들에게 하나님께서 가나안에게 이미 저주를 선포하셨다는 사실을 깨닫게 하였읍니다. 하나님께서는 가나안 족속에게 심판을 선언하셨읍니다. 만약 당신이 이러한 심판이 어떻게 저들에게 임했는가를 알기를 원한다면 구약성경의 나머지 부분과 세계사를 연구해 보십시오. 가나안 족속은 지금 땅 위에서 거의 다 사라지고 없읍니다.

하나님께서 노아의 죄상을 기록하신 또 다른 이유가 있읍니다. 로마서 15 장 4 절을 보십시오.
"무엇이든지 전에 기록한 바는 우리의 교훈을 위하여 기록된 것이니 우리로 하여금 인내로 또는 성경의 안위로 소망을 가지게 함이니라."
하나님께서 노아의 죄악을 기록해 두신 것은 우리에게 육체의 연약함을 깨닫게 하시기 위해서였읍니다. 주 예수께서도 "마음에는 원이로되 육신이 약하도다"(막 14:38)라고 말씀하셨읍니다. 또한 성경은 율법의 행위로는 의롭다 함을 얻을 육체가 없다는 것을 매우 분명하게 말씀하고 있읍니다.
"율법의 행위로서는 의롭다 함을 얻을 육체가 없느니라"(갈 2:16).
그러므로 하나님께서는 여기에서 우리에게 범죄한 사람의 실례를 통하여 우리 육체의 연약함을 보여주고 계시는 것입니다.

노아에게는 아무런 변명의 여지가 없읍니다. 노아가 포도주를 마시고 취하였다는 것은 분명한 사실이었읍니다.

아마 당신은 그리스도인이기에 술을 즐기지는 않을 것입니다. 그러나 당신과 저는 노아처럼 하나님을 슬프시게 할 수 있는 육체를 입고 살아가고 있읍니다. 사실 세상의 그 어느 누구도 육신을 입고 있는 한, 죄를 지을 가능성은 다 있읍니다. 그리고 우리는 이 땅 위에서의 삶에 대하여 그릇된 개념을 가지고 있다고 생각합니다. 예를 들어 인간이 살기에 전혀 부적당한 곳으로 밝혀진 달을 정복하기 위하여서는 수십억 달러를 투자하면서 이 땅 위에서의 우리의 삶의 방법의 개선을 위해서는 조금도 투자하고 있지 않습니다. 그러나 하나님께서는 이 땅 위에서의 당신과 저의 삶의 방법을 훈련시키시는 데 관심을 가지고 계십니다.

그러나 여기서 우리가 주의해야 할 것이 있읍니다. 그것은 노아가 이 사건으로 인해 그의 구원을 상실하지는 않았다는 사실입니다. 물론 노아가 포도주에 취하였다는 것은 변명할 수 없는 잘못이지만 그것은 그의 육체의 연약함 때문이었읍니다. 그렇다고 그의 실수가 구원을 상실케 할 수는 없는 것입니다. 우리의 실수로 우리가 순식간에 하나님의 자녀에서 사단의 자녀가 될 수는 없읍니다. 예수께서는 이렇게 말씀하셨읍니다.
"내가 저희에게 영생을 주노니 영원히 멸망치 아니할 터이요 또 저희를 내 손에서 빼앗을 자가 없느니라"(요 10:28).

"또 가로되 셈의 하나님 여호와를 찬송하리로다 가나안은 셈의 종이 되

> 고 하나님이 야벳을 창대케 하사 셈의 장막에 거하게 하시고 가나안은 그의 종이 되게 하시기를 원하노라 하였더라"(26, 27절).

앞에서도 언급한 바와 같이 모세가 하나님으로부터 이 계시를 받았을 때는, 그가 이스라엘 백성을 가나안 땅으로 인도하고 있었던 때였읍니다. 그런데 이스라엘 백성은 셈의 후손들이었읍니다.

> "홍수 후에 노아가 삼백오십 년을 지내었고 향년이 구백오십 세에 죽었더라"(28, 29절).

제 10 장

야벳의 자손 / 함의 자손 / 셈의 자손

창세기 10 장은 세계 민족의 기원이 기록되어 있는 계보(系譜)의 장이라 할 수 있읍니다. 본 창세기 10 장은 여기에서 제가 지적하고 있는 내용 이상으로 훨씬 중요한 의미가 담겨 있읍니다. 만약 당신이 민족학과 인류학, 그리고 인류 역사에 대하여 관심이 있다면 그것을 연구하는 데 이 계보가 큰 도움이 될 것입니다.

민족학에서 석사학위를 취득한 밀러(H.S. Miller)는 노아의 세 아들, 셈과 함과 야벳을 세 종류의 민족으로 구분하는 기초로 삼아 창세기 10 장을 사용하여 민족의 기원을 도표로 작성하였읍니다. 그런데 민족학은 함이나 야벳의 후손들은 이스라엘의 잃어버린 열 지파에 속하지 않는다는 것을 분명히 해 주고 있읍니다.

이제, 우리는 본 10 장에서 노아의 세 아들의 계보를 공부하겠읍니다.

"노아의 아들 셈과 함과 야벳의 후예는 이러하니라 홍수 후에 그들이 아들들을 낳았으니"(1절).

우리는 제일 먼저 야벳의 계보를 보고(2–5 절), 그 다음으로 처음부터 출중한 함의 계보를(6–20 절), 끝으로 셈의 계보를(21–32 절) 보겠읍니다. 하나님께서는 성경 전체를 이와 같은 형태, 즉 처음에는 택하시지 않은 계보를 나타내 먼저 그 계보에 대해 말씀하신 후, 그 백성을 빼고 다시는 등장시키지 않으시는 방법을 취하셨다는 것을 주목하십시오. 그래서 그리스도께서 오시게 될 택하신 계보는 맨 마지막에 기록하셨읍니다.

야벳의 자손

"야벳의 아들은 고멜과 마곡과 마대와 야완과 두발과 메섹과 디라스요"(2절).

밀러(H.S. Miller)의 도표에 의하면 마곡의 후손은 스키티아인, 슬라브족, 러시아인, 불가리아인, 보헤미아인, 폴란드인, 슬로바키아인, 크로아티아인들입니다. 마대의 후손은 인도인과 이란족에 속하는 메대, 페르시아, 아프가니스탄과 쿠르트 사람들입니다. 그리고 야완의 후손은 헬라인과 로마인, 프랑스어, 스페인어, 포르투칼어, 이태리어 등의 라틴어 문화권에 속하는 라틴족입니다. 디라스의 후손은 트라키아인, 튜톤족, 그리고 게르만인들입니다. 이들로부터는 또 동부 게르만족과 유럽종족, 북부 게르만족 혹은 스칸디나비아인, 그리고 고지 독일어와 저지 독일어가 유래된 서부 게르만족 그리고 앵글족, 섹슨족, 주트족, 앵글로섹슨족, 영국인들이 유래되었읍니다.

물론 이에 대해서는 앞으로 더 많은 연구가 있어야 되겠지만 이는 매우 흥미로운 사실이 아닐 수 없읍니다.

함의 자손

"함의 아들은 구스와 미스라임과 붓과 가나안이요"(6절).

당신이 본문에서 보듯이 함에게는 다른 여러 아들들이 있었지만, 가나안에게만 저주가 내렸읍니다. 왜 하나님께서는 다른 아들들에게는 저주하시지 않았는지에 대해서는 우리는 알 수 없읍니다. 가나안의 후손은 페니키아족, 히타이트족, 여부스족, 아모리족, 히위족 등입니다.

함의 아들 구스는 이디오피아, 이집트, 리비아인 등 지금의 아프리카인들의 조상이었읍니다. 이 족속들은 모두 함의 후손입니다. 그러면, 구스의 아들에 대하여 보다 자세히 살펴보도록 하겠읍니다.

"구스가 또 니므롯을 낳았으니 그는 세상에 처음 영걸이라 그가 여호와 앞에서 특이한 사냥꾼이 되었으므로 속담에 이르기를 아무는 여호와 앞에 니므롯 같은 특이한 사냥꾼이로다 하더라"(8, 9절).

세상에 처음 영걸이라고 소개되고 있는 니므롯은 세계 대제국의 강력한 통치자가 되기를 원했고 또 그렇게 되고자 노력한 사람이었읍니다. 본문에는 "그가 여호와 앞에서 특이한 사냥꾼이 되었으므로"라고 했는데 이것은 그가 맹수 사냥꾼이었다는 말이 아닙니다. 본문의 숨은 뜻은 그가 사람을 죽이는 사악한 사냥꾼이었다는 것입니다.

"그의 나라는 시날 땅의 바벨과 에렉과 악갓과 갈레에서 시작되었으며"(10절).

그는 시날 땅에 큰 성읍들을 세운 사람이었읍니다.

니므롯에 대한 이야기는 세계사에서도 많이 전해져 내려오고 있읍니다. 알렉산더 히스롭(Alexander Hislop)은 그의 저서 『두 개의 바벨론』(*The Two Babylons*)에서 니므롯에 대한 배경을 제공하고 있습니다. 또한 이 책은 니므롯이 바벨탑에 대해 책임이 있음을 알려 줍니다. 또한 그는 홍수 이후, 세계 대제국의 최고 통치자가 되고자, 인류를 하나의 국가로 통일시키려고 시도한 사람이었다고 합니다. 그는 또 하나님의 반역자였고, 바벨탑을 세우는 데 주도적인 역할을 한 사람이었으며, 사람들을 닥치는 대로 죽이는 폭군이라고 알려집니다. 이렇게 볼 때 그는 실로 무법자였으며, 세상의 마지막에 나타나게 될 통치자, 즉 적그리스도의 그림자이며 모형이라고도 볼 수 있겠습니다.

그러므로 최초의 위대한 문명은 함의 후손들에게서 시작되었습니다. 우리는 이 사실을 명심해야 할 필요가 있습니다. 오늘날 우리는 몇 년 전 학교에서 배웠던 옛 경향에 너무 쉽게 빠져 들어갑니다. 이제 흑인들은 자기 종족에 대하여 더 많은 연구를 원하고 있습니다. 그들은 과거 수백 년 동안 그러한 기회를 갖지 못했습니다. 흑인의 역사는, 이 땅에 출현한 최초의 두 가지 위대한 문명을 시작했던 것으로 그 장이 열립니다. 이들은 함의 후손들입니다. 니므롯도 함의 후손입니다.

함의 계열에 대해서는 이 정도로 줄이겠습니다. 우리는 지금, 거부된 계열을 제일 먼저 제시하고 이후로는 더 이상 거론하지 않는 성령의 기술 방법을 따르고 있습니다. 우리는 곧 아브라함과 이스라엘 국가 그리고 끝으로 그리스도의 오심으로 이어지는 계보에 대하여 살펴보게 될 것입니다. 그것은 우리가 구약성경 전체를 통하여 다루게 될 큰 계보의 맥인 것입니다. 하나님께서는 당분간 나머지 인류에 대해서는 언급하시지 않습니다. 그러나 나중에 다시 그들에 대해 언급하시게 될 것입니다. 여기서 잠시 사비르(Saphir)의 저서, 『성경의 신적 통일성』(*The Divine Unity of Scripture*)에서 인용한 구절을 당신에게 소개하고자 합니다.

"창세기 10 장은 매우 뛰어난 장입니다. 하나님께서 아브라함 때에 택하신 백성, 이스라엘을 언급하시기 위하여 나머지 백성들에 대한 언급을 생략하시기 전, 땅 위의 열방들에게 다음과 같은 사랑의 작별을 하셨읍니다.「나는 너희를 잠시 떠나려 하노라. 그러나 나는 너희를 사랑한다. 내가 너희를 창조하였고 너희의 미래를 작정하였다. 그러므로 이제 다른 계보들을 열거하려 하노라.」"

창세기 10 장에는 70 개의 족속이 기록되어 있읍니다. 그 가운데 14 족속은 야벳에게서, 30 족속은 함에게서 나왔고, 나머지 26 족속은 셈으로부터 나왔읍니다. 함에게서 30 족속이 나왔다는 점을 잊지 마십시오. 그것은 당신에게 초창기 흑인에 대하여 다른 개념을 제공할 것입니다.

이것은 마치 하나님께서 세계 국가들에 행하신 것을 우리에게 보여주시는 것 같습니다. 오늘날, 백인들이 왜 이렇게 뛰어납니까? 왜냐하면 초기에는 흑인과 유색 인종들이 뛰어났기 때문입니다. 그 후, 다윗과 솔로몬 시대에 셈의 후손들이 이 세상에 상당한 영향력을 끼쳤읍니다. 셈족에는 시리아인, 리디아인, 아르메니아인 그리고 욕단으로부터 나온 아라비아인들도 속합니다. 이 위대한 족속들은 후에 나타났읍니다. 우리는 확실히 백인이 뛰어난 시대에 살고 있읍니다. 저는 셈, 함, 야벳의 세 족속들이 셈의 족속이나 함의 족속 또는 야벳의 족속이든 상관없이 아무 족속도 이 세상을 다스릴 수 없다는 것을 보여주고 있다고 생각합니다. 저는 하나님께서 이 사실을 우리에게 보여주시기 위하여 초기에는 함의 자손이 뛰어나게 하셨다가 후기에는 셈의 자손이 뛰어나게 하신 것이라고 생각합니다.

셈의 자손

"셈은 에벨 온 자손의 조상이요 야벳의 형이라 그에게도 자녀가 출생하였으니"(21절).

> "에벨은 두 아들을 낳고 하나의 이름을 벨렉이라 하였으니 그 때에 세상이 나뉘었음이요 벨렉의 아우의 이름은 욕단이며"(25절).

본문의 "세상이 나뉘었음이요"한 말에 대해 어떤 사람은 세상이 물리적으로 분할되었다는 의미로, 즉 땅 위에 심한 어떤 물리적 변동이 있었다는 뜻으로 해석합니다. 그러나 이것을 기록한 모세가 의도한 완전한 의미는 창세기 11장의 바벨탑 사건에서 찾아 볼 수 있읍니다. 이것은 그때 언어가 통하지 않았기 때문에 세상이 나뉘어져 있었다는 뜻입니다. 저는 이처럼 간단한 해석을 대단히 많은 사람들이 오해하고 있다는 사실에 대해 안타까울 따름입니다.

> "이들은 노아 자손의 족속들이요 그 세계와 나라대로라 홍수 후에 이들에게서 땅의 열국 백성이 나뉘었더라"(32절).

이처럼 창세기 10장은 대단히 짧은 내용이지만 성경에 있어 매우 중요한 장들 가운데 하나입니다. 한편, 창세기 10장은 종족의 기원에 대하여 연구하려는 많은 사람들에게 가장 권위 있는 자료가 되기도 합니다.

제 11 장

바벨탑의 건립 / 셈에서 아브라함까지

바벨탑의 건립

"온 땅의 구음이 하나이요 언어가 하나이었더라"(1절).

저는 사람들이 그때 어떠한 언어를 사용하였는지는 모릅니다. 사실 그에 대해서는 지금까지 전혀 알려진 바가 없읍니다. 하지만 그때의 언어는 아담이 쓰던 인류 최초의 언어로서 하나님께서 직접 우리 인류에게 주셨던 언어였기에 아마도 지금의 어떤 언어와도 비교할 수 없는 매우 훌륭한 언어였을 것입니다.

"이에 그들이 동방으로 옮기다가 시날 평지를 만나 거기 거하고"(2절).

개역 한글성경에는 "동방으로" 옮겨간 것으로 되어 있는데 원문에 보면 "동방으로부터"라고 되어 있읍니다. 그러므로 그들은 동쪽에서부터 서쪽으로 옮겨가고 있었읍니다. 그리고 시날 평지를 만났다고 했는데 그곳은 티그리스와 유프라데스 계곡 안에 있는 지역이었읍니다.

> "서로 말하되 자, 벽돌을 만들어 견고히 굽자 하고 이에 벽돌로 돌을 대신하며 역청으로 진흙을 대신하고"(3절).

그들이 벽돌을 구운 것은 그곳에 돌이 없었기 때문입니다. 그들은 할 일이 없어서 벽돌을 구운 것이 아니었읍니다. 그들에게는 뚜렷한 목적이 있었읍니다. 원대한 계획이 있었읍니다. 벽돌을 만들어 구우며 역청을 만드는 일이 광야에서는 쉬운 일이 아니었지만 그들은 조금도 주저하지 않고 야심을 품고 이 일을 강행했읍니다.

> "또 말하되 자, 성과 대를 쌓아 대 꼭대기를 하늘에 닿게 하여 우리 이름을 내고 온 지면에 흩어짐을 면하자 하였더니"(4절).

우리는 본문에서 금방 저들의 교만한 태도를 느낄 수 있읍니다. 저들은 실로 매우 완고한 자기 교만에 빠져 있었읍니다. 그들이 바벨탑을 세우는 유일한 목적은 사람들을 한 곳에 규합하려는 것이었읍니다.

바벨탑은 「벽돌 신전」(ziggurat)이었읍니다. 티그리스-유프라데스 계곡 유역에는 고대 바빌론 신전의 잔해가 많이 남아 있읍니다. 저는 아브라함이 살았던 갈데아 우르에 있는 어느 신전의 사진을 한 장 가지고 있는데, 그 신전은 벽돌로 견고하게 건축되었으며 그 둘레에 꼭대기로 올라가는 통로가 있읍니다. 그 꼭대기에는 제단이 있는데 어떤 경우에는 거기서 인신제사가 드려지기도 했읍니다. 어린 아이들이 신에게 제물로 바쳐졌읍니다. 이 모든 것들이 후기 역사의 바벨론 신전과 관련된 것들입니다.

그러므로 그 당시, 바벨탑의 건축은 전능하신 하나님께 대한 반역 행위였읍니다. 창세기 10 장에서 소개됐던 니므롯은 사람들을 이곳으로 옮기도록 인도한 사람이었음이 분명합니다. 그는 시날 평지에 바벨 성읍을 새웠으며, 바벨탑을 쌓은 사람이기도 합니다. 그는 그곳에 하나님께 반역하는 세계 대제국을 건설하려고 했읍니다.

그에게는 그의 야심을 이루고 꿈을 실현시키기 위해 다음 두 가지 요소가 반드시 필요하였읍니다.

첫째로, 그에게는 본부(本部)라고 말할 수 있는 집회의 중심 장소가 필요하였읍니다.

그에게는 사람들이 회집하여 만날 수 있는 일종의 성읍이 필요하였읍니다. 이것이 바로 그가 바벨 성읍을 건축한 이유였읍니다. 그것은 그가 세계 제국의 꿈을 실현하려는 욕망 가운데 하나를 실현시켜 주었읍니다.

둘째로, 그는 지리적인 것뿐만 아니라 사람에게 심리적으로 동기를 줄 수 있는 구심점을 필요로 하였읍니다.

그러므로 강제적이며 선동적인 어떠한 동기가 있어야 했읍니다. 레닌의 무덤이 모든 공산주의자들의 규합 장소라면, 니므롯 시대에 바벨탑이 바로 그러한 역할을 했던 것입니다.

본문에 "우리 이름을 내고" 했는데, 이것은 하나님께 대한 도전이요, 반역이었읍니다. 우리 이름을 내자는 이 말 속에서 우리는 인간의 오만한 야심을 볼 수 있읍니다.

이제는 바벨탑의 용도가 아닌 것을 살펴 보기로 합시다. 바벨탑은 홍수 때에 피하기 위한 장소로 세워진 것이 아니었읍니다. 일부 주석가들이 제언하듯이 홍수의 위험성이 있는 곳에 바벨탑을 세우지 않았읍니다. 사실 그러한 해석은 매우 유치한 것이라고 생각합니다. 레닌의 무덤은 볼가강이 범람할 때 피할 수 있는 곳이 아니지 않습니까! 바벨탑은 하나님께 대한 인간의 오만하고 반항적이고 반역적인 태도를 반영합니다. 하나님께서는 인간에게 '땅 위에 흩어져 충만하라'고 말씀하셨읍니다. 그러나 그에 대한 인간의 대답은 이러했읍니다.
"안 됩니다. 우리는 흩어질 수 없읍니다. 우리는 함께 모여 있으렵니다. 우리에게 참견하지 마십시오, 하나님."
이처럼 바벨탑은 하나님을 거부하는 것이었읍니다.

바벨탑은 종교적인 상징물이었읍니다. 이 바벨탑은 일종의 신전이었읍니다. 티그리스와 유프라테스 계곡 전역에는 지금도 수많은 신전의 잔해들이 발견되고 있읍니다. 그것은 창조주 하나님이 아닌 다른 피조물에게 제사지내기 위한 장소로 사용돼 왔읍니다. 신전은 원형으로 된 것과 정사각형으로 된 것이 있는데, 형태를 불문하고 모든 신전에는 대개 사람들이 맨 꼭대기에 올라가 해와 달과 별 같은 것에 제사 지낼 수 있도록 하기 위해, 올라가는 통로가 만들어져 있읍니다. 그들은 그곳에서 해와 달과 별이 눈에 보이면, 그들에게 홍수가 임하지 않을 것으로 알고 안심했다고 합니다. 당시에 그들의 머리엔 홍수 심판에 대한 막연한 두려움이 잠재해 있었던 것 같습니다.

그러면 하나님께서는 그 바벨탑을 어떻게 하셨을까요?

> "여호와께서 인생들의 쌓는 성과 대를 보시려고 강림하셨더라 여호와께서 가라사대 이 무리가 한 족속이요 언어도 하나이므로 이같이 시작하였으니 이 후로는 그 경영하는 일을 금지할 수 없으리로다"(5, 6절).

그 당시에는 인간의 언어가 하나였기 때문에, 그들은 언어 소통에 전혀 지장이 없었읍니다. 따라서 그들은 서로 모여 쉽게 의사를 전달하고 물건을 교환할 수가 있었읍니다. "이 후로는 그 경영하는 일을 금지할 수 없으리로다" 하신 말씀에서 우리는 인간이 홍수 심판에도 불구하고 계속하여 타락된 본성을 갖고 있었으며 전적으로 부패해 있었다는 것을 발견하게 됩니다. 하나님께서는 이러한 반역 행위를 묵과하실 수가 없으셨읍니다. 왜냐하면 그것은 하나님께 대한 도전이었기 때문입니다. 따라서 하나님께서는 저들의 도전을 빨리 해결하셔야 했읍니다. 이제 하나님께서 바벨탑의 건축에 대한 방해물을 놓으려 하십니다. 이는 불가피한 일이었읍니다. 왜냐하면 인간은 그처럼 매우 유능한 피조물이기 때문입니다. 인간은 오늘날 달까지 갈 수 있으며, 제트기를 타고서 아주 먼거리를 순식간에 날아갈 수도 있게 됐읍니다. 저는 제트기를 타고 7 ㎞ 상공을 나르며 맛있는 식사를 할 수 있다는 것을 아직도 놀랍게 여기고 있읍니다. 사실, 이런 일들은 과거에 불가능한 일로 여겨졌지 않았읍니까? 그러나 오늘날 그렇게 생각하는 사람은 아무도 없을 것입니다. 실로 인간은 하나님의 놀라운 피조물이 아닐 수 없읍니다.

만일 인간이 하나님께 반역하면서 계속 한 곳에 모여 있었다면, 그들이 과연 하나의 언어를 가지고 무슨 일을 했을 것인가를 한번 상상해 보십시오.

> "자, 우리가 내려가서 거기서 그들의 언어를 혼잡게 하여 그들로 서로 알아듣지 못하게 하자 하시고 여호와께서 거기서 그들을 온 지면에 흩으신고로 그들이 성 쌓기를 그쳤더라 그러므로 그 이름을 바벨이라 하니 이는 여호와께서 거기서 온 땅의 언어를 혼잡게 하셨음이라 여호와께서 거기서 그들을 온 지면에 흩으셨더라"(7-9절).

이제 인간은 지면에 흩어지게 되었읍니다. 그들은 함께 뭉쳐 있었으나, 지금은 언어의 혼잡으로 서로가 이해할 수 없게 되었읍니다. 당신도 알다시피 언어의 장벽은 중국의 만리장성보다 더 긴 담입니다. 그것은 저 베를린 장벽보다도 더 높은 벽입니다. 실로 언어의 차이로 인해 우리는 외국인과의 교류에 있어 많은 장애를 받고 있읍니다. 그것은 사람을 분리시키며, 어느 국경과 대양(大洋)보다도 건너기 어려운 것입니다.

혹자는 언어가 점진적으로 발전한 것이라고 말합니다. 그러나 하나님께서는 그들이 탑을 쌓을 때에 서로를 이해하지 못하도록 갑자기 언어를 혼잡게 하셨다고 말씀하고 있읍니다. 이로 인해 바벨탑의 건축은 갑자기 중단되었으며 사람들은 바벨탑을 떠나 사방으로 흩어졌읍니다.

이것은 놀라운 사건이었습니다. 갑자기 언어의 혼란이 생겨, 그들은 서로를 이해할 수 없게 되었습니다. 그것은 참으로 기이한 일, 즉 말하고 듣는 데 있어 발생한 역사상 처음 겪는 기이한 사건이었습니다. 그들은 서로 다른 방언으로 말하였기 때문에 듣는 자가 그 말하는 내용을 전혀 이해하지 못했습니다.

저는 이렇게 된 것이 하나의 축복이었는지 아니면 인간에 내려진 저주였는지를 당신에게 묻고 싶습니다. 그것은 하나님의 목적으로 볼 때는 하나의 축복이었으나, 하나님을 떠나서 높아지려고 하는 인간 편에서 볼 때 분명히 하나의 저주였습니다. 수 세기를 통하여 인간은 분리되어 살아왔으며, 그것은 인간에게 커다란 고통이 되었습니다. 오늘날 라디오와 텔레비젼의 등장과 비행기 여행 등으로 나타나고 있는 현상 가운데 하나는 이러한 장벽이 무너져 가고 있다는 것입니다. 그것들은 마치 여리고 성벽이 무너져 내리듯 허물어져 가고 있습니다. 그런데 이것이 바로 제가 하나님께서 심판주로 다시 오실 날이 점차 가까이 오고 있다고 믿는 이유입니다.

이제 오순절날에 일어났던 언어 변혁에 대하여 잠시 생각해 보고자 합니다. 그것은 또 하나의, 언어의 대변혁이었습니다. 우리는 그 때 복음으로 전파되었던 모든 언어가 그곳에 모인 사람들에게 모두 이해되었다는 사실을 잘 압니다. 그 복음은 사람들이 이해할 수 없는 언어로 전하여지지 않았습니다. 하나님께서는 오순절에 바벨탑 사건에 대한 분명한 답을 우리에게 주셨습니다. 하나님께서는 지금도 인류에게 이렇게 말씀하고 계십니다.
"나는 너희에게 줄 복음과 하늘나라의 멧세지를 가지고 있으며, 너희가 이해할 수 있는 언어로 복음을 전하려 하노라."

이것은 바로 하나님께서 지금까지 해 오신 일입니다. 이 때문에 성경은 세상의 그 어느 책보다도 많은 언어로 출판되었습니다. 성경은 지금도 여러 가지 언어와 방언으로 번역되고 있으며, 세계의 수많은 민족에게 하나님의 한 말씀으로 전하여지고 있읍니다. 복음은 인류를 위한 것이며, 그것을 여러 가지 언어로 전하는 이유와 목적은 인간으로 하여금 하나님께서 바벨탑에 대하여 심판하셨다는 사실을 알게 하기 위함입니다. 하나님께서는 그때 이미 인간에 대한 구원의 계획을 가지고 계셨읍니다. 그리고 그 구원의 계획은 이천 년 전에 그리스도 예수로 말미암아 완성되었읍니다. 이에 우리 인간은 구원받기 위하여 더 이상 스스로 노력할 필요가 없게 되었읍니다. 인간은 하나님의 복음의 말씀을 듣고 회개하고 믿기만하면 됩니다. 이 복음은 당신을 위한 것입니다. 그것은 당신이 어떠한 사람이든, 그리고 어떠한 언어를 사용하든 간에 문제가 되지 않습니다. 그것은 바로 당신을 위한 것이며, 세상의 모든 사람들을 위한 것입니다. 성경의 마지막 책인 요한계시록 7 장 9 절은 각 나라와 족속과 백성과 방언에서 능히 셀 수 없는 큰 무리가 하나님 앞에 모일 것이라고 기록하고 있읍니다.

셈에서 아브라함까지

이제 우리는 앞으로 계속하여 셈의 후손에 대하여 살펴보게 될 것입니다. 왜냐하면 그것은 구약성경 전체의 내용을 이루고 있는 계보이기 때문입니다.

> "셈의 후예는 이러하니라 셈은 일백 세 곧 홍수 후 이 년에 아르박삿을 낳았고"(10절).

셈의 계보는 다음 절들에서도 계속됩니다.

> "나홀은 이십구 세에 데라를 낳았고 데라를 낳은 후에 일백십구 년을 지내며 자녀를 낳았으며"(24, 25절).

여기서 우리는 지금 열거되고 있는 계보의 방향이 누구를 향해 가고 있는지 쉽게 짐작할 수 있을 것입니다.

"데라는 칠십 세에 아브람과 나홀과 하란을 낳았더라"(26절).

우리는 이제부터 훗날 아브라함으로 그 이름이 바뀌어진 아브람의 계보를 추적하려 합니다.

우리는 지금 셈에게서 시작된 계보를 다루고 있는데, 이 계보는 성경 전체를 연결시키고 있습니다. 성경에는 이 계보가 그리스도의 탄생까지 계속 이어집니다. 하나님께서는 이 모든 것을 하나의 예비적인 과정으로 기록하셨읍니다. 하나님께서는 인간에게 그가 죄 가운데 있다는 것을 보여주셨읍니다. 저는 가인과 아벨의 사건에서 가인은 자신이 죄인이라는 사실을 결코 인정하려 하지 않았다는 것을 이미 앞에서 말씀드렸읍니다. 우리는 그에게서 인간의 교만을 보았읍니다. 또한 우리는 홍수 심판 때에 사람들의 죄가 이미 세상에 관영했었음도 보았읍니다. 그들은 마음껏 세상의 쾌락만을 좇아 살았기에, 그들의 생각과 계획하는 모든 것이 악했다고 했읍니다. 그들은 그들에게 진정으로 하나님이 필요하다는 것에는 눈이 멀어 있었읍니다. 그들은 하나님의 부르시는 음성에는 귀가 먹었었고, 하나님을 두려워하지도 않았으며, 자신들의 타락과 죄에 대하여는 무감각하였읍니다. 이때 하나님께서는 노아를 통하여 그들을 부르셨읍니다. 그러나 그들은 하나님의 이러한 초청을 거부하고 계속하여 육신의 죄 가운데 빠져 있었읍니다. 그런데 이제 또 다시 우리는 바벨탑 사건으로 말미암아 하나님께 반역하는 교만한 인간의 모습을 보게 됩니다. 바벨탑은 인간의 교만을 상징합니다.

당신은 혹시나 자신의 작은 바벨탑을 쌓고 있지는 않습니까? 당신은 하나님께 반항하고 있지 않습니까? 하기야 인간의 본성상 하나님께 반항하는 것이 당연한 일입니다.

어느 날 저녁, 철이네 막내 아이가 대단히 심통을 부리고 있었읍니다. 그리하여 그는 엄마를 몹시 짜증스럽게 하였고 성가시게 하였읍니다. 참다 못한 그의 어머니는 그를 집 구석으로 데리고 가 그를 벽만 보고 꿇어 앉아 있게 했읍니다. 그런 후, 그녀는 그를 그곳에 남겨 두고 나머지 식구들과 함께 거실로 돌아갔읍니다. 잠시 후, 그곳에서 부시럭거리는 소리를 듣고 어머니가 물었읍니다.
"너 지금 서 있니?"
그는 대답하기를, 『아니요, 엄마. 난 계속 꿇어 앉아 있어요. 하지만 내 마음 속으로는 서 있는 걸요.』

사실, 오늘날 많은 사람들이 내적으로는 하나님께 반항하면서 서 있읍니다. 그들은 자신의 마음 가운데 작은 바벨탑을 쌓아놓고 있는 것입니다.

이제 우리는 장차 그리스도께서 오실 계열을 따라가면서 데라의 계보를 살펴보기로 합시다.

> "데라의 후예는 이러하니라 데라는 아브람과 나홀과 하란을 낳았고 하란은 롯을 낳았으며 하란은 그 아비 데라보다 먼저 본토 갈대아 우르에서 죽었더라 아브람과 나홀이 장가 들었으니 아브람의 아내 이름은 사래며 나홀의 아내 이름은 밀가니 하란의 딸이요 하란은 밀가의 아비며 또 이스가의 아비더라 사래는 잉태하지 못하므로 자식이 없었더라 데라가 그 아들 아브람과 하란의 아들 그 손자 롯과 그 자부 아브람의 아내 사래를 데리고 갈대아 우르에서 떠나 가나안 땅으로 가고자 하더니 하란에 이르러 거기 거하였으며"(27-31절).

여기서 『하란』이란 이름은 "지체하다"는 뜻입니다.

> "데라는 이백오 세를 향수하고 하란에서 죽었더라"(32절).

이 간단한 계보의 역사는 아브라함에 대하여 연구하기 위한 예비 단계로 주어진 것이며, 아브라함의 역사는 다음의 창세기 12 장에서부터 시작됩니다.

창세기는 여기에서 성경 전체의 계보의 흐름에 있어 하나의 전환점을 이룹니다. 창세기의 나머지 내용에 대한 대주제가 여기에서부터 시작됩니다. 처음의 11 장까지가 창세기의 전반부라면, 나머지 39 장은 후반부로 구분될 수 있겠읍니다. 이것을 연대기적으로 본다면, 처음 11 장까지의 이천 년 인류 역사는 성경의 나머지에 기록되어 있는 전체 역사의 기간을 합한 것과 같습니다. 앞서의 2 천년 동안과는 대조적으로, 창세기 12 장에서 50 장까지의 역사는 350 년밖에 되지 않습니다. 창세기 1 장부터 11 장까지 우리는 창조와 인간의 타락, 홍수 심판, 그리고 바벨탑 사건에 대하여 살펴보았읍니다. 이것이 바로 2 천년 동안의 긴 역사를 통하여 일어났던 4 개의 대사건들입니다.

제 12 장

아브람을 향한 하나님의 부르심과 약속 / 아브람의 반응 / 아브람의 믿음의 실추

창세기 12 장은 창세기 전체를 걸쳐 펼쳐져 있는 그랜드 캐년의 다른 면으로 우리를 안내합니다. 여기서의 분위기는 앞장들과 전혀 다릅니다. 따라서 우리는 천천히 걸어 내려 가야 합니다. 그리고 내용의 강조하는 바가 그 동안의 대사건 중심에서 인물 중심으로 바뀌어집니다. 그 사람들은 모두가 위대한 사람은 아닐지라도 한결같이 중요한 인물들입니다. 여기서부터 네 사람의 주요 인물이 등장합니다.

우리는 창세기 11 장까지 4 개의 대사건, 즉 창조, 인간의 타락, 홍수, 그리고 바벨탑에 대하여 살펴보았습니다. 그런데 하나님께서는 이 모든 놀라운 사건들 가운데 아담과 노아를 제외하고는 인간을 전체적으로 상대하셨읍니다. 그런데 창세기 12 장에서부터는 급격한

변화가 생깁니다. 즉, 4 명의 중요한 인물이 나타나면서 하나님께서는 그 동안의 사건 중심에서 인물 중심으로 바꾸시는데, 그 사람들은 이제 한 민족을 이룹니다. 우리는 12 장에서 23 장까지는 믿음의 사람, 아브라함을 보게 됩니다. 그리고 24 장부터 26 장까지는 아브라함의 아들, 이삭이 소개됩니다. 다음 27 장부터 36 장까지는 택함과 연단을 받는 이삭의 아들, 야곱이 등장하고, 끝으로 요셉의 고통과 영광에 대한 기록이 37 장부터 50 장 사이에 나타납니다. 이 4 명의 족장들은 하나님의 말씀을 우리가 이해하는 데 있어 대단히 중요한 사람들입니다. 이들에 대해서는 앞으로 우리가 깊이 다루게 될 것입니다.

우리는 인간의 타락 이후, 가인의 큰 범죄를 보았습니다. 그는 어떠한 큰 죄를 범했습니까? 그것은 다름 아닌 교만이었습니다. 그가 분을 내었던 것은 하나님께 드린 제물에 대하여 마음 속 깊이 교만한 마음을 가지고 있었기 때문입니다. 그리고 동생의 제물은 열납되었으나, 그의 제물은 하나님께서 열납하시지 않자, 그는 동생을 몹시 미워하게 되었습니다. 그가 동생을 살해한 것은 이 증오심 때문이었습니다. 이처럼 교만은 일만 악의 근원이 됩니다. 우리는 교만은 사단이 가져다 주는 죄라는 사실을 잊어서는 안 되겠습니다. 교만은 마음으로 범하는 무서운 죄입니다.

그런데 홍수 심판이 임할 때, 인간은 육체의 죄로 가득차 있었습니다. 우리는 인간의 모든 행동뿐 아니라 생각하는 것까지 육체의 욕심만을 채우기 위한 것이었다는 것을 앞에서 보았습니다.

그때 하나님께서는 인간을 심판하시기 위해서 홍수를 내리실 수밖에 없으셨습니다. 왜냐하면 그 당시 하나님을 믿는 사람은 노아 한 사람뿐이었기 때문입니다. 만약 하나님께서 또 한 세대를 참고 기다리셨더라면 아마 인간은 다 하나님을 떠나버리고 말았을 것입니다. 하나님께서는 분명히 세상의 죄에 대하여 오랫동안 참으셨습니다. 그분은 므두셀라가 그의 생명을 다하기까지 무려 969 년 동안을 기다리셨읍니다. 969 년이라면 남에게 회개할 수 있는 기회를 주기에 충분한 기간이 아닙니까? 그러나 인간은 하나님께 돌아오기는 커녕, 하나님께 오히려 반대되는 뜻만을 계속 주장하며, 반역의 길로 나아갔읍니다. 홍수 이후의 바벨탑 사건은 또한 우리에게 하나님을 찾는 사람이 하나도 없었다는 사실을 명백히 보여주고 있읍니다.

바벨탑 사건 이후 이제 하나님께서는, 관심을 전 인류에게서 개인에게로 돌리십니다. 하나님께서는 그 개인으로부터 한 민족을 이루시고 그 민족에게 그분의 계시를 보이시며 그 민족으로부터 우리의 구세주를 탄생시키려 하십니다. 분명코 이것만이 하나님께서 하실 수 있었던 유일한 방법입니다. 혹시 다른 방법들이 있었다 할지라도 이것은 그 중에서 최선의 방법이었을 것입니다. 우리는 하나님께서는 언제나 최선의 방법으로만 행하시는 분이심을 믿습니다.

이제 하나님께서 믿음의 사람 아브라함을 택하셨읍니다. 아브라함은 누가 보아도 위대한 인물이었읍니다. 그는 지금까지 살았던 가장 위대한 인물들 가운데 한 사람이었읍니다. 당신은 오늘날 위대한 인물의 기준을 어디에 두고 있읍니까? **먼저는 유명하여야 하겠읍니다.** 그러한 면에서 아브라함은 틀림없이 거기에 부합되는 사람입니다. 그는 아마 세계에서 가장 유명한 사람일지도 모릅니다. 아브라함은 동,서양을 막론하고 가장 많이 불리워지고 있는 이름 가운데 하나입니다. 한 나라의 대통령이나 국가 원수, 어느 유명 배우나 훌륭한 운동 선수의 이름보다도 더 많이 불리워지는 이름이 바로 아브라함입니다. 세계의 위대한 3 대 종교인 유대교, 이슬람교, 기독교도 바로 이 아브라함의 씨에서 시작되었읍니다. 그러한 점에서 아브라함은 진정으로 위대한 인물임에 틀림없읍니다.

위대한 인물에 대한 또 다른 평가 기준은 그가 훌륭한 인품과 고결한 인격의 사람이어야 한다는 것입니다. 당신은 아브라함보다 더 뛰어난 인품을 가진 사람을 생각해 낼 수 있읍니까? 저는 오늘날 현존하는 인물 가운데 아브라함과 같이 처신할 수 있는 사람이 과연 몇이나 있을까 생각해 봅니다. 아브라함은 그의 조카와 함께 팔레스타인으로 돌아왔을 때, 조카 롯에게 제안하기를 그가 원하는 곳을 먼저 택하라고 했읍니다. 그가 먼저 결정한 다음에 자기는 그 나머지를 택하겠다고 말했읍니다. 오늘날 상거래를 하는 데 있어 아브라함과 같이 그렇게 할 사람이 있을까요? 이해 관계가 분명한 상업계는 고사하고 교회에서조차 우리는 그렇게 하지 못하고 있읍니다. 그러나 아브라함은 관용이 많은 사람이었읍니다. 당신은 그가 소돔과 고모라 왕들에 대하여 얼마나 많은 관용을 베풀었는지 알고 계십니까? 아브라함은 그들에게 그가 의지하는 분은 하나님이기 때문에 전리품은 고사하고 신들메조차도 취하지 않겠다고 말하였읍니다.

위대한 인물은 위험한 시기에 그것을 이겨내는 사람입니다. 나폴레옹은, 위대한 인물이란 자신의 운명을 극복해 나가는 사람이라고 말했읍니다. 즉, 위대한 사람은 인생의 위기를 극복할 줄 아는 사람입니다. 아브라함은 바로 그러한 사람이었읍니다.

저는 세상 사람들도 제가 앞에서 지적한 세 가지 사실에는 동의하리라고 믿습니다. 그러나 그들은 **위대한 인물이 되기 위하여는 신앙의 사람이어야 한다**는 것에는 동의하지 않을 것입니다. 당신은 위대한 사람들은 그들이 혹시 불신자라 할지라도 모두가 그들이 믿는 믿음의 대상을 가지고 있었다는 사실을 잘 알 것입니다. 하나님께서는 아브라함에게 믿음이 있었다고 말씀합니다.

"…아브라함이 하나님을 믿으매 이것이 저에게 의(義)로 여기신 바 되었느니라"(롬 4:3).

우리는 창세기의 후반부의 연구를 통하여 하나님께서 아브라함에게 일곱 번 나타나셨으며, 그때마다 그의 신앙이 진보했다는 사실을 발견하게 될 것입니다. 이것은 그가 불완전한 사람이었다는 것을 의미합니다. 이것은 또한 그에게 많은 실수가 있었음을 보여주는 사실이기도 합니다. 하나님께서는 네 번에 걸쳐 그를 시험하셨으나, 그때마다 그는 시험에 넘어졌읍니다. 그러나 그는 시몬 베드로처럼 다시 일어나 새로운 힘을 얻어 재출발하였읍니다. 만약 하나님께서 당신의 마음과 생명을 시험하신다면, 당신도 그 시험에 넘어질 것입니다. 그러나 당신은 분명히 다시 일어나, 새로운 힘을 얻어 재출발할 것입니다. 우리는 앞으로 창세기 12 장을 통해 아브라함의 생애 가운데 이러한 일들이 계속 반복해서 일어나는 것을 보게 될 것입니다.

아브라함을 향한 하나님의 부르심과 약속

처음 3 절까지에는 하나님께서 아브라함에게 주신 세 가지 약속이 기록되어 있는데, 이것은 사실상 성경의 큰 세 기둥이라 볼 수 있읍니다. 성경의 나머지 부분에서는 이 세 가지 약속을 중심으로 전개됩니다.

> "여호와께서 아브람에게 이르시되 너는 너의 본토 친척 아비 집을 떠나 내가 네게 지시할 땅으로 가라 내가 너로 큰 민족을 이루고 네게 복을 주어 네 이름을 창대케 하리니 너는 복의 근원이 될지라 너를 축복하는 자에게는 내가 복을 내리고 너를 저주하는 자에게는 내가 저주하리니 땅의 모든 족속이 너를 인하여 복을 얻을 것이니라 하신지라"(1-3절).

하나님께서 아브라함에게 주신 세 가지 약속 가운데 첫번째 약속은 땅이었읍니다.

"네게 「땅」을 보여 주리니 그것을 네게 주리라."

두번째 약속의 내용은 민족을 이루어 주시겠다는 것이었읍니다.

"내가 너로 큰 「민족」을 이루고 네게 복을 주어 네 이름을 창대케 하리니."

그리고 하나님께서는 "너를 축복하는 자에게는 내가 복을 내리고 너를 저주하는 자에게는 내가 저주하리니"라고 말씀하셨읍니다. 즉, 마지막 세번째 약속은 하나님께서 그에게 복을 주시겠다는 것이었읍니다.

“땅의 모든 족속이 너를 인하여 「복」을 얻을 것이니라.”
이것이 하나님께서 아브라함에게 말씀하신 삼중 약속이었읍니다.

그런데 문제는 하나님께서 아브라함에게 하신 그 모든 약속을 이행하셨는가 하는 것입니다. 하나님께서는 분명히 아브라함을 통하여 위대한 민족을 형성하셨으며 그것은 아마 땅 위에 있는 민족들 중에서 가장 오래되었을 것입니다. 그 어느 민족도 이에 비교될 수 없을 것입니다.

세번째 약속에 대하여는 어떻게 하셨읍니까? 아브라함은 모든 민족에게 복의 근원이 되었읍니까? 물론입니다. 그는 예수 그리스도를 통하여 온 세계에 복을 주었읍니다. 그리고 하나님의 모든 말씀이 아브라함을 통하여 우리에게 왔읍니다.

하나님께서는 첫번째 약속을 제외하고는 모든 약속을 성취하셨읍니다. 하나님께서는 아브라함에게 “그 땅을 네게 주리라”고 약속해 주셨다고 했읍니다. 그러면 그 지역에서 오늘날 어떠한 일이 일어나고 있는가를 봅시다. 그들은 온갖 노력을 다하여 그 잃은 땅을 회복하려고 하고 있지만 지금까지 그 뜻을 이루지 못하고 있읍니다. 혹자는 그에 대해 하나님께서 약속을 어기신 것이 아니냐고 반문할지도 모르겠읍니다. 그러나 사실은 그렇지 않습니다. 그렇다면 왜 땅을 차지하리라는 첫번째 약속은 이루어지지 않았을까요? 이에 대해 우리는 하나님께서 그들이 불순종하거나 하나님을 버리고 떠날 때에는 그 땅을 허락하지 않으시겠다고 말씀하셨다는 사실을 알아야 하겠읍니다. 사실 현재의 이스라엘 민족은 오늘날 하나님을 떠나 있는 상태에 있읍니다. 그 결과 그 지역에서는 전쟁만이 일어나고 있읍니다. 우리는 하나님께서 아브라함에게 약속하신 것을 그대로 모두 실행하셨읍니다. 언젠가는 하나님께서 그들에게 약속하신 모든 땅을 주실 날이 올 것입니다. 그들은 지금까지 하나님께서 그들에게 허락하신 땅 전부를 차지하지 못하였읍니다. 그들이 한때는 오만 평방 킬로미터의 땅을 차지한 적도 있었으나, 그것이 하나님께서 그들에게 허락하신 땅의 전부는 아니었읍니다. 그들에게는 앞으로도 차지할 많은 땅이 남아 있읍니다. 그러나 그들은 아마도 그 땅들을 하나님의 섭리 가운데서 정하신 때에 차지하게 될 것입니다.

그러면 이제부터는 하나님의 삼중 약속에 대한 아브라함의 반응이 어떠했는지 보도록 하겠읍니다.

아브라함의 반응

우리는 1 절에서 "여호와께서 아브람에게 이르시되"라고 기록되어 있는 것을 보았읍니다. 우리는 아브람이 갈대아 우르에 있을 때 하나님께서 그를 부르셨다는 것을 잘 압니다.

"스데반이 가로되 여러분 부형들이여 들으소서 우리 조상 아브라함이 하란에 있기 전 메소보다미아에 있을 때에 영광의 하나님이 그에게 보여 가라사대 네 고향과 친척을 떠나 내가 네게 보일 땅으로 가라 하시니 아브라함이 갈대아 사람의 땅을 떠나 하란에 거하다가 그 아비가 죽으매 하나님이 그를 거기서 너희 시방 거하는 이 땅으로 옮기셨느니라"(행 7:2–4).

아브라함은 그가 어디로 가야 할지도 모르면서 그의 고향과 직업, 그리고 우르의 높은 문화 생활을 모두 버리고 떠남으로써 하나님께 순종하였읍니다. 그러나 우리가 성경에서 보는 것처럼 그가 일부 가족을 데리고 갔기 때문에 그것은 완전한 순종이 아니었읍니다. 그는 그의 아비 데라를 데리고 갔지만 하나님께서는 그를 데리고 가지 말라고 말씀하셨읍니다. 하나님께서는 왜 그로 하여금 고향과 친척을 떠나게 하셨을까요? 우리는 여호수아서에서 그에 대한 답을 찾을 수 있읍니다.

"옛적에 너희 조상들 곧 아브라함의 아비, 나홀의 아비 데라가 강 저편에 거하여 다른 신들을 섬겼으나"(수 24:2).

그의 친척들은 다른 신들을 섬기고 있었읍니다. 아브라함도 본래 우상을 숭배하는 사람이었읍니다. 그때 세상은 하나님으로부터 아주 멀리 떠나 있었읍니다. 그러므로 하나님께서 인간을 구원하시기 위해서는 이렇게 하실 수 밖에 없으셨읍니다. 혹 다른 방법이 있었다면, 그것은 모든 인간을 멸하시고 다시 다른 피조물을 창조하는 길밖에 없었을 것입니다. 그러나 하나님께서는 그렇게까지는 하시지 않으셨읍니다. 이 얼마나 감사한 일입니까?

우리는 지금부터 하나님께서 17 장에서 아브람의 이름을 아브라함으로 바꾸어 부르실 때까지 아브람으로 호칭하기로 하겠읍니다.

> "이에 아브람이 여호와의 말씀을 좇아 갔고 롯도 그와 함께 갔으며 아브람이 하란을 떠날 때에 그 나이 칠십오 세였더라"(4절).

"이에 아브람이 여호와의 말씀을 좇아 갔고."
아브람은 이제 가나안 땅으로 이끄시는 하나님의 인도하심을 따라갈 것입니다.
"롯도 그와 함께 갔으며."
이는 하나님의 명령에 대한 불순종입니다. 하나님께서는 부모와 친척 그리고 고향 땅을 버리고 떠나라고 하셨읍니다. 그런데 아브람은 롯을 데리고 갔던 것입니다.

> "아브람이 그 아내 사래와 조카 롯과 하란에서 모은 모든 소유와 얻은 사람들을 이끌고 가나안 땅으로 가려고 떠나서 마침내 가나안 땅에 들어갔더라"(5절).

본문에 보면, "조카 롯과 하란에서 모은 모든 소유와 얻은 사람들을 이끌고" 했는데, 아브람이 하란에서 보낸 기간은 불필요한 시간들이었읍니다. 이 기간은 하나님의 축복이 지체된 기간이었읍니다. 그래서 하나님께서는 아브람이 그의 가까운 친척까지 버리고, 조카 롯만을 데리고 가나안 땅으로 들어갈 때까지는 그에게 다시 나타나시지 않았습니다.

> "아브람이 그 땅을 통과하여 세겜 땅 모레 상수리나무에 이르니 그 때에 가나안 사람이 그 땅에 거하였더라"(6절).

여기에는 가나안 사람들이 함의 아들, 가나안의 후손이었다는 사실이 기록되어 있습니다. 저는 여기에서 한 가지 중요한 사실을 덧붙이고자 합니다. 많은 사람들이 아브람이 이때 척박하고 살기 어려운 땅 갈대아 우르를 떠나 곡식과 포도주가 풍부하고 젖과 꿀이 흐르는 땅, 사람 살기에 너무나 호조건인 땅으로 갔다고 생각하는 경향이 있습니다. 그들은 아브람이 그곳에 감으로써 그의 운명이 바뀌는 계기가 되었다고 생각합니다. 혹시, 당신도 그렇게 믿고 있지는 않습니까? 그러나 성경은 그렇게 말씀하고 있지 않습니다. 고고학적 발굴에 의하면 갈대아 우르는 그 당시 문명이 매우 발달한 곳이었다고 합니다. 사실 아브람과 사래는 그곳에서 가정에 욕조 시설까지 갖추고 살았으며, 여인네들은 최고급의 화장품들을 사용했습니다. 우르는 크고 화려한 도시였습니다. 아브람은 그 모든 것을 버리고 가나안 땅으로 떠난 것입니다. 또 본문에 "그 때에 가나안 사람이 그 땅에 거하였더니"라고 했는데, 그 당시 가나안은 문명이 발달하지 못한 곳이었습니다. 거기에 살던 가나안 사람들은 야만인들이었으며 우상 숭배자들이었습니다. 아브람이 가나안 땅으로 간 목적은 부자가 되기 위해서가 아니었습니다. 그가 우르를 떠난 것은 오로지 하나님의 명령에 순종하기 위한 것이었습니다.

그는 하나님께 순종하였습니다. 그러면 그 다음 어떻게 되었는지 살펴보도록 합시다.

> "여호와께서 아브람에게 나타나 가라사대 내가 이 땅을 네 자손에게 주리라 하신지라 그가 자기에게 나타나신 여호와를 위하여 그곳에 단을 쌓고"(7절).

아브람은, 하나님께서 이곳에서 그에게 두번째 나타나셨을 때 하나님을 위하여 단을 쌓았읍니다. 그가 하란에서 지체하고 있을 때에는 하나님께서 그에게 나타나시지 않았읍니다.

우리가 성경을 읽기는 읽되 성경에 기록된 복들을 받지 못하는 까닭은 우리가 하나님께서 이미 우리에게 주신 말씀의 빛 가운데서 살아가지 않기 때문입니다. 우리가 하나님의 말씀대로 순종하기만 한다면 우리에게는 보다 많은 축복이 임할 것입니다. 아브람의 체험에서 볼 수 있듯이, 하나님께서는 아브람이 말씀대로 순종하여 그 하란 땅을 떠난 다음에라야 비로소 그에게 나타나셨읍니다. 그 후에 아브람은 제단을 쌓게 되는데 그는 이 일을 매우 간절한 마음으로 행했읍니다.

> "거기서 벧엘 동편 산으로 옮겨 장막을 치니 서는 벧엘이요 동은 아이라 그가 그곳에서 여호와를 위하여 단을 쌓고 여호와의 이름을 부르더니"(8절).

아브람은 가나안 땅에 도착한 다음에 두 가지 일을 행했읍니다. 우선 그는 장막을 쳤읍니다. 그것은 마치 새로운 집을 구입하여 그곳으로 이사하는 것과 같았읍니다. 그가 장막을 친 다음에는 단을 쌓았다고 했는데, 그것은 하나님을 증거하는 일이었읍니다. 아브람은 그가 가는 곳마다 단을 쌓는 일을 통해 하나님을 증거했읍니다.

당신은 어떻게 하나님을 증거하고 있읍니까? 우리의 증거는 보다 구체적이며 생생한 것이어야 하겠읍니다. 그러나 결코 요란하지 않게 하나님의 이름을 세상 사람들의 심령 깊은 곳에 심어야겠읍니다. 아브람은 하나님을 조용히 섬겼으나 가나안 사람들은 곧 그가 하나님을 신실하게 섬기는 사람임을 알게 되었읍니다.

> "점점 남방으로 옮겨 갔더라"(9절).

남쪽 지방은 보다 따뜻한 기후에서 살고자 하는 사람들에게는 아주 좋은 곳이었읍니다. 아브람은 보다 따뜻한 곳을 원했기에 남쪽 지방으로 옮겨 갔읍니다.

아브라함의 믿음의 실추

"그 땅에 기근이 있으므로 아브람이 애굽에 우거하려 하여 그리로 내려 갔으니 이는 그 땅에 기근이 심하였음이라"(10절).

아브람이 거주한 곳은 축복의 땅이었읍니다. 하나님께서는 결코 그에게 그곳을 떠나라고 말씀하시지 않았읍니다. 그러나 아브람은 그 땅에 기근이 임하자 몹시 당황했읍니다. 그러던 어느 날 아침 아브람이 그의 장막을 젖혀 올려 밖을 내다보더니 다음과 같이 말했읍니다.
"사래, 모든 사람이 다 애굽으로 내려가고 있는 모양이야. 당신도 알다시피 기근이 더욱 심하여 가고 있어. 아마 우리도 그곳으로 내려가야 할 것 같아."
그러자 사래는 이렇게 말합니다.
『당신이 원하시는 대로 하세요. 저는 당신의 아내예요. 당신이 하시는 대로 따라하겠어요.』
그 후, 며칠이 지난 후 아브람은 북쪽 지역에서, 기근이 점점 심하여져 점차 남쪽으로 내려오고 있다는 소식을 가져 온 여행자들과 이야기를 나누게 되었읍니다. 그 날 저녁, 아브람은 사래에게 말했읍니다.
"우리도 짐을 싸서 애굽으로 가는 게 좋겠어."
그리하여 아브람과 사래는 애굽을 향하여 떠나게 된 것입니다.

하나님께서 그에게 애굽으로 내려가라고 말씀하시지 않았다는 것을 명심하십시오. 하나님께서는 지난번 그에게 나타나셨을 때, 이렇게 말씀하셨읍니다.
"아브람아, 이곳이 바로 내가 네게 줄 땅이니라. 이 땅을 네게 주리니 너는 복의 근원이 될지며 내가 이곳에서 너를 축복하리라."
그러나 아브람은 기근이 임하자 그만 하나님의 이 약속을 잊었읍니다. 눈 앞에 닥친 어려운 시험에 그는 그만 하나님 의뢰하기를 잊은 채 애굽으로 내려갔읍니다. 성경에서 애굽은 전형적으로 세상을 상징하는 곳입니다. 당신은 성경 전체를 통하여 그 사실을 쉽게 발견할 수 있을 것입니다. 바로 이러한 곳에 아브람은 내려간 것입니다. 오늘날 세상이 그리스도인들을 유혹하는 방법은 놀라울 정도입니다. 또한 많은 사람들이 스스로를 합리화합니다. 그들은 이렇게 말할 것입니다.
"목사님, 우리는 주일 저녁 예배엔 참석할 수 없어요. 내일 아침에 일찍 일어나 출근해야 되니까요."
물론 거의 모든 사람들이 출근해야 될 것입니다. 그런데 놀라운 것은 그와 같이 말하는 사람들이 평일날 밤에는 연회에 참석하여 다음 날 아침의 출근에 대하여 염려하지도 않고 장황한 프로그램이 모두 끝나기까지 긴 시간 동안 앉아서 자유롭게 떠들어댄다는 사실입니다. 오늘날 세상이 그리스도인들을 유혹하는 방법은 놀라울 정도입니다. 또한 그리스도인들은 놀라울 정도로 자신을 합리화합니다.

만일 우리가 애굽으로 내려가고 있는 아브람을 만나 그에게 "잠깐만 제 말을 좀 들어보시오, 아브람씨. 당신은 지금 잘못 가고 있어요. 당신은 가나안 땅에 그대로 머물러 있어야 하지 않습니까?"라고 말하였다면, 아브람은 당신에게 매우 그럴싸한 이유를 붙여 이렇게 대답할 것입니다. 『저것 보시오. 내 양이 저렇게 야위어가고 있는데, 저들이 먹을 풀도 이젠 다 떨어졌어요. 하지만 애굽 땅에는 그들이 뜯어 먹을 수 있는 목초지가 아주 많아요. 그리고 우리 많은 식솔들이 먹을 식량도 그 곳에는 풍부합니다. 여기 앉아서 그냥 굶어 죽을 수는 없는 일이지요』라고 대답하였을 것입니다. 이렇게 해서 그들은 결국 애굽 땅으로 갔읍니다.

그러나 아브람의 아내 사래는 매우 아름다운 여성이었기 때문에 그들 일행에게 갑자기 그녀로 인한 심각한 문제가 발생하였읍니다.

> "그가 애굽에 가까이 이를 때에 그 아내 사래더러 말하되 나 알기에 그대는 아리따운 여인이라 애굽 사람이 그대를 볼 때에 이르기를 이는 그의 아내라 하고 나는 죽이고 그대는 살리리니"(11,12절).

사해 북서쪽의 해안에 있는 동굴 속에서 「사해 사본」이라고 불려지는 고대의 성경 두루마리가 발견되었읍니다. 성경을 믿지 않는 학자들은 처음에는 그들이 성경을 반박할 수 있는 좋은 자료를 찾아내었다고 생각하였읍니다. 그러나 그러한 고등비평가들은 그 성경 사본을 연구하면서 그만 입을 다물고 말았읍니다. 왜냐하면 그 사본은 오히려 현재의 성경에 대한 권위를 더욱 높여주었기 때문입니다. 지금 우리가 사용하고 있는 성경은 이 사해 사본이 발견됨으로 그 신빙성이 더욱 높아진 것입니다.

그 두루마리 성경 가운데는 찢어질 위험성 때문에 펼칠 수 없는 것도 한 벌 있었읍니다. 그것들은 너무 길게 말려있어 펴는 과정에서 쉽게 손상을 입거나 찢어질 염려가 있었읍니다. 그래서 전문가들이 그 두루마리를 물에 적셔 잘 펼쳐 판독해 본 결과, 거기엔 창세기 12 장부터 15 장까지의 내용이 해설된 부분도 있었읍니다. 특히 창세기 12 장을 다룬 부분에는 실제로 아브람의 처 사래가 얼마나 아름다웠는가를 말해주는 기록이 있읍니다. 따라서 이 두루마리의 내용은 사래에 대한 성경의 기록을 더욱 확증해주고 있읍니다.

또한 그 두루마리에는 하나님께서 아브람에게 "너는 일어나 그 땅을 종과 횡으로 행하여 보라 내가 그것을 네게 주리라"(창 13:17)고 말씀하신 이후의 그의 활동에 대해 기록되어 있읍니다. 이 두루마리에서 가나안 땅은 매우 아름답고 기름진 곳으로 묘사됩니다. 이는 성경의 기록을 뒤받침해 주는 기록입니다. 하지만 오늘날 이스라엘을 방문하는 수많은 사람들은 어떻게 하여 그곳이 도대체 '젖과 꿀이 흐르는 땅'이라고 불리워질 수 있었는지에 대해 의아하게 생각할 것입니다. 이에 대해 신명기 29 장 22–29 절은 오늘날 그곳이 그토록 황폐하게 된 원인을 말씀하고 있읍니다. 그러나 아브람 당시 그곳은 아름답고 기름진 땅이었읍니다.

그러나 그러한 땅에 기근이 임하자 아브람은 그곳을 떠나 애굽으로 내려갔읍니다.

아브람은 애굽에 가까이 이르렀을 때 그 아내의 아름다움 때문에 그가 곤란한 지경에 빠질 것이라는 것을 깨달았읍니다. 그리하여 그는 사래에게 이렇게 말합니다.

> "원컨대 그대는 나의 누이라 하라 그리하면 내가 그대로 인하여 안전하고 내 목숨이 그대로 인하여 보존하겠노라 하니라"(13절).

"원컨대 그대는 나의 누이라 하라."

이것은 반(半)거짓말이었읍니다. 반거짓말이 때로는 온전한 거짓말보다도 더 악한 결과를 초래하는 경우가 있으며, 아브람의 이 거짓말에는 분명히 상대를 속이려는 의도가 있었읍니다. 아브람은 바로가 자기를 해하고 자기 아내 사래를 취할 것으로 알고 몹시 두려워했읍니다. 그래서 아브람은 인간적인 꾀를 생각해 내게 된 것입니다. 그러나 하나님께서는 이 일에 직접 관여하시어 아브람의 가정을 지켜주셨읍니다. 우리가 에스더서를 통해서도 알 수 있듯이, 그 당시에는 왕의 아내가 되려면 일정 기간 동안 준비하는 준비 기간이 있었읍니다. 그리고 그 기간 동안에 하나님께서는 "바로와 그 가정에 커다란 재앙"을 내리셔서 그가 사래를 아내로 취하여서는 안 된다는 것을 깨닫게 하셨읍니다.

> "바로가 아브람을 불러서 이르되 네가 어찌하여 나를 이렇게 대접하였느냐 네가 어찌하여 그를 네 아내라고 내게 고하지 아니하였느냐 네가 어찌 그를 누이라 하여 나로 그를 취하여 아내를 삼게 하였느냐 네 아내가 여기 있으니 이제 데려가라 하고 바로가 사람들에게 그의 일을 명하매 그들이 그 아내와 그 모든 소유를 보내었더라"(18-20절).

하나님께서는 아브람과 사래의 생명을 지키시고 보호하셨지만, 아브람이 애굽 땅에 있는 동안은 그에게 한 번도 나타나시지 않았습니다.

제 13 장

아브람, 롯과 헤어지다 / 소돔을 향하는 롯 / 아브람에게 나타나셔서 언약을 재확인시키시는 하나님

우리는 창세기 13 장에서 아브람이 애굽에서 돌아오는 모습을 보게 됩니다. 아브람과 롯은 애굽을 떠나 약속의 땅으로 돌아왔습니다. 롯은 아브람과 헤어져 소돔으로 갔으며, 그때 하나님께서는 아브람에게 세번째 나타나셨읍니다. 하나님께서는 아브람이 애굽 땅에 있었을 때와, 롯과 함께 있었을 때는 그에게 나타나시지 않았읍니다. 그러나 그가 롯과 헤어져 가나안 땅으로 돌아왔을 때 하나님께서는 다시 그에게 나타나셨읍니다.

아브람, 롯과 헤어지다

"아브람이 애굽에서 나올새 그와 그 아내와 모든 소유며 롯도 함께하여

남방으로 올라가니 아브람에게 육축과 은금이 풍부하였더라"(1, 2절).

아브람은 매우 부유한 사람이었습니다. 아마도 아브람은 그 당시 그 일대에서 제일가는 부자였을 것입니다.

"그가 남방에서부터 발행하여 벧엘에 이르며 벧엘과 아이 사이 전에 장막 쳤던 곳에 이르니"(3절).

아브람은 예루살렘 북쪽의 훨씬 먼 곳까지 옮겨갔습니다. 그는 전에 헤브론 근처의 남방에 있었으나, 이제 예루살렘 북쪽의 벧엘로 향하여 가게 된 것입니다.

"그가 처음으로 단을 쌓은 곳이라 그가 거기서 여호와의 이름을 불렀더라"(4절).

아브람은 하나님께 불순종하여 실패하였지만, 이제 다시금 하나님께로 돌아왔습니다. 아무리 죄가 많은 사람일지라도 하나님께 돌아가기를 원하는 자에게는 언제나 그 문이 열려져 있읍니다. 하나님께서는 그들을 맞아들이시기 위하여 항상 자비의 손길을 펴고 계십니다.

"아브람의 일행 롯도 양과 소와 장막이 있으므로"(5절).

롯도 애굽 땅에서 많은 재산을 얻었읍니다.

"그 땅이 그들의 동거함을 용납지 못하였으니 곧 그들의 소유가 많아서 동거할 수 없었음이라 그러므로 아브람의 가축의 목자와 롯의 가축의 목자가 서로 다투고 또 가나안 사람과 브리스 사람도 그 땅에 거하였는지라"(6, 7절).

아브람은 애굽에서 얻은 두 가지 때문에 훗날 많은 고통을 받게 됩니다. 그 하나는 재물이며, 다른 한 가지는 애굽의 여종 하갈이었읍니다. 우선 아브람의 재물 문제에 대해 살펴봅시다. 그에게 많은 재산이 있으므로 해서 그것으로 인해 롯과 다툼이 생겨서 결국 그들은 서로 헤어지게끔 되었읍니다.

아브람과 롯의 가축의 목자들이 서로 다투게 되므로 그 두 사람 사이에도 의견 대립이 생기게 되었읍니다. 이것을 보며 그 땅에 함께 거하였던 가나안 사람이 아마도 브리스 사람에게 다음과 같이 작은 목소리로 말했는지도 모르겠읍니다.

"저것 좀 봐요, 또 싸우고 있어요. 그들이 이 땅에 와서 살아계신 참 하나님께 제단을 쌓았을 때는 우리가 아브람을 얼마나 존경하였어요? 그가 처음 이곳으로 왔을 때 우리는 그를 대단히 훌륭한 사람으로 생각하였지요. 우리는 그를 정직하고 신실한 사람으로 알았어요. 하지만 지금 보세요. 저들이 다투고 있는 모습 좀 봐요."

저는 이 때 브리스 사람과 가나안 사람이 아브람과 롯에게서 별로 좋은 인상을 받지 못했을 것이라고 생각합니다.

이 문제는 오늘날도 크게 다를 바가 없읍니다. 우리는 종종 우리 주위에서 장로교인과 침례교인, 그리고 감리교인 사이에 의좋게 지내지 못하며, 분쟁이 있음을 봅니다. 그리고 오늘날 교회 안에서의 이같은 내분은 교회 밖의 불신자에게까지 알려지고 있읍니다. 이때 저들은 "저것이 기독교라면, 우리는 절대 교인이 되지 않겠읍니다. 교회 밖에서도 그러한 싸움은 항상 겪는 일입니다. 싸움하려고 교회에까지 나갈 필요는 없으니까요"라고 말할 것입니다. 예수께서는 오늘날의 교회에게 "너희가 성경의 교리를 수호하고, 교회의 조직을 잘 세우면 이로써 모든 사람이 너희가 내 제자인 줄 알리라"고 말씀하시지 않았읍니다. 그분께서는 "너희가 서로 사랑하면 이로써 모든 사람이 너희가 내 제자인 줄 알리라"(요 13:35)고 하셨읍니다.

필자에게는 주님을 도무지 믿으려고 하지 않는 가까운 친척 한 분이 계십니다. 그런데 그 아내는 예수를 믿는 사람입니다. 그 아내는 남편이 예수를 믿지 않는 데 대해 고통스러워하면서 종종 울기까지

했읍니다. 그런데 그는 왜 그토록 완고하게 예수 그리스도를 거부했을까요? 그 아내는 여동생과 함께 살고 있었는데, 저는 종종 주일 저녁이면, 식사를 하기 위하여 그 집에 가곤 했읍니다. 그런데 그들은 저녁 식사 자리에서 으레히 잘못된 목회자를 비판하는 이야기로 시간을 보냈읍니다. 문제는 그 아내는 감리교인이었으며, 그 동생은 장로교인이었는데, 그들은 목회자와 교회의 분쟁에 대해 서로가 질세라 열을 내면서 이야기하는 것이었읍니다. 저는 그 남편의 모습을 자주 쳐다보았읍니다. 그는 묵묵히 앉아서 식사만 하였읍니다. 그는 식사하면서 무슨 생각을 했겠읍니까? 한 번이라도 교회에 나가보고 싶다는 마음이 생겼을까요? 이같은 분위기에서 그가 기독교를 거부하는 것이 어쩌면 당연한 일인 것입니다. 그들은 그를 그리스도 앞으로 인도하지 못했을 뿐만 아니라 인도할 수도 없었읍니다.

교회 안에서 일어나고 있는 분쟁 때문에 오늘날 교회에 나오려고 하지 않는 사람이 대단히 많다는 사실을 당신은 잘 아실 것입니다. "가나안 사람과 브리스 사람도 그 땅에 거하였는지라"라고 본문은 기록하고 있는데, 오늘날도 우리 그리스도인들을 쳐다보는 가나안 사람과 브리스 사람이 있다는 것을 기억해야 할 것입니다. 그들은 바로 우리 교회 옆에 있읍니다.

> "아브람이 롯에게 이르되 우리는 한 골육이라 나나 너나 내 목자나 네 목자나 서로 다투게 말자 네 앞에 온 땅이 있지 아니하냐 나를 떠나라 네가 좌하면 나는 우하고 네가 우하면 나는 좌하리라"(8, 9절).

여기에서 피차 헤어지기를 제의한 사람은 아브람이었읍니다. 롯에게 이렇게 말할 수 있었던 것은 그가 마음이 넓은 사람이었기 때문입니다. 다시 말해, 아브람은 롯에게 그가 원하는 것을 먼저 선택하면 자기는 나머지를 택하겠다고 하여 그 결정권을 조카에게 양보했읍니다.

소돔을 향하는 롯

"이에 롯이 눈을 들어 요단을 바라본즉 소알까지 온 땅에 물이 넉넉하니 여호와께서 소돔과 고모라를 멸하시기 전이었는고로 여호와의 동산 같고 애굽 땅과 같았더라"(10절).

그 당시, 소돔 땅은 아름다운 곳이었읍니다.

"그러므로 롯이 요단 온 들을 택하고 동으로 옮기니 그들이 서로 떠난지라 아브람은 가나안 땅에 거하였고 롯은 평지 성읍들에 머무르며 그 장막을 옮겨 소돔까지 이르렀더라"(11, 12절).

이것은 롯 편에서는 아주 신나는 일이었읍니다. 아마 롯은 그 땅에서 아브람과 함께 지내는 동안 밤에는 장막을 걷어 제쳐 밖을 내다보면서 그 아내에게 "저 쪽이 아름답지 않소?"라고 자주 물어보았을지도 모릅니다. 그리고 아침에 잠자리에서 일어나서는 "야! 저곳이 내 마음에 너무 든단 말이야"라고 말하였을 것입니다. 사실, 그곳의 풀은 다른 곳보다 사시사철 언제나 더 푸르렀읍니다. 롯이 그의 갈 곳을 정하여 떠나야 할 날이 왔을 때, 그가 어느 방향으로 가기를 원할지 불을 보듯 훤한 것입니다.

실패란 어느 순간에 갑자기 이루어지는 것이 아닙니다. 그렇게 되기까지는 반드시 얼마 동안의 기간이 경과하기 마련입니다. 당신은 혹시나 지금 인생의 장막 가리개를 걷어 올려 소돔을 향하여 열어놓고 있지는 않습니까? 만약 그렇게 하고 있다면, 그것은 바로 실패의 첫발을 내디딘 것입니다. 롯은 눈을 들어 요단 온 들을 보더니 그곳을 향해 떠났읍니다. 그런데 그것은 그의 생애에 있어 가장 큰 실수였읍니다.

그러나 롯은 그 당시 전혀 이 점을 깨닫지 못했읍니다.

"소돔 사람은 악하여 여호와 앞에 큰 죄인이었더라"(13절).

우리는 잠시 후 소돔에서의 롯과 그의 아내 그리고 가족들이 어떻게 되었는지를 보게 될 것입니다.

아브람에게 나타나셔서 언약을 재확인시키시는 하나님

> "롯이 아브람을 떠난 후에 여호와께서 아브람에게 이르시되 너는 눈을 들어 너 있는 곳에서 동서남북을 바라보라"(14절).

"롯이 아브람을 떠난 후에 여호와께서 아브람에게 이르시되."
이것은 하나님께서 아브람에게 세번째 나타나신 것이었습니다.
"너는 눈을 들어 너 있는 곳에서 동서남북을 바라보라."
이곳은 하나님께서 아브람에게 주시려는 땅이었습니다. 하나님께서는 아브람과 그 후 다른 족장들에게 계속 나타나시면서 아브람에게 주신 땅의 위치를 거듭 거듭 재인식시켜 주셨읍니다. 다시 말해, 하나님께서는 그 곳의 경계를 정하여 그들에게 땅의 정확한 위치를 말씀해 주셨읍니다.

우리는 천국을 일컬어 "저 아름다운 미지의 섬"이라고 말할 때가 종종 있읍니다. 아브람이 하나님께서 주실 땅의 한 가운데에 서서 동서남북을 바라보며 "아, 저 아름다운 미지의 섬"이라고 외쳤을 것이라고 상상할 수 있읍니까? 이 약속된 땅과 마찬가지로 천국은 "미지의 섬"이 아니라 실질적이고 명확한 곳입니다. 요한계시록에서 하나님께서는 천국을 아주 구체적으로 묘사하셨고 그것의 경계를 확실히 그으셨읍니다. 그래서 우리가 그것에 대해 분명히 알도록 하셨읍니다. 하나님께서는 천국을 이론적으로 다루지 않으시고 실질적으로 현실적으로 다루십니다.

> "보이는 땅을 내가 너와 네 자손에게 주리니 영원히 이르리라 내가 네

> 자손으로 땅의 티끌 같게 하리니 사람이 땅의 티끌을 능히 셀 수 있을진대 네 자손도 세리라"(15, 16절).

여기에서 우리는 하나님께서 아브람을 위하여 무슨 일을 하셨는지를 잘 살펴야 하겠읍니다. 하나님께서는 우선 그가 서 있는 사방에 보이는 모든 땅을 주시겠다고 말씀하셨읍니다. 뿐만 아니라 하나님께서는 아브람의 후손이 놀랍게 번성할 것을 재확인시켜 주셨읍니다.

> "너는 일어나 그 땅을 종과 횡으로 행하여 보라 내가 그것을 네게 주리라"(17절).

「사해 사본」 성경 두루마리 본문 부분에서도 그 땅을 아브람에게 준다는 사실을 아주 분명히 알고 있읍니다. 그 당시에 그 땅은 매우 놀라운 곳이었읍니다.

> "이에 아브람이 장막을 옮겨 헤브론에 있는 마므레 상수리 수풀에 이르러 거하며 거기서 여호와를 위하여 단을 쌓았더라"(18절).

아브람은 여러 곳에 제단을 쌓은 사람이었읍니다. 아브람은 그가 다녔던 곳마다 하나님을 섬기는 제단의 흔적을 남겼읍니다. 사실 아브람은 하나님께 제단 쌓는 일을 무엇보다도 중요시 여겼읍니다. 따라서 그는 가는 곳마다 자기가 직접 제단을 쌓았읍니다.

『마므레』란 말에는 "부요하다"는 뜻이 있으며, 『헤브론』이란 말은 "친구"라는 뜻입니다. 그 넓은 땅에서 특별히 아브람이 장막을 치고 살았던 이곳은 아마도 그 지역 이름처럼 매우 살기가 좋은 땅이었을 것입니다. 그는 이곳에서 단을 쌓고 하나님과 함께 깊이 교제했읍니다. 훗날 그가 장사되어 묻힌 곳도 바로 여기입니다.

제 14 장

동방의 왕들의 소돔과 고모라 점령 / 롯을 구출하는 아브람 / 뇌물을 거절하는 아브람

우리는 창세기 14 장에서, 아브람이 롯을 구출하는 기록과 그때 아브람을 축복하였던 최초의 제사장 멜기세덱을 보게 됩니다. 이것이 곧 창세기 14 장을 이루고 있는 두 가지 큰 줄기입니다. 어떤 면에서 이 장(章)은 아주 특이한 장입니다. 이것은 전체 줄거리와 전혀 어울리지 않는 것 같습니다. 이것을 따로 떼내야 일관성이 있을 것 같습니다. 그러나 이 장은 창세기의 가장 중요한 장들 중의 하나입니다.

동방의 왕들의 소돔과 고모라 점령

"당시에 시날 왕 아므라벨과 엘라살 왕 아리옥과 엘람 왕 그돌라오멜과

> 고임 왕 디달이 소돔 왕 베라와 고모라 왕 비르사와 아드마 왕 시납과 스보임 왕 세메벨과 벨라 곧 소알 왕과 싸우니라"(1, 2절).

무엇보다도 저는 이것이 역사적인 기록이라는 것을 말씀드리고 싶습니다. 처음 11 절까지에는 동방의 왕들이 소돔과 고모라 왕들을 물리쳤다는 사실이 기록되어 있습니다. 비판적이며, 급진적인 학자들은 여기에 나오는 왕의 이름들을 세계사에는 전혀 등장하지 않으며, 하나의 우스운 이야기에 불과한 것이라고 말하면서 오랫 동안 이것을 인정하려 들지 않았습니다. 그러나 이 왕들의 이름이 비석과 석판에서 발견됨으로써 그들이 실존하였던 인물임이 증명되었습니다. 사실, 아므라벨 왕은 세계사에서는 함무라비 왕으로 알려져 있습니다. 창세기 14 장의 기록은 이런 점에서 매우 중요한 의미를 지니고 있읍니다.

여기에 나타난 전쟁의 기록은 성경에 언급되어 있는 최초의 전쟁입니다. 인류는 일찌기 전쟁을 하는 가운데 시작하였읍니다. 물론 이것이 성경에 기록된 최초의 전쟁이지만, 저는 그것이 인류 최초의 전쟁이라고는 믿지 않습니다. 그리고 저는 모세가 그러한 의도를 가지고 본 장을 기록하였다고 생각지 않습니다. 이것이 특별히 여기에 기록된 것은 아브람의 조카 롯이 그 전쟁에 관련되었기 때문입니다.

> "이들이 다 싯딤 골짜기 곧 지금 염해에 모였더라 이들이 십이 년 동안 그돌라오멜을 섬기다가 제 십삼 년에 배반한지라"(3, 4절).

싯딤 골짜기의 왕들이 그돌라오멜을 배반한 것은 동방의 왕들로 하여금 소돔과 고모라를 상대로 전쟁을 일으키게 하는 원인이 되었읍니다. 동방의 왕들이 여러 도시들을 정복하였다는 것을 볼 때, 이들은 전에도 전쟁한 일이 있다는 것이 분명합니다. 이제 그 도시들은 그돌라오멜을 배반하면서 오늘날 사해가 있는 곳인 싯딤 골짜기에 모였읍니다. 우리는 5–11 절에서 동방의 왕들이 싯딤 골짜기에 모여 동맹한 왕들을 물리치는 모습을 볼 수 있습니다.

"소돔에 거하는 아브람의 조카 롯도 사로잡고 그 재물까지 노략하여 갔더라"(12절).

이처럼 롯은 소돔에 살다가 사로잡혔습니다. 이 전쟁이 여기에 기록된 중요한 이유는 아브람이 사로잡힌 조카 롯을 위해 어떻게 했는지를 보여주기 위함입니다.

롯을 구출하는 아브람

"도망한 자가 와서 히브리 사람 아브람에게 고하니 때에 아브람이 아모리 족속 마므레의 상수리 수풀 근처에 거하였더라 마므레는 에스골의 형제요 또 아넬의 형제라 이들은 아브람과 동맹한 자더라"(13절).

동방의 왕들은 포로를 이끌고 소돔과 고모라 부근을 떠나, 아브람이 살고 있던 헤브론과 마므레에서 멀리 떨어지지 않은 사해 서쪽 해안을 따라 북쪽으로 갔읍니다. 아브람이 서 있던 곳은 사해에서 이동하는 적들의 모습을 쉽게 내려다 볼 수 있는 곳이었읍니다. 그러므로 도망한 자가 와서 아브람에게 고하였을 때, 그는 곧 북쪽을 향하여 적들을 추격할 수 있었을 것입니다.

본문에 "이들은 아브람과 동맹한 자더라"고 했는데, 이로 보아 아브람에게는 그와 동맹한 부대가 있었다는 것이 분명합니다. 그들은 그때 적의 공격이나 침략에 대항하여 단결해야만 했읍니다. 그들에게는 싸우기 위하여 단결하거나, 아니면 도망치기 위하여 흩어지는 것 밖에는 달리 다른 방책이 없었읍니다.

"아브람이 그 조카의 사로잡혔음을 듣고 집에서 길리고 연습한 자 삼백십팔 인을 거느리고 단까지 쫓아가서"(14절).

본문은 우리에게 아브람의 소유가 어느 정도였는지를 보여줍니다. 즉, 그가 삼백십팔 명이나 군사로 훈련시킬 수 있었다면, 그 나머지 그가 훈련시킬 수 없었던 사람들도 그에게 많이 있었음을 알 수 있습니다. 그리고 아브람이 그렇게 많은 종들을 거느렸다는 것은 그가 수많은 소와 양을 길렀다는 사실을 입증해 줍니다. 즉, 아브람은 작은 규모의 도시 국가의 왕과 같은 존재였던 것입니다.

그리고 그는 단까지 쫓아갔다고 했는데, 단은 북쪽에 위치하고 있었습니다.

> "그 가신을 나누어 밤을 타서 그들을 쳐서 파하고 다메섹 좌편 호바까지 쫓아가서"(15절).

여기서 가신(家臣)이란 아브람이 훈련시킨 삼백십팔 명의 군사들을 가리키는 말입니다. 이제 아브람은 북쪽으로 다메섹까지 그들을 추격하였습니다. 그들이 추격한 길은 거의 직선에 가까운 곧은 길이었습니다. 아브람은 이러한 작전으로 전쟁을 승리로 이끌었습니다. 아브람은 그들을 흩어지게 함으로써, 그들이 포로와 노획물을 버리고 광야 사방으로 달아나게 하는 데 성공하였습니다.

> "모든 빼앗겼던 재물과 자기 조카 롯과 그 재물과 또 부녀와 인민을 다 찾아 왔더라"(16절).

그들이 여자와 기타 모든 사람을 노예로 잡아갔었습니다. 아브람은 여기서 매우 위대한 일을 했는데, 그것은 곧 포로로 잡혀간 조카 롯을 구출하는 일이었습니다. 그는 이 전쟁에서 자신의 목숨을 잃을지도 모르는 위험을 감수했습니다. 풍요롭고 기름진 땅을 먼저 택해 그를 떠난 조카였지만 그는 롯과 그의 가족을 구하는 일을 결코 마다하지 않았습니다. 그렇기에 하나님께서는 이 전쟁에서 아브람을 도우셨던 것입니다.

> "아브람이 그돌라오멜과 그와 함께한 왕들을 파하고 돌아올 때에 소돔 왕이 사웨 골짜기 곧 왕곡에 나와 그를 영접하였고"(17절).

소돔 왕은 아브람을 영접하기 위하여 밖으로 나왔습니다. 그러나 그 때 다른 사람이 먼저 나가 아브람을 영접하고 있었는데, 이는 참 다행스러운 일이었읍니다. 왜냐하면 소돔 왕은 아브람에게 커다란 유혹을 하려 하였기 때문입니다.

> "살렘 왕 멜기세덱이 떡과 포도주를 가지고 나왔으니 그는 지극히 높으신 하나님의 제사장이었더라 그가 아브람에게 축복하여 가로되 천지의 주재(主宰)시요 지극히 높으신 하나님이여 아브람에게 복을 주옵소서"(18,19절).

우리는 여기에서 몇 가지 의문을 가집니다. 먼저, 멜기세덱이란 사람은 도대체 어떠한 인물이냐는 것입니다. 그는 갑자기 성경에서 떡과 포도주를 가지고 나타나 아브람을 축복한 후에, 다시금 성경에서 사라집니다. 우리는 도대체 그가 어디에서 와서, 어디로 갔으며, 또 어떤 사람인지 궁금하지 않을 수 없읍니다.

우리는 그가 살렘 왕이요, 지극히 높으신 하나님의 제사장이라는 것을 압니다. 그러나 우리에게는 또 다른 의문이 생깁니다. 그가 도대체 하나님이 "지극히 높으신 하나님"이시라는 것을 어떻게 알았는가 하는 점입니다. 그는 분명히 어디에선가 그것을 알게 되었을 것입니다. 엘 엘로힘(El Elohim)이란 호칭은 지극히 높으신 하나님, 천지의 창조자란 뜻입니다. 다른 말로 하면 살아계신 하나님, 노아의 하나님, 에녹의 하나님이라고 할 때 쓰이며, 그리고 창세기 1 장에서 하나님을 표현할 때 사용된 호칭입니다. 이것은 곧 하나님께서 온 인류의 하나님이 되심을 의미합니다. 루폴드(H.C. Leupold)는 창세기에 관한 그의 저서에서 이것은 "엄밀한 의미에서의 유일신관"이라고 말하고 있읍니다. 즈웨머(Samuel M. Zwemer) 박사는 『종교의 기원』(*Origin of Religion*)이라는 그의 저서에서 이것은 다신론 이전에 있었던 유일신론이라고 밝히고 있읍니다. 즉, 그 당시에는 모든 사람이, 살아계시며 참되신 하나님을 이미 알고 있었던 것으로 보입니다. 그러나 저들은 로마서 1 장 21 절 말씀처럼, "하나님을 알되 하나님으로 영화롭게도 아니 하며 감사치도 아니하고 오히려 그 생각이 허망하여지며 미련한 마음이 어두워졌던" 것입니다. 바울 사도는 계속해서 인간이 창조주 하나님보다 피조물을 더 섬기는 지경에까지 이르렀다고 말하고 있읍니다.

그러나 멜기세덱에게는 살아계시며, 참되신 하나님을 아는 지식이 있었읍니다. 그는 살아계시며 참되신 하나님의 제사장이었읍니다. 그는 훗날 주의 만찬 때 사용되었던 떡과 포도주를 가지고 나와 아브람을 영접하였읍니다.

멜기세덱은 성경에서 3 차례 언급되고 있읍니다. 그는 창세기의 이 본문 외에도 그리스도에 대한 예표로서 시편에 언급됩니다.
"너는 멜기세덱의 반차를 좇아 영원한 제사장이라"(시 110:4).
마지막으로, 그는 히브리서에서도 몇 번 언급됩니다. 저는 히브리서를 읽고 난 다음에야 비로소 왜 그에 대한 소개가 창세기에 전혀 기록되지 않았는지를 알게 되었읍니다. 창세기는 일종의 족보라 할 수 있는데 그의 조상에 대하여 아무런 기록이 없는 것은 참으로 이상합니다. 창세기는 계보의 시작을 보통 언급합니다. 우리가 계보상에서 중요한 사람이 언급되는 것을 볼 때마다 그의 조상이 기록되어 있읍니다. "그는 누구 누구의 아들이라"든가 "이것은 누구 누구의 계보라" 등. 그러나 멜기세덱의 계보에 대해서는 성경에 아무런 기록이 없읍니다. 히브리서 기자는 멜기세덱의 조상과 그의 출생과 죽음에 대하여 아무런 기록이 없는 것은, 그리스도의 제사장직이 그 기원에 있어 멜기세덱의 반차를 좇았기 때문이라는 것을 매우 분명하게 밝혀 주고 있읍니다. 그리고 또한 그리스도께서는 자신을 희생하셔서, 지성소 중의 지성소인 하늘나라에 올라가신 면에서 그리스도의 제사장직은 아론의 반차를 좇으신 것이었읍니다. 그분의 인성(人性)에 있어서 우리 주님은 삶의 시작과 끝이 없으신 분이었으며 여기서의 그분의 제사장직은 멜기세덱의 반차를 좇으신 것입니다. 또한 왕으로서의 그리스도는 아브라함과 다윗의 혈통에서 나셨다고 마태복음은 우리에게 말합니다. 그러나 요한복음 1 장에는 "태초에 말씀이 계시니라… 이 말씀은 곧 하나님이시니라…말씀이 육신이 되어 우리 가운데 거하시매 우리가 그 영광을 보니 아버지의 독생자의 영광이요 은혜와 진리가 충만하더라"(1,14 절)라고 기록하고 있읍니다. 예수께서는 창조에 있어 시작과 끝이 없으신 영원한 하나님이십니다. 그분은 말씀이 육신이 되사, 하늘나라의 영광을 버리고 땅 위에 오셨으며, 우리는 그분의 영광을 보았읍니다. 우리는 멜기세덱에게서 예수 그리스도의 이같은 모습의 그림자를 보게 됩니다.

"떡과 포도주를 가지고 나왔으니."

저는 멜기세덱이 이와 같이 한 까닭을 압니다. 그것은 성경이 "너희가 이 떡을 먹으며 이 잔을 마실 때마다 주의 죽으심을 오실 때까지 전하는 것이니라"(고전 11:26)고 말씀하고 있기 때문입니다. 이 말씀에 의하면 멜기세덱은 그리스도의 죽으심을 예비하고 있는 것입니다.

그는 떡과 포도주를 가지고 아브람을 다음과 같이 축복하였읍니다.

"천지의 주재시요 지극히 높으신 하나님이여 아브람에게 복을 주옵소서."

이렇게 축복하는 것으로 보아 멜기세덱은 그때 세상의 대제사장이었읍니다. 예수 그리스도는 오늘날, 이 세상의 대제사장이십니다. 위의 축복의 말씀에서 보여지듯이 예수께서는 아론이 아니라 여기에 등장한 멜기세덱의 반차를 좇으셨읍니다. 아론은 이스라엘과 성소만을 위한 제사장이었으나 예수께서는 인성(人性)에 있어서, 시작과 끝이 없는 멜기세덱의 반차를 좇으신 분이십니다.

"너의 대적을 네 손에 붙이신 지극히 높으신 하나님을 찬송할지로다 하

> 매 아브람이 그 얻은 것에서 십분 일을 멜기세덱에게 주었더라"(20절).

아브람은 이때 멜기세덱에게 십일조를 바침으로써, 역사적으로 십일조를 바친 최초의 사람이 되었습니다. 그런데 아브람은 십일조를 바쳐야 할 것을 어떻게 알았을까요? 그는 다른 것에 대해서도 그러했지만 이것에 대해서도 분명히 하나님으로부터 어떤 계시를 받았을 것입니다.

뇌물을 거절하는 아브람

> "소돔 왕이 아브람에게 이르되 사람은 내게 보내고 물품은 네가 취하라"(21절).

이것은 하나의 유혹이었습니다. 그 당시의 함무라비 법에 의하면, 아브람은 법적으로 당연히 전리품과 포로들 모두를 취할 수 있었습니다. 그러나 간교한 소돔 왕은 아브람에게 "사람은 우리에게 돌려주고 전리품은 당신이 취하시오"라고 말했습니다. 아브람은 이 전리품들을 모두 취하고 싶은 강한 유혹을 받았을 것입니다. 그러나 혹시라도 그가 그 동안 하나님께로부터 받아온 축복에 대해 훗날 소돔 왕이 "그가 축복을 받았다구요? 당치 않는 소리! 하나님께서 그를 축복하신 것이 아니라, 내가 그의 소유의 대부분을 주었습니다. 그가 부하게 된 것은 순전히 나 때문이지요"라고 떠들어댈지도 모르는 일이었습니다. 아브람은 그 사실을 잘 알았습니다. 이제 그의 대답을 들어보도록 합시다.

> "아브람이 소돔 왕에게 이르되 천지의 주재시요 지극히 높으신 하나님 여호와께 내가 손을 들어 맹세하노니"(22절).

바로 조금 전에 아브람은 멜기세덱의 축복을 받았기에 그의 이같은 유혹을 어렵지 않게 물리칠 수가 있었습니다. 이 때문에 아브람이 그의 축복을 받은 것은 퍽이나 다행스러운 일이었습니다. 하나님께서는 우리가 시험을 당할 즈음에 언제나 피할 길을 예비하십니다. 진실로 하나님께서는 우리가 감당치 못할 시험당함을 허락지 않으시는 분입니다. 하나님께서는 아브람을 위하여도 이 길을 예비해 두신 것입니다.

> "네 말이 내가 아브람으로 치부케 하였다 할까 하여 네게 속한 것은 무론 한 실이나 신들메라도 내가 취하지 아니하리라"(23절).

아브람은 전쟁에 가담할 때 아마도 "오, 하나님! 저는 노획물을 얻고자 이 전쟁에 참가하는 것이 아닙니다. 저는 지금 재물을 탐내지 않습니다. 저는 단지 조카 롯을 구하고 싶을 뿐입니다"라고 하면서 하나님께 맹세하였을 것입니다. 그리고 하나님께서는 그에게 그렇게 할 것을 허락하셨읍니다. 아브람은 이것을 자신에 대한 증거로서 소돔 왕에게 말했읍니다. 그렇기에 아브람은 다음과 같이 말할 수가 있었읍니다.
"나는 살아계신 참 하나님을 섬깁니다. 그리고 나는 이 전쟁에서 하나님께 아무것도 취하지 않겠다고 맹세했읍니다. 나는 어떠한 것도 받지 않겠읍니다. 나는 당신이 다니면서 나로 치부케 하였다 할까봐, 신들메나 실 한 올조차도 취하지 않겠읍니다. 그러므로 내가 부해진다면 그것은 당신 때문이 아니라 바로 하나님께서 나를 축복하셨기 때문입니다."

> "오직 소년들의 먹은 것과 나와 동행한 아넬과 에스골과 마므레의 분깃을 제할지니 그들이 그 분깃을 취할 것이니라"(24절).

이제 아브람은 다음과 같이 말합니다.
"그 분깃은 다른 사람들에게 주십시오. 나는 아무것도 취하지 않겠읍니다. 나와 동행한 소년들이 당신을 위하여 봉사하고 싸웠으니 그들의 분깃이나 제하시오. 그러나 나에게는 아무것도 주지 마시기 바랍니다."

제 15 장

방패와 상급으로서의 하나님 자신에 대한 계시 / 아브람의 믿음 / 아브람과 맺는 하나님의 언약

방패와 상급으로서의 하나님 자신에 대한 계시

우리는 창세기 15 장에서 성경의 중요한 요점 가운데 한 가지를 다루게 될 것입니다.

> "이 후에 여호와의 말씀이 이상 중에 아브람에게 임하여 가라사대 아브람아 두려워 말라 나는 너의 방패요 너의 지극히 큰 상급이니라"(1절).

이것은 하나님께서 아브람에게 네번째 나타나신 것이었읍니다. 하나님께서는 아브람에게 나타나실 때마다 그를 영적으로 성장시키시고 수준을 높이셨읍니다. 아브람은 그 때 전쟁에 나가 롯을 구하고, 소돔 왕이 그에게 권하는 재물을 거부하는 믿음의 행동을 취하였기에,

하나님께서 그에게 나타나신 것입니다.

"아브람아 두려워 말라 나는 너의 방패요."
이 말씀은 얼마나 자비롭고 놀라운 말씀입니까! 성경에 기록되어 있지는 않지만, 아브람이 전쟁 중에 큰 위험에 빠져, 그가 전쟁에서 살아 돌아올 수 있을지 의심한 적도 있었을 것입니다. 이 때문에 하나님께서는 그에게 "두려워 말라 나는 너의 방패요"라는 말씀을 다시금 상기시키셨습니다.
"너의 지극히 큰 상급이니라."
이 말씀은 하나님께서 "네가 전리품을 받기를 거부하였으니 잘 하였도다. 나는 너의 상급이니, 내가 너로 상급을 주려 하노라" 하고 말씀하신 것과 같습니다. 그리고 이것은 하나님께서 오늘날 그분을 믿고 찾는 모든 사람들에게 행하고 계신 바가 아닙니까?

만약 당신이 그때의 아브람을 무조건 믿기만 하는 어린 소년처럼 생각한다면 그것은 오해입니다. 아브람은 매우 합리적으로 생각하는 사람이었으며, 자신의 현실 또한 직시하고 있었습니다. 그렇기에 그의 믿음과 순종은 쉬운 일이 아니었습니다. 거기에는 많은 번민과 고통과 결단이 따라야 했었습니다. 저는 하나님께서 우리도 아브람과 같은 태도를 취하기를 원하신다고 생각합니다. 우리는 오늘날, 많은 근본주의자들이 취하는 잘못된 경건과 위선적인 태도를 버려야 할 것입니다. 그러면 아브람이 하나님께서 그에게 말씀하신 것에 대하여 어떻게 대답했는지를 살펴봅시다. 그것은 매우 놀라운 대답이었습니다.

> "아브람이 가로되 주 여호와여 무엇을 내게 주시려나이까 나는 무자하오니 나의 상속자는 이 다메섹 엘리에셀이니이다 아브람이 또 가로되 주께서 내게 씨를 아니 주셨으니 내 집에서 길리운 자가 나의 후사가 될 것이니이다"(2, 3절).

아브람은 하나님께 이렇게 말했읍니다.
"저는 더 많은 재물을 원하지 않습니다. 제게는 그것이 필요하지도 않습니다. 제가 간절히 원하옵는 것은 자손이 없기 때문에 아들을 갖는 것입니다. 하나님께서는 저에게 제가 열국의 아비가 되며, 저의 후손이 바다의 모래같이 많아지게 될 것이라고 약속하셨읍니다. 하지만 지금 제게는 자식이 하나도 없지 않습니까?"
그 당시의 함무라비 법에 의하면, 아브람이 무자할 경우에는 자식이 있는 그의 종 엘리에셀이 상속을 받게 되어 있었읍니다.

> "여호와의 말씀이 그에게 임하여 가라사대 그 사람은 너의 후사가 아니라 네 몸에서 날 자가 네 후사가 되리라 하시고"(4절).

하나님께서는 인간이 하나님을 향하여 합리적인 태도를 가질 때는 하나님께서도 매우 합리적인 방법으로 인간을 대하십니다. 하나님께서는 "아브람아, 내가 네게 아들을 주리라. 나는 네게 아들을 주리라"고 강조하여 말씀하셨읍니다.

하나님께서는 이제 한밤중에 아브람의 손목을 잡고 밖으로 나가셨읍니다.

> "그를 이끌고 밖으로 나가 가라사대 하늘을 우러러 뭇별을 셀 수 있나 보라 또 그에게 이르시되 네 자손이 이와 같으리라"(5절).

이것은 매우 놀라운 말씀입니다. 아브람에게, 그의 자손을 바다의 모래같이 많게 하시리라고 말씀하신 하나님께서 이번에는 그의 후손을 하늘의 별처럼 번성케 하시리라고 말씀하셨읍니다. 아브람은 그 별들의 숫자를 도저히 셀 수 없었읍니다. 아브람의 눈에는 약 4 천 개 정도의 별이 보였겠지만, 그가 쳐다보고 있던 주변에는 아마 5 만 개 이상의 별이 있었을 것입니다. 아브람은 그의 후손이 얼마나 될는지 상상할 수 없었으며, 오늘날 당신도 그 숫자를 다 헤아릴 수가 없을 것입니다.

그런데 아브람에게는 사실 두 개의 씨가 있읍니다. 즉, 육체의 씨인 이스라엘과 영적인 씨인 교회입니다. 그러면 교회는 어떻게 아브라함의 영적인 씨가 됩니까? 그것은 바로 믿음에 의해서입니다. 바울은 갈라디아서 3장 29절에서 그들이 그리스도 예수를 믿는 믿음으로 아브라함의 자손이 된 자들이라고 말하고 있읍니다. 사실은 육으로 난 자손보다 영으로 난 믿음의 자손이 아브람의 진정한 자손입니다.

저는 수년 전 테네시 주의 네쉬빌에서 매우 훌륭한 유대인 청년들에게 설교할 기회를 가진 적이 있읍니다. 그 가운데 몇 명은 제가 구원받기 전부터 알고 지내던 사이였고 매우 절친한 친구들이었읍니다. 저는 모세의 율법의 영광에 대해서 이야기하며 그것의 성취는 그리스도 안에 있다고 말하였읍니다. 저는 그들이 아브라함의 자손이란 것을 알았기 때문에 그들에게 말 할 수 있게 되어 기쁘다고 말하며 설교를 시작하였읍니다. 그러나 제가, 저도 역시 아브라함의 자손이라고 말하자 그들은 놀라서 서로 얼굴을 바라보며 의아해 했읍니다. 그때 저는 어떻게 해서 제가 아브라함의 자손이 되었는지 그들에게 설명해 주었읍니다.

본문 말씀에서의 그 자손이란 이 두 개의 씨가 다 포함되는 것입니다. 이것은 얼마나 놀라운 진리입니까!

아브람의 믿음

"아브람이 여호와를 믿으니 여호와께서 이를 그의 의로 여기시고"(6절).

이것은 성경에 있는 가장 위대한 말씀 가운데 하나입니다. 본문에 "아브람이 여호와를 믿으니"라고 했는데, 이것은 아브람이 하나님을 조금도 의심하지 않았다는 것을 의미합니다. 하나님께서 아브람에게

"내가 너에게 이것을 행하리라"고 말씀하셨을 때, 그는 "제가 주님을 온전히 믿습니다. 저는 그렇게 될 것을 확신합니다"라고 대답하였으며, 하나님께서는 이것을 그에게 의로 여기셨읍니다.

바울은 이것에 대하여 다음과 같이 말합니다.
"그런즉 육신으로 우리 조상된 아브라함이 무엇을 얻었다 하리요 만일 아브라함이 행위로써 의롭다 하심을 얻었으면 자랑할 것이 있으려니와 하나님 앞에서는 없느니라 성경이 무엇을 말하느뇨 아브라함이 하나님을 믿으매 이것이 저에게 의로 여기신 바 되었느니라 일하는 자에게는 그 삯을 은혜로 여기지 아니하고 빚으로 여기거니와 일을 아니할지라도 경건치 아니한 자를 의롭다 하시는 이를 믿는 자에게는 그의 믿음을 의로 여기시나니"(롬 4:1–5).

본문의 "그런즉 육신으로 우리 조상된 아브라함이 무엇을 얻었다 하리요"라는 말씀은 "아브라함이 육체의 의로 얻은 것이 무엇이리요?"라는 말씀으로 이해할 수 있읍니다.

"성경이 무엇을 말하느뇨 아브라함이 하나님을 믿으매 이것이 저에게 의로 여기신 바 되었느니라."
아브라함이 하나님을 믿은 것 자체는 의로운 일이 아니었지만, 하나님께서는 그것을 그에게 의로 여기셨읍니다.

"일하는 자에게는 그 삯을 은혜로 여기지 아니하고 빚으로 여기거니와."
이 말씀에서 알 수 있듯이 만약 우리가 스스로 노력해서 구원을 얻을 수 있는 것이라면, 하나님께서는 마땅히 그 노력에 따라 우리에게 구원을 주셔야만 할 것입니다. 그러나 우리의 구원은 하나님의 은혜로써만 가능합니다. 하나님의 은혜 외에는 다른 구원의 방법이 있을 수 없읍니다. 만일 당신이 구원받았다면, 그것은 당신이 하나님을 믿고, 그리스도를 당신의 구주로 영접하였으며, 하나님께서 당신을 위하여 구원의 방법을 예비해 놓으셨다는 것을 단순히 믿었기 때문입니다.

"일을 아니 할지라도(전혀 일하지 않더라도) 경건치 아니한 자를 의롭다 하시는 이를 믿는 자에게는 그의 믿음을 의로 여기시나니."

아브람의 믿음은 의가 아니었음에도 불구하고 의로 여기심을 받았습니다.

아브라함은 단순히 하나님을 믿었습니다. 그는 하나님께서 말씀하시는 바를 그대로 받아들이고 하나님을 믿었습니다. 당신이 구원을 받을 수 있는 방법도 바로 이것입니다. 즉, 하나님께서 여러분을 위해 행하신 것, 그리스도께서 우리를 위해 죽으시고 부활하셨다는 사실을 믿음으로써만 가능합니다. 당신이 그리스도를 영접하기만 하면 하나님께서 당신을 의로운 자로 인정하십니다.

우리는 갈라디아서 3장 6–9절에서 이와 똑같은 진리를 찾아볼 수 있습니다.
"아브라함이 하나님을 믿으매 이것을 그에게 의로 정하셨다 함과 같으니라 그런즉 믿음으로 말미암은 자들은 아브라함의 아들인 줄 알지어다 또 하나님이 이방을 믿음으로 말미암아 의로 정하실 것을 성경이 미리 알고 먼저 아브라함에게 복음을 전하되 모든 이방이 너를 인하여 복을 받으리라 하였으니 그러므로 믿음으로 말미암은 자는 믿음이 있는 아브라함과 함께 복을 받느니라."
아브라함은 하나님 앞에서 매우 신실한 사람이었지만 그것으로 구원을 받지는 못했습니다. 그가 구원을 받을 수 있었던 것은 오직 하나님을 믿는 믿음 때문이었습니다. 우리는 이 사실을 잠시도 잊어서는 안 될 것입니다.

아브람과 맺는 하나님의 언약

"또 그에게 이르시되 나는 이 땅을 네게 주어 업을 삼게 하려고 너를 갈대아 우르에서 이끌어 낸 여호와로라 그가 가로되 주 여호와여 내가 이 땅으로 업을 삼을 줄을 무엇으로 알리이까"(7, 8절).

다시 말씀드려서, 아브람은 매우 합리적인 사람이었습니다. 그는 현실에 근거하여 믿었습니다. 저는 우리에게도 그러한 자세가 때로는 필요하다고 생각합니다. 오늘날 우리 그리스도인의 삶에 현실성이 필요합니다. 만약 당신의 신앙 생활에 현실성이 없다면 그것은 참으로 무모한 신앙일 수 있습니다. 오늘날 신앙 생활을 바로 하지 못하고 있는 사람들이 매우 많습니다. 아브람은 매우 실제적인 사람이었읍니다. 그는 하나님으로부터 무엇인가를 확실히 알기 원하였으며 자기가 믿을 수 있는 것만을 인정하려 하였읍니다. 그는 최소한도 하나님께서 그의 믿음에 대한 확증을 주시기를 원했읍니다.

그러자 하나님께서는 아브람에게 다음과 같이 할 것을 명하셨읍니다.

> "여호와께서 그에게 이르시되 나를 위하여 삼 년 된 암소와 삼 년 된 암염소와 삼 년 된 수양과 산비둘기와 집비둘기 새끼를 취할지니라 아브람이 그 모든 것을 취하여 그 중간을 쪼개고 그 쪼갠 것을 마주 대하여 놓고 그 새는 쪼개지 아니하였으며"(9, 10절).

하나님께서는 아브람에게 희생제사를 준비할 것을 말씀하셨읍니다. 그는 암소와 암염소 그리고 수양의 새끼를 취하여 중간을 쪼개거나 잘라 마주 대하여 놓았읍니다. 그러나 산비둘기와 집비둘기는 쪼개지 아니하고 놓았읍니다.

이것은 그 당시에 사람들이 계약을 체결할 때 갖는 하나의 의식이었읍니다. 예를 들어 어떤 사람이 다른 사람으로부터 양을 한 마리 사기로 하였다면 그들은 이러한 방법의 희생제사를 준비했읍니다. 그리고 사람들이 지켜보는 가운데, 한 사람이 계약 절차를 시작함으로써 계약은 체결되고 의식은 끝납니다. 이러한 의식은 오늘날 법원의 공증인 앞에 가서 약속을 체결하는 것과 동일한 것이었읍니다. 그러므로 우리는 하나님께서 아브람에게 언약하실 때 그 당시의 법적인 절차를 따라 약속하셨다는 것을 알 수 있읍니다.

우리는 에레미야서 34 장 18 절을 보면 그 당시, 이 풍습이 이방인에게까지 널리 시행되고 있었다는 사실을 알 수 있읍니다.
"송아지를 둘에 쪼개고 그 두 사이로 지나서 내 앞에 언약을 세우고 그 말을 실행치 아니하여 내 언약을 범한 너희를."
이것은 그 당시에 사람이 제물을 취하여 중간을 쪼갬으로써, 계약이 맺어지는 계약 체결의 한 방법이었읍니다.

당신은 여기에서 아브람이 하나님께서 그에게 지시하신 그대로 준비하였다는 것을 유의하십시오.

> "솔개가 그 사체 위에 내릴 때에는 아브람이 쫓았더라"(11절).

이것은 매우 인간적인 장면입니다. 아브람은 이 모든 것을 준비하여 놓고, 하나님의 음성을 기다렸읍니다. 그 동안에 솔개와 까마귀, 독수리가 죽은 짐승의 고기 위에 내려왔읍니다. 아브람은 그들이 제물을 물어가려고 했기 때문에 그들을 쫓았읍니다. 그는 이렇게 하나님의 약속을 기다렸읍니다.

> "해 질 때에 아브람이 깊이 잠든 중에 캄캄함이 임하므로 심히 두려워하더니"(12절).

아브람은 잠에 취하여 옆에 누웠읍니다. 하나님께서 계약을 맺기로 되어 있는 아브람을 깊은 잠에 빠지게 하셨다는 것은 매우 이상하게 보입니다. 그러나 이것은 특수한 계약이었기에 이상할 것은 없읍니다. 하나님께서는 아브람에게 계약을 맺으셔야 했기 때문에 희생제사가 필요했읍니다. 그러나 아브람은 아무것도 하나님께 약속해 드릴 것이 없었기 때문에, 자신은 희생제사에 참여할 필요가 없었읍니다. 그래서 하나님은 그를 잠들게 하셨읍니다. 그는 하나님의 모든 말씀을 듣고 그리고 믿기만 하면 되었던 것입니다.

이것은 이천 년 전 하나님께서 그 아들을 보내실 때도 있었던 사건입니다. 하나님께서는 세상을 극진히 사랑하사 그분의 독생자를 우리에게 주셨읍니다. 따라서 우리는 독생자 되시는 예수께서 땅 위에 오셔서 세상 죄를 위하여 돌아가셨기에 이제 우리는 그것을 단지 믿기만 하면 영원히 멸망하지 않고 영생을 얻을 수 있게 되었읍니다. 이천년 전 우리는 하나님과 그러한 약속을 맺기 위하여 땅 위에 있지는 않았으나, 하나님 아버지와 아들되신 그리스도께서는 함께 계셨으며, 그리스도께서는 우리의 죄를 위하여 십자가에 달려 돌아가셨읍니다. 우리는 우리의 죄로 인하여 완전히 무기력하였었읍니다. 우리는 하나님께 아무런 약속도, 계약도 할 수 없었읍니다.

아브람도 자신은 하나님께 아무런 약속도 하지 않았읍니다. 만약 하나님께서 아브람에게 "아브람아, 네가 매일 밤 나에게 기도할 것을 약속하면 내가 너를 위하여 이것을 행하리라"고 말씀하셨다고 가정해 봅시다. 그 다음 아브람이 어느 날 밤 기도하는 것을 깜박 잊었다고 해 봅시다. 그렇게 되면 약속은 깨진 것이며, 따라서 하나님 편에서도 그분의 약속을 이행하실 필요가 없으실 것입니다. 그러나 하나님께서는 무조건적으로 친히 약속을 행하실 것을 말씀하셨으며, 인간에게는 단지 그분을 믿을 것을 말씀하셨읍니다. 우리는 하나님을 믿고 그분께서 우리 죄를 위하여 행해 주신 일을 믿기만 하면 되는 것입니다. 하나님을 믿는 믿음으로 우리는 구원을 얻는 것입니다.

스코틀랜드 출신의 어느 자애로운 어머니에게 글래스고우에 있는 대학을 다니기 위하여 멀리 집을 떠났다가 불신자가 되어 돌아온 아들이 있었읍니다. 그녀는 아들에게 하나님은 얼마나 놀라운 분이신가를 이야기하며 그녀는 자신의 구원을 확신하고 있다고 말하였읍니다. 아들은 아주 조소적이 되더니 약간 화를 내면서 다음과 같이 말하였읍니다.

"어머니가 구원받으셨다는 것을 어떻게 아실 수 있어요? 어머니의 보잘것없는 영혼은 전혀 중요하지 않아요."

그러면서 그는 그녀를 광대한 우주에 비교하며 하나님께서 그녀를 깡그리 잊으셨을지도 모르므로 구원은 확신할 수 없는 것이라고 말하였읍니다. 그녀는 아무 말없이 아들의 아침 식사만을 준비하였읍니다. 그녀는 마침내 식사 준비를 끝내고 아들 옆에 앉더니 다음과 같이 말하였읍니다.

"네가 알다시피, 나도 그것에 대하여 지금까지 생각하여 왔다. 물론 네 말이 옳은지도 몰라. 나의 영혼은 그렇게 소중한 것이 못 되니까. 또 하나님께서 어쩌면 광대한 우주 속에서 나를 전혀 상기하지 못하실지도 모르지. 그러나 만일 그분이 나를 구원하시지 않는다면 그분은 내가 잃어버리는 것보다 더 많은 것들을 잃어버리시게 될거야. 나는 그저 나의 무가치한 작은 영혼만을 잃어버릴 뿐이지만 그분은 자신의 명예까지 잃어버리시게 될거야. 왜냐하면 하나님께서는 내 영혼을 구원하시겠다고 약속하셨기 때문이지. 하나님께서는 이렇게 하시겠다고 약속하셨어. 「저를 믿는 자마다 멸망치 않고 영생을 얻게 하려 하심이니라.」"

우리에게 계약을 맺으시는 분은 하나님이십니다.

> "여호와께서 아브람에게 이르시되 너는 정녕히 알라 네 자손이 이방에서 객이 되어 그들을 섬기겠고 그들은 사백년 동안 네 자손을 괴롭게 하리니"(13절).

성경에는 히브리 민족이 약속의 땅으로부터 세 번 쫓겨나게 되리라고 예언되어 있읍니다. 본문은 그들이 첫번째 쫓겨날 것에 대한 예언입니다. 그리고 그들이 다시 돌아올 것도 예언되었는데, 그들이 쫓겨난 후에는 반드시 다시 돌아왔읍니다. 두번째 그들은 바벨론에 포로로 잡혀가게 됨으로 이 땅을 떠났읍니다. 그 후에 그들은 다시 돌아왔읍니다. 그리고 A.D.70 년에 예루살렘이 함락되면서 그들은 다시 세번째로 흩어지는 비참한 역사를 경험하였읍니다. 그 후로 그들은 지금까지 다 돌아오지 못하고 있읍니다. 그들의 대부분이 지금까지 계속 객지에 머물러 있는데, 그들은 성경이 예언한 그대로 언젠가는 다시 돌아오게 될 것입니다.

"그 섬기는 나라를 내가 징치할지며 그 후에 네 자손이 큰 재물을 이끌고 나오리라 너는 장수하다가 평안히 조상에게로 돌아가 장사될 것이요"(14, 15절).

그들은 많은 재물을 가지고 애굽을 나왔읍니다. 그러나 아브람은 물론 그때까지 살지 못했읍니다.

"네 자손은 사 대만에 이 땅으로 돌아오리니 이는 아모리 족속의 죄악이 아직 관영치 아니함이니라 하시더니"(16절).

하나님께서는 이때 아브람에게 "나는 너로 지금 이 땅에 돌아오게 할 수 없노라. 내가 아모리 족속도 사랑하기에 그들이 내게로 속히 돌아오기를 원함이니라"고 말씀하셨읍니다. 하나님께서는 아모리 족속에게 그들이 하나님께로 돌아오도록 하시기 위해 사백 년 동안의 긴 세월을 주셨읍니다. 그럼에도 불구하고 사백 년이 지난 후 그 땅에서 하나님께로 돌아왔던 유일한 사람은 가나안 여인, 기생 라합뿐이었읍니다. 그녀는 하나님께로 돌아와 그분을 믿었읍니다. 하나님께서 당신에게 요구하시는 것은 단지 그분을 믿는 것입니다. 그리하여 하나님께서는 아모리 족속에게 그토록 오랫동안 기회를 주셨던 것입니다.

"해가 져서 어둘 때에 연기 나는 풀무가 보이며 타는 횃불이 쪼갠 고기 사이로 지나더라"(17절).

이 두 가지는 모두 그리스도를 나타내고 있읍니다. 여기서 풀무는 물론 심판을 의미하며, 횃불은 세상의 빛으로서의 그리스도를 나타냅니다.

"그 날에 여호와께서 아브람으로 더불어 언약을 세워 가라사대 내가 이 땅을 애굽 강에서부터 그 큰 강 유브라데까지 네 자손에게 주노니 곧 겐 족속과 그니스 족속과 갓몬 족속과 헷 족속과 브리스 족속과 르바 족속

> 과 아모리 족속과 가나안 족속과 기르가스 족속과 여부스 족속의 땅이 니라 하셨더라"(18-21절).

하나님께서는 여기에서 아브람에게 약속하신 땅을 구체적으로 지적해 주십니다. 그렇다면 아브람은 하나님께 무엇을 약속했읍니까? 아무것도 약속한 것이 없었읍니다. 그는 하나님을 단지 믿기만 하였읍니다. 우리는 하나님께서 우리를 위하여 예비하여 놓으신 것을 믿기만 하면, 하나님께서는 값없이 은혜로 우리를 구원해주십니다.

제 16 장

사래의 제안 / 하갈이 도망함 / 아브람의 시험

필자는 창세기 16 장 같은 내용이 성경에 기록되었다는 사실에 대해 매우 유감스럽게 생각합니다. 당신은 아브람이 창세기 15 장에서 신앙인으로서의 매우 훌륭한 행동을 보인 이후, 계속해서 그 좋은 신앙을 지켰을 것으로 생각할지 모르겠읍니다. 그러나 그는 완전한 사람이 아니었읍니다. 우리는 창세기 16 장에서, 그가 그의 아내 사래와 애굽 여종 하갈과의 관계 속에서 저지른 그의 신앙적인 실수를 보게 됩니다. 우리는 본 장에서 사래와 아브람의 불신앙, 그리고 이스마엘의 출생에 대하여 보게 될 것입니다. 이것은 분명히 앞 장에서 보여준 아브람의 훌륭한 행위와 비교할 때 참으로 실망스러운 사건입니다.

사래의 제안

"아브람의 아내 사래는 생산치 못하였고 그에게 한 여종이 있으니 애굽 사람이요 이름은 하갈이라"(1절).

아브람은 애굽에서 실로 그에게 불행의 원인이 되었던 두 가지 것을 얻었읍니다. 하나는 많은 재물이었으며, 다른 하나는 아름다운 애굽 여종 하갈이었읍니다.

"사래가 아브람에게 이르되 여호와께서 나의 생산을 허락지 아니하셨으니 원컨대 나의 여종과 동침하라 내가 혹 그로 말미암아 자녀를 얻을까 하노라 하매 아브람이 사래의 말을 들으니라"(2절).

사래가 아브람에게 제안한 것은 그 당시의 일반적인 풍습이었읍니다. 사래가 자녀를 낳을 수 없었기에, 사래의 여종은 아브람의 첩이 되었읍니다. 그러나 우리는 그것을 하나님께서 허락하신 것으로 오해해서는 안 됩니다. 하나님께서는 그것을 결코 허락하시지 않았읍니다. 이것은 사래의 제안이었으며, 아브람은 그 말을 귀담아 들었읍니다. 그는 사래의 제안을 받아들였읍니다.

"아브람의 아내 사래가 그 여종 애굽 사람 하갈을 가져 그 남편 아브람에게 첩으로 준 때는 아브람이 가나안 땅에 거한 지 십 년 후이었더라"(3절).

아름다운 애굽 여종 하갈은 아브람의 첩이 되었으나 그것은 하나님의 뜻이 아니었읍니다. 하나님께서는 그러한 관계로 인해 태어난 자손을 결코 택하지 않으실 것입니다. 왜 그럴까요? 그것은 잘못된 방법이기 때문입니다. 아브람은 이로 말미암아 훗날 많은 고통을 받게 되었고 하나님의 역사에 많은 장애가 되었읍니다. 아브람은 지극히 인간적인 방법을 택했읍니다. 그는 믿음의 눈으로 하나님을 바라보지 못했읍니다. 하나님의 방법은 우리 인간의 방법과 다릅니다. 하나님의 계획은 인간의 생각과는 다릅니다. 그 사실을 아브람은 몰랐던 것입니다. 이 때문에 아브람이 하갈을 첩으로 취한 것은 하나님께서 허락하심이 아니라는 사실을 깨닫기 바랍니다. 다만 이것이 여기에 기록된 이유는 그것이 엄연한 역사적 사실이었기 때문입니다.

> "아브람이 하갈과 동침하였더니 하갈이 잉태하매 그가 자기의 잉태함을 깨닫고 그 여주인을 멸시한지라"(4절).

하갈은 이렇게 말했을 것입니다.
"난 아브람의 아이를 가졌어. 사래는 상상도 못할 일이지."
성경에서 보는 것처럼 하갈은 사래를 이렇게 멸시했읍니다.

> "사래가 아브람에게 이르되 나의 받는 욕은 당신이 받아야 옳도다 내가 나의 여종을 당신의 품에 두었거늘 그가 자기의 잉태함을 깨닫고 나를 멸시하니 당신과 나 사이에 여호와께서 판단하시기를 원하노라"(5절).

우리는 이 구절을 그냥 지나쳐서는 안 됩니다. 이 사건은 하나님께서 허락하신 것이 아니라는 것을 기억하십시오. 하나님께서는 그것이 잘못된 행동이라고 말씀하셨으며, 사래도 자신의 한 일이 잘못되었음을 깨닫게 되었읍니다. 그리고 사래가 "나의 받는 욕은 당신이 받아야 옳도다"라고 했는데, 그것은 분명히 사래가 잘못했기에 생긴 일이었읍니다. 어쨌든 사래의 이같은 반응은 늙은 아브람을 궁지에 몰아넣었읍니다. 아브람은 사래와 하갈 틈새에서 어떻게 처신해야 될지 몰랐읍니다. 이처럼 저들은 하나님을 신뢰하지 못했읍니다. 이때 아브람의 나이는 거의 90 세나 되었으며, 사래는 나이가 80 세나 되었읍니다. 저들은 이미 그들 능력으로 아이를 낳을 수 없는 나이에 이르렀다는 결론을 내렸을 것입니다. 아마 사래로서는 "나는 이것이 하나님께서 우리에게 원하셨던 방법이라고 생각해요. 이것은 오늘날의 풍습이니까요"라고 하면서 합리적인 판단으로 말할 수도 있었을 것입니다. 물론 그것은 당시 행해졌던 풍습 가운데 하나였지만, 하나님의 뜻과는 전혀 반대되는 것이었읍니다. 어떠한 사건이 성경에 기록되었다고 하여 우리가 그것을 하나님께서 허락하신 것이라고 생각한다면, 그것은 매우 잘못된 생각입니다. 성경은 일점 오류가 없으며, 또 하나님의 영감을 받아 기록된 책이지만, 거기에는 하나님께서 기뻐하시지 않는 사건들도 많이 기록되어 있읍니다.

또 우리는 윤리적인 관점에서만 이 사건을 평가하려고 해서도 안 됩니다. 즉, 아브람과 사래는 이러한 풍습이 널리 행하여졌던 갈대아 우르에서 성장하였기에 그들에게는 그와 같은 행위가 윤리적으로 크게 잘못된 것이 아니었읍니다. 본처가 아이를 낳지 못할 때 후처를 두는 것은 그 당시에는 상식적이며 당연한 일이었읍니다. 그렇게 하지 않는다면 오히려 이상한 일이었읍니다. 그러면 아브람과 사래가 잘못한 것은 무엇일까요? 아브람과 사래가 크게 잘못한 것은 그들이 하나님의 말씀을 믿지 않았다는 데 있는 것입니다. 물론 아브람이 사래의 여종 하갈을 취한 것은 곧 죄가 되는 것이며, 하나님께서도 그것을 죄로 여기셨읍니다. 그러나 우리는 여기서 그들의 불신앙보다도 여종을 취한 사실에 더 강조점을 두어서는 안 됩니다. 진실로 이 사건에 있어서 큰 죄는 저들의 하나님께 대한 불신앙이었읍니다. 그것은 다른 어떠한 죄보다도 더 무서운 죄입니다.

하갈이 도망함

> "아브람이 사래에게 이르되 그대의 여종은 그대의 수중에 있으니 그대의 눈에 좋은 대로 그에게 행하라 하매 사래가 하갈을 학대하였더니 하갈이 사래의 앞에서 도망하였더라"(6절).

하갈은 사래를 떠났읍니다. 즉, 그녀는 사래의 학대를 피해 도망할 수 밖에 없었읍니다. 이것은 아마 하갈과 그녀가 잉태하고 있는 아이에게는 죽음을 의미하는 일이었을 것입니다.

> "여호와의 사자가 광야의 샘곁 곧 술 길 샘물 곁에서 그를 만나"(7절).

본문에서 여호와의 사자는 아마도 성육신으로 세상에 오시기 전의 그리스도가 아니셨는가 생각해 봅니다. 물론 천사라고도 볼 수 있겠지만, 여기서는 그분의 인자하시고 잃은 자를 항상 찾으시는 모습이 강하게 부각되고 있습니다. 이처럼 성령님과 그리스도께서 구약성경에서 여호와의 신과 여호와의 사자로 가끔 나타나십니다. 아뭏든 이때 하갈은 도망가, 집에서 매우 멀리 떠나 있었습니다.

> "가로되 사래의 여종 하갈아 네가 어디서 왔으며 어디로 가느냐 그가 가로되 나는 나의 여주인 사래를 피하여 도망하나이다 여호와의 사자가 그에게 이르되 네 여주인에게로 돌아가서 그 수하에 복종하라 여호와의 사자가 또 그에게 이르되 내가 네 자손으로 크게 번성하여 그 수가 많아 셀 수 없게 하리라"(8-10절).

바울은 이것을 갈라디아서 4 장에서 하나의 풍유(allegory)로서 언급했습니다. 그는 여기에서 하갈과 그 후손들을 모세가 십계명을 받은 시내 산으로 비유하여 율법의 합법성과 그 매임을 설명했습니다. 그리고 사래는 자유하는 여자라고 했습니다. 여기서 강조하고 있는 것은 아브람의 아내가 사래라는 사실입니다. 그런데 오늘날 많은 사람들이 이러한 사실을 잘 깨닫지 못하고 있는 것 같습니다. 다시 말씀드려, 그들은 율법의 노예가 되려 하고 있다는 말입니다. 그러나 우리는 신자로서 그리스도와 연합한 자들입니다. 교회는 그리스도의 몸인 동시에, 또한 정결한 처녀로 장차 그리스도의 신부가 될 것이라고 바울은 말했습니다. 그러므로 우리에게는 율법이 왕노릇할 수 없읍니다. 율법은 이제 당신과 저에게 아무런 상관이 없읍니다. 그것은 마치 하갈과 같은 것입니다. 우리는 그것에 결코 매여 있어서는 안됩니다. 이것이 바로 바울이 갈라디아서에서 계속 강조하고 있는 점입니다.

이 일은 이제 사래에게만 아니라 훗날 아브람에게도 큰 고통을 주는 사건이 됩니다. 하갈은 아이를 낳기 위하여 다시 집으로 돌아왔습니다. 그 후에 하갈이 낳은 아들은 아브람의 아들이 되었습니다.

> "여호와의 사자가 또 그에게 이르되 네가 잉태하였은즉 아들을 낳으리니 그 이름을 이스마엘이라 하라 이는 여호와께서 네 고통을 들으셨음이니라 그가 사람 중에 들나귀같이 되리니 그 손이 모든 사람을 치겠고 모든 사람의 손이 그를 칠지며 그가 모든 형제의 동방에서 살리라 하니라"(11,12절).

우리는 본문에서 약 사천 년간의 중동의 역사를 볼 수 있습니다. 오늘날 그 곳에 모슨 일이 진행되고 있읍니까? 이스마엘의 후손은 수세기 동안 사막에서 살아온 것으로 알려진 베두윈족으로 매우 거친 사람들입니다. 이러한 사실은 하나님께서 말씀하신 예언이 성취되었음을 보여주고 있읍니다. 그들은 자신들이 아브라함의 자손이라고 말합니다. 맞는 말입니다. 그러나 그들은 또한 이스마엘의 자손입니다. 즉, 그들은 아브라함의 첩의 소생인 이스마엘의 후손들인 것입니다.

> "하갈이 자기에게 이르신 여호와의 이름을 감찰하시는 하나님이라 하였으니 이는 내가 어떻게 여기서 나를 감찰하시는 하나님을 뵈었는고 함이라 이러므로 그 샘을 브엘라해로이라 불렀으며 그것이 가데스와 베렛 사이에 있더라"(13,14절).

하나님께서는 하갈에게 참으로 놀라운 자비를 베푸셨읍니다. 아브람이 하갈을 취한 것은 아브람의 잘못이지 하갈의 잘못은 아니었기에, 하나님은 그녀를 매우 긍휼히 여기셨읍니다. 다시 말씀드리지만 저는 여기에 나타난 여호와의 사자는 잃은 자를 찾으시기 위하여 성육신으로 오실 그리스도였다고 믿습니다. 그분은 선하신 목자로서 하갈에게 기쁜 소식을 전해 주셨읍니다.

"하갈이 자기에게 이르신 여호와의 이름을 감찰하시는 하나님이라 하였으니."
이것은 그녀에게 있어 전에는 깨닫지 못하였던 아주 새로운 사실이었읍니다. 그 당시에 애굽인들은 하나님에 대하여 매우 막연한 개념을 갖고 있었읍니다.
"이는 내가 어떻게 여기서 나를 감찰하시는 하나님을 뵈었는고 함이라."
하갈은 그 때 하나님께서 그녀를 감찰하고 계시다는 사실에 그만 놀라지 않을 수 없었읍니다. 물론 하나님께서 항상 우리를 감찰하고 계신다는 사실은 오늘날 우리에게는 그다지 놀라운 일은 아닐 것입니다. 왜냐하면 우리는 이미 하나님에 대하여 그 이상으로 많은 것을 알고 있기 때문입니다. 그러나 우리도 실제에 있어서는 하갈처럼 하나님에 대하여 아주 조금 밖에 모르고 있는지도 모릅니다. 연약하고, 유한한 인간이 무한하신 하나님에 대하여 완전히 이해한다는 것은 전혀 불가능한 일입니다. 그 어느 누구도 그 어떤 방법을 사용한다 하더라도 하나님을 다 알 수는 없는 일입니다. 그러나 하나님께서는 친히 자신을 우리 인간에게 알려주시기를 기뻐하는 분이십니다. 또한 우리가 하나님을 더욱더 많이 알기를 하나님은 원하십니다. 이 때문에 우리는 하나님과 깊이 교제함으로 하나님을 더욱 알아가야겠읍니다.
"그러므로 우리가 여호와를 알자 힘써 여호와를 알자…나는 인애를 원하고 제사를 원치 아니하며 번제보다 하나님을 아는 것을 원하노라"(호 6:3,6).

"하갈이 아브람의 아들을 낳으매 아브람이 하갈의 낳은 그 아들을 이름하여 이스마엘이라 하였더라 하갈이 아브람에게 이스마엘을 낳을 때에 아브람이 팔십륙 세이었더라"(15,16절).

이스마엘은 아브람의 아들이었다는 것을 기억하십시오. 그 때 아브람의 나이는 86 세였읍니다.

아브람의 시험

우리는 잠시 여기에서 하나님께서 아브람에게 일곱 번 나타나신 사건에 대하여 다시 개괄적으로 검토하도록 하겠읍니다. 아브람의 인생 가운데서 분명히 실패한 일도 있었고 성공한 때도 있었읍니다. 사실 하나님께서는 아브람에게 일곱 차례에 걸쳐 시험하셨읍니다.

첫번째 시험은 **하나님께서 아브람을 그의 고향 갈대아 우르에서 부르신 것입니다.**
그러나 아브람은 부분적으로만 순종했읍니다. 그의 믿음은 약하고 불완전하였읍니다. 하지만, 어찌됐든 그는 그곳을 떠났읍니다. 마침내 아브람은 가나안 땅에 무사히 정착하였으며, 그때 하나님께서는 그를 축복하셨읍니다.

두번째 시험은 **가나안 땅에 기근이 임하자 아브람은 가나안 땅을 떠나 애굽으로 간 것입니다.**
그곳에서 아브람은 그에게 훗날 큰 화가 된 많은 재물과 여종 하갈을 얻었읍니다.

세번째 시험은 **아브람에게 심각한 시험이 된 많은 재물이 있었다는 사실입니다.**
재물은 때로 많은 사람들에게 화를 주기도 합니다. 저는 한 때 하나님께서 저에게 다른 어떤 시험보다도 물질적으로 시험하시기를 간절히 소원한 적이 있었읍니다. 그러나 하나님께서는 많은 물질로써 저를 시험하시지는 않으셨읍니다. 아브람은 언제나 하나님을 기억하였으며, 조카 롯에게도 늘 관대하였음이 분명합니다. 그런데 아브람은 이 재물로 인해 조카 롯과 헤어지지 않으면 안 되게 되었습니다. 그 때 하나님께서는 아브람에게 다시 나타나셨읍니다.

네번째 시험은 **아브람이 동방의 왕들을 물리침으로써 힘을 얻었다는 사실입니다.**
그것이야말로 그에게는 진정한 시험이 될 수도 있었읍니다. 즉, 그가 정복자가 되었기 때문입니다. 아브람은 멜기세덱을 만나 영접을 받았는데, 저는 그 사건이 아브람으로 하여금 시험에 이길 수 있는 힘을 사전에 주었다고 생각합니다. 따라서 그는 소돔 왕이 그에게 주는 전리품을 받지 않았읍니다. 그 후 하나님께서는 아브람에게 나타나 그에게 많은 상급을 주셨읍니다.

다섯번째 시험은 **하나님께서는 아브람에게 아내 사래를 통하여 아들을 주시는 것을 지체하셨읍니다.**
아브람은 인내심이 부족했읍니다. 결국 사래의 재촉으로 그녀의 제안을 받아들여, 하나님의 뜻을 어기게 되었읍니다. 그 결과 이스마엘이 태어났읍니다. 그래서 사막에 살고 있는 아랍인들은 지금까지도 이스라엘을 괴롭히고 있으며, 앞으로도 이 고통은 계속될 것입니다.

여섯번째 시험은 **창세기 18장의, 소돔과 고모라가 멸망할 때 주어지는 시험입니다.**

일곱번째 시험은 **창세기 22장의, 아들 이삭을 바치라는 시험입니다.**

제 17 장

하나님께서 아브람에게 새 이름을 정해 주심/하나님의 언약/이스마엘의 유업

많은 사람들이 창세기 17 장을 창세기에서 가장 특수한 장이라고 생각합니다. 하나님께서는 여기에서 아브람과 언약을 맺으셨으며, 아들을 주시겠다는 약속을 다시금 해 주셨읍니다. 그분께서는 아브람에게 이스마엘은 자신이 그에게 약속하신 아들이 아니라는 것을 말씀해 주셨읍니다. 한편으로, 본 창세기 17 장은 창세기를 풀어가는 데 하나의 열쇠가 되는 장인 동시에, 성경 전체를 이해하는 데 있어서도 없어서는 안 될 열쇠와 같은 장입니다. 하나님께서 아브람과 맺으신 언약의 두 가지 중요한 내용은 그 후손과 땅에 대한 것이었읍니다. 하나님께서는 본 장에서 히브리어로 『엘 샤다이』(El Shaddai), 곧 "전능하신 하나님"이라는 이름으로 나타나십니다. 또한 하나님께서는 아브람에게도 새로운 이름을 주십니다. 지금까지는 『아브람』이었던 그의 이름이 이제는 『아브라함』으로 바뀝니다. 『아브

람』(Abram)은 "존귀하신 아버지"라는 의미이며, 『아브라함』(Abraham)은 "수많은 무리의 아버지"라는 뜻입니다. 또 창세기 17 장에서 분명하게 밝히고 있는 사실은, 이스마엘은 하나님께서 아브람에게 약속하신 아들이 아니라는 것입니다.

하나님께서 아브람에게 새 이름을 정해 주심

"아브람의 구십구 세 때에 여호와께서 아브람에게 나타나서 그에게 이르시되 나는 전능한 하나님이라 너는 내 앞에서 행하여 완전하라"(1절).

이스마엘이 태어났을 때 아브람의 나이가 86 세였으며, 이삭이 태어난 것은 그로부터 14 년 후였다는 것을 우리는 늘 염두에 두고 있어야 하겠읍니다.

"여호와께서 아브람에게 나타나서 그에게 이르시되 나는 전능한 하나님이라 너는 내 앞에서 행하여 완전하라."

하나님께서는 『엘 샤다이』, 곧 전능하신 하나님이라는 새로운 이름으로 자신을 부르셨읍니다.

"내가 내 언약을 나와 너 사이에 세워 너로 심히 번성케 하리라 하시니"(2절).

이 장(章)에서는 "언약"이라는 단어가 열세 번이나 나타납니다. 이렇게 창세기 17 장의 전체 27 절 안에 열세 번씩이나 언약이란 단어가 쓰였다는 것은 하나님께서 언약에 대하여 특별히 강조하고 계시다는 사실을 우리는 알 수 있읍니다. 이것은 하나님께서 아브람에게 다섯 번째 나타나신 때였읍니다. 하나님께서 이때 나타나신 이유는 언약을 맺으실 뿐만 아니라, 그분께서 약속하신 아들에 대한 언약을 다시 한 번 말씀해 주시기 위함이었읍니다. 또한 그것은 이스마엘이 아브람의 약속의 자손이 아니라는 것을 분명히 보여 주는 것이었읍니다.
바울은 로마서 4 장 19 절에서 이렇게 말했읍니다.
"그가 백 세나 되어 자기 몸의 죽은 것 같음과 사라의 태의 죽은 것 같음을 알고도 믿음이 약하여지지 아니하고."

사라의 태는 사실상 죽은 것이나 다름 없었읍니다. 그런데 그곳에서 생명이 탄생하였읍니다. 즉, 이삭이 태어난 것입니다. 바울은 예수 그리스도에 대해 다음과 같이 말하면서 로마서 4 장을 끝맺고 있읍니다.
"예수는 우리 범죄함을 위하여 내어 줌이 되고 또한 우리를 의롭다 하심을 위하여 살아나셨느니라"(롬 4:25).
죽음에서 생명이 태어나는 것, 이것이 바로 하나님께서 아브람에게 약속하신 것이었읍니다. 그때 아브람은 99 세였기에 사래의 나이는 89 세가 됩니다. 또한 이삭이 태어났을 때 아브람은 정확히 100 세였으며, 사라는 90 세였읍니다.

"아브람이 엎드린대 하나님이 또 그에게 일러 가라사대 내가 너와 내 언약을 세우니 너는 열국의 아비가 될지라"(3,4절).

하나님께서는 아브람에게 그로 하여금 열국의 아비가 되게 하리라고 말씀하셨읍니다. 저는 아브람을 지금까지 우리가 알고 있는 어느 누구보다도 많은 자손을 가진 사람이었다고 말할 수 있을 것 같습니다. 약 4 천 년 동안, 두 개의 커다란 계열, 즉 이스마엘의 계열과 이삭의 계열에서 수많은 자손들이 태어났다는 것을 기억하십시오. 얼마나 많은 사람들이 아브람의 혈통을 받아 태어났읍니까! 그 외에도 또 그리스도를 믿는 믿음으로 말미암아 아브람의 자녀라 불리우는 영적인 자손들이 있읍니다. 바울은 로마서 4 장 16 절에서 아브람에 대해 말하기를 "우리 모든 사람의 조상이라"고 했읍니다. 다시 말해 아브람은 믿음을 가진 전 세계의 모든 그리스도인과 이스라엘, 그리고 모든 아랍 사람들의 조상이 되는 것입니다. 그 수많은 사람들을 생각해 보십시오. 하나님께서는 아브람에게 "내가 너로 열국의 아비가 되게 하리라"고 말씀하셨는데, 하나님께서는 그 약속을 이루신 것입니다.

> "이제 후로는 네 이름을 아브람이라 하지 아니하고 아브라함이라 하리니 이는 내가 너로 열국의 아비가 되게 함이니라"(5절).

앞에서 말씀드린 것처럼 『아브람』(Abram)이란 "고귀한 아버지", "높으신 아버지", 또는 "존귀한 아버지"라는 뜻이며, 『아브라함』(Abraham)은 "허다한 무리의 아버지"라는 뜻입니다.

저는 여기에서 잠깐 당신에게 아브람의 믿음을 설명하기 위하여 간단한 예화를 하나 소개할까 합니다. 어느 날 아침 아브람과 사래가 일어나 장막 주위에서 일하고 있을 때에 저쪽에서부터 어떤 상인들이 갑자기 나타났다고 생각해 봅시다. 아브람이 그들을 만나기 위하여 갔을 때 그들은 그들의 낙타에게 물을 먹일 수 있는지를 먼저 물었을 것입니다.

그 당시는 사람들이 아주 친절했읍니다. 그때는 나그네가 시골길을 지나가면, 그 곳에 살고 있는 주인은 그 나그네를 초청하여 잘 대접해 주었읍니다. 오늘날 서울에 만일 이런 사람이 나타난다면, 사실 그들을 아브라함처럼 잘 대접해 줄 사람들은 그리 많지 않을 것입니다. 오늘날의 우리 문화는 사실 그때와는 상당한 면에서 차이가 납니다. 오늘날 도시에 사는 사람들에겐 대부분 그러한 친절이 결여되어 있읍니다.

아브람은 그들에게 가서 아마 이렇게 말했을 것입니다.
"물론이지요. 얼마든지 먹이세요. 그리고 낙타가 먹을 것을 제가 모두 드리겠읍니다. 여기에는 오래 머무르실 것인가요?"
그때 그들은『아니오. 우리는 사업상 왔기 때문에 애굽으로 급히 내려가야 합니다』라고 대답하였을 것입니다.

한 사람이 아브람에게 『저는 알라(Allah)라고 합니다』 하고 자신을 소개하자 다른 한 사람은 『제 이름은 알리 바바(Ali Baba)입니다. 댁의 성함은 어떻게 되시지요?』라고 물었을 것입니다. 그때 아브람은 저는 "존귀한 아버지, 곧 아브람이라고 합니다" 하고 대답했을 것입니다. 그들은 『그래요? 그러면 댁의 자녀는 아들입니까 딸입니까?』 하고 놀라면서 다시 물었을 것입니다. 아브람은 "그런데 자식은 한 명도 없습니다"라고 대답하였을 것이며, 이러한 대답에 그들은 웃으면서 『당신에게는 자식이 없기 때문에 그 이름을 괜히 아브람이라고 불러달라고 하는 것이군요. 그러면 그렇지. 당신 나이에 어떻게 아이를 낳아 아버지가 될 수 있겠어요?』라고 말하였을 것입니다. 그리고는 그 곳을 떠나 그들끼리 웃으면서 사막을 가로질러 계속 여행하였을 것입니다.

그런데 6개월 후 그들을 우연히 다시 만난 아브람이 그들에게 가서 인사하자, 그들 모두가 『안녕하십니까? 존귀한 아버지씨』라고 비웃으면서 인사하였다고 생각해 봅시다. 그때 아브람은 "제 이름이 이제는 「존귀한 아버지」(High Father)가 아니라 「허다한 무리의 아버지」(Father of Multitude)로 바뀌었습니다"라고 말했을 것입니다. 아브라함의 이러한 말에 상인들은 『그래요? 그 동안 쌍동이를 낳았습니까?』 하고 질문하였을 것입니다. 그러나 아브라함은 "아니요. 지금까지도 자식은 없습니다"라고 대답하자, 이에 상인들은 『미쳤군, 세상에 사람을 놀려도 분수가 있지. 아니, 자식도 없는 늙은 사람이 어떻게 허다한 무리의 아버지가 되지?』 하고 중얼거렸을 것입니다.

아브라함은 이와 같이 자식을 갖기도 전에 아버지가 되었습니다. 그때 아브라함이 열국의 아버지라고 불리울 수 있었던 것은 오직 그의 믿음 때문이었습니다. 그러나 사천 년 후의 오늘날, 우리는 하나님께서 분명히 그 약속을 이행하셨다는 것을 볼 수 있읍니다. 그 이름이 뜻하는 그대로 오늘날 실현되었으며, 그는 진실로 허다한 무리의 아버지, 곧 『아브라함』으로 아직까지 불리워지고 있는 것입니다.

하나님의 언약

"내가 너로 심히 번성케 하리니 나라들이 네게로 좇아 일어나며 열왕이 네게로 좇아 나리라 내가 내 언약을 나와 너와 네 대대 후손의 사이에 세워서 영원한 언약을 삼고 너와 네 후손의 하나님이 되리라"(6,7절).

하나님께서 아브라함에게 맺으신 언약은 어떠한 것이었읍니까? 그것은 영원한 언약이었읍니다. 그것이 영원한 것이었다면 과연 오늘날까지도 그 효력을 미치고 있을까요? 물론 그렇습니다. 하나님께서는 우리가 그리스도를 믿기만 하면 당신과 저에게 영원한 생명을 주시겠다고 약속하셨읍니다. 그것이 바로 하나님께서 우리에게 주신 언약입니다. 그런데 만약 이 언약이 오늘날까지 유효하지 못한 것이라면, 우리는 우리 자신을 위한 언약을 다시금 성경에서 찾아야만 할 것입니다. 그러나 우리는 그렇게 할 필요가 없읍니다. 왜냐하면 하나님께서 아브라함에게 주신 언약은 시대를 초월하여 역사하시는 하나님의 영원한 언약이기 때문입니다.

"내가 너와 네 후손에게 너의 우거하는 이 땅 곧 가나안 일경으로 주어 영원한 기업이 되게 하고 나는 그들의 하나님이 되리라"(8절).

여기서 하나님께서는 친히 아브라함에게 미래에 행하실 일을 말씀해 주셨읍니다. 하나님께서는 그분의 장차 행하실 일을 다음과 같이 미래 시제로 말씀하셨읍니다.
"내가 너로 심히 번성케 **하리니** 나라들이 네게로 좇아 일어나며…내가 내 언약을 나와 너와 네 대대 후손의 사이에 세워서…내가 너와 네 후손에게…가나안 일경으로 주어 영원한 기업이 **되게 하고** 나는 그들의 하나님이 **되리라.**"

하나님께서는 아브라함과 그 후손들에게 영원한 언약을 세우셨읍니다. 따라서 그것은 쉽게 깨뜨려지거나 없어질 수 있는 약속이 아닙니다. 하나님께서는 그들에게 그 땅을 99 년 동안만 사용하라고 말씀하시지 않았읍니다. 하나님께서는 그 땅을 영원한 기업으로 주셨읍니다.

아브라함의 자손은 지금 가나안 땅에 세번째로 돌아와 거주하고 있읍니다. 그러나 중요한 사실은 그들이 지금 그들에게 주어진 땅의 일부 지역만을 소유하고 있다는 것입니다. 먼저, 하나님께서는 그들을 애굽 땅으로 내려가게 하셨는데, 그들은 그곳에서 널리 흩어져 살았읍니다. 그들이 애굽으로 들어갈 때는 약 70 명 정도의 한 가족이었으나, 다시 돌아올 때는 최소한 150 만명이나 되는 한 민족을 이루어 귀향하였읍니다. 그들은 하나님을 섬기지 않고 우상 숭배를 하였기 때문에 다시 고국을 떠나 바벨론에 포로로 잡혀갔읍니다. 우리는 그들이 그들의 메시야를 거부한 후 A.D.70 년 다시금 그 땅에서 쫓겨나게 된 것을 잘 압니다. 그 후로 하나님께서는 지금까지 그들이 완전히 가나안 땅으로부터 세 차례 쫓겨나며, 다시 세 차례에 걸쳐 돌아오게 될 것을 말씀하셨읍니다. 그들이 두 번까지는 돌아왔읍니다. 그들이 지금 그 땅에 돌아와 살고 있는 것은 세번째 귀향이라 볼 수 있으나 그 민족의 일부분에 지나지 않습니다. 때문에 완전한 세번째 귀향이라고는 볼 수 없읍니다. 저는 그들이 다음에 세번째로 완전히 돌아오게 되면 영원히 그곳을 떠나지 않게 되리라고 생각합니다.

> "하나님이 또 아브라함에게 이르시되 그런즉 너는 내 언약을 지키고 네 후손도 대대로 지키라 너희 중 남자는 다 할례를 받으라 이것이 나와 너희와 너희 후손 사이에 지킬 내 언약이니라 너희는 양피를 베어라 이것이 나와 너희 사이의 언약의 표징이니라"(9-11절).

할례는 언약의 표였읍니다. 이스라엘 백성들이 할례를 행한 것은 언약에 참여하기 위한 것이 아니었읍니다. 그들이 할례를 행한 것은 하나님으로부터 이미 언약을 받았기 때문입니다. 그 당시의 할례는 오늘날 신자들이 선을 행하는 것과 마찬가지였읍니다. 우리 그리스도인이 선을 행하는 것은 구원을 받기 위한 목적에서 하는 것이 아닙니다. 우리가 다른 사람에게 선행을 베푸는 것은, 우리가 구원을 받은 뒤에 나타나는 자연스런 행동인 것입니다. 이는 또한 신자의 마땅한 본분이기도 합니다. 즉, 구원은 우리를 세상과 근본적인 면에 있어 차이가 나게 해줍니다.

필자가 어린 시절 집을 떠나 많은 고생을 하면서도, 완전한 방탕자가 되지 않았던 이유는 저의 아버지에 대한 생각 때문이었읍니다. 저는 혼자 이렇게 말하곤 했읍니다.
"나는 나의 훌륭한 아버지의 아들이므로 마음내키는 대로 행동해서는 안 돼."
저는 이렇게 아버지를 생각하면서 여러 가지 행동을 삼가할 수 있었읍니다. 그러나 제가 어떠한 행동을 하지 않았다고 해서 우리 아버지의 자식이 안 되는 것은 아닙니다. 제가 아버지의 아들인 것은 이미 기정된 사실입니다. 그러나 제가 행동을 삼가하였던 것은 내 아버지의 아들이었기 때문입니다. 이렇듯 할례는 언약의 표에 불과한 것입니다. 할례가 하나님과 그들 사이의 언약을 성립시키는 것은 결코 아닙니다. 할례는 언약의 표요, 언약에 대한 증거였읍니다.

> "대대로 남자는 집에서 난 자나 혹 너희 자손이 아니요 이방 사람에게서 돈으로 산 자를 무론하고 난 지 팔 일만에 할례를 받을 것이라"(12절).

당신은 그리스도의 탄생에 관한 예언의 기록이 얼마나 정확하였는지를 알고 계십니까? 모든 율법은 아기 예수님의 탄생과 연관되어 성취되었읍니다. 그분은 아브라함과 다윗의 후손으로 태어나셨으며, 난 지 8 일만에 할례를 받았읍니다. 바울은 그분이 율법 아래서 나셨다고 갈라디아서 4 장 4 절에서 말했읍니다.

> "너희 집에서 난 자든지 너희 돈으로 산 자든지 할례를 받아야 하리니 이에 내 언약이 너희 살에 있어 영원한 언약이 되려니와"(13절).

다시 말씀드려, 할례는 언약의 표였읍니다. 그들이 할례를 행한 것은 언약을 받기 위함이 아니었읍니다. 하나님께서는 이미 그들에게 언약을 주셨읍니다. 저는 당신이 이 사실을 잘 깨닫기를 원합니다. 왜냐하면 이것은 매우 중요한 것이기 때문입니다. 그것은 오늘날도 마찬가지입니다. 우리 주위의 많은 사람들은 그들이 교회에 나가거나 혹은 세례나 침례를 받는 것으로 구원을 받는다고 생각하고 있읍니다. 그러나 그런 일들은 구원을 받는 것과는 전혀 별개의 일입니다. 만일 당신이 지금 그 두 가지 일, 즉 교회를 출석하고 세례나 침례를 받았다면 그것은 당신이 구원을 받았기 때문이지 구원을 받기 위한 것은 아닌 것입니다. 우리가 마차를 말과 결합할 때에는 말의 앞 부분이 아니라, 말의 뒷 부분에 연결해야 합니다. 그런데 사실상 오늘날 사람들의 구원에 대한 일반적인 개념은 마차를 말의 앞 머리에 놓고 마차가 말을 끌도록 하는 것처럼 주객이 전도된 느낌입니다.

> "할례를 받지 아니한 남자 곧 그 양피를 베지 아니한 자는 백성 중에서 끊어지리니 그가 내 언약을 배반하였음이니라"(14절).

본문의 내용으로 볼 때 할례를 행하지 않은 자들이 있었다고 하는 사실은 언약에 어떠한 영향을 줄 수는 없었읍니다. 할례를 받지 않고 불순종한다는 것은 다만 그가 형벌을 받게 될 것이라는 사실을 의미합니다. 그리고 어떠한 개인이나 단체도 하나님께서 아브라함과 그의 후손들에게 주신 이 언약을 깨뜨릴 수가 없었읍니다. 그것은 영원한 언약입니다. 그 언약을 배반한 자는 그 언약으로 말미암아 형벌을 받게 되며, 그 언약은 끝까지 지속됩니다. 이러한 사실은 우리에게, 하나님께서 약속하신 언약이 얼마나 위대한가를 보여줍니다.

> "하나님이 또 아브라함에게 이르시되 네 아내 사래는 이름을 사래라 하지 말고 그 이름을 사라라 하라"(15절).

이제 아브라함의 아내 사래는 그 이름이 "사라"로 바뀝니다.

> "내가 그에게 복을 주어 그로 네게 아들을 낳아 주게 하며 내가 그에게 복을 주어 그로 열국의 어미가 되게 하리니 민족의 열왕이 그에게서 나리라"(16절).

앞에서는 나이 많은 아브라함이 열국의 아비가 되는 복을 받았는데, 이제 여기서는 사라가 열국의 어미가 되는 복을 받았읍니다.

> "아브라함이 엎드리어 웃으며 심중에 이르되 백 세 된 사람이 어찌 자식을 낳을까 사라는 구십 세니 어찌 생산하리요 하고"(17절).

이제 고령이 된 아브라함은 웃음이 나오지 않을 수 없었읍니다. 그러나 이것은 불신앙에서 나온 비웃음이 아니었읍니다. 그 웃음은 아브라함이 자식을 낳을 수 있다고 하는 데서 오는 순수한 기쁨의 웃음이었읍니다. 아마 당신도 이와 비슷한 경험을 한 적이 있을 것입니다. 하나님께서는 때때로 우리에게 이러한 기쁨의 웃음을 선물로 주십니다. 우리가 전혀 예상치 못했던 일을 하나님께서는 이루어주심으로 우리로 하여금 웃지 않을 수 없게끔 만드십니다. 사실 아브라함에게 이루어진 이같은 일은 기적이 아닐 수 없읍니다. 사라의 태는 죽은 것 같았으며 아브라함의 몸도 죽은 것이나 다름이 없었읍니다. 바울은 이것에 대하여 다음과 같이 기록합니다.
"기록된바 내가 너를 많은 민족의 조상으로 세웠다 하심과 같으니 그의 믿은바 하나님은 죽은 자를 살리시며 없는 것을 있는 것 같이 부르시는 이시니라 아브라함이 바랄 수 없는 중에 바라고 믿었으니 이는 네 후손이 이같으리라 하신 말씀대로 많은 민족의 조상이 되게 하려 하심을 인함이라 그가 백 세나 되어 자기 몸의 죽은 것 같음과 사라의 태의 죽은 것 같음을 알고도 믿음이 약하여지지 아니하고 믿음이 없어 하나님의 약속을 의심치 않고 믿음에 견고하여져서 하나님께 영광을 돌리며 약속하신 그것을 또한 능히 이루실 줄을 확신하였으니 그러므로 이것을 저에게 의로 여기셨느니라"(롬 4:17–22).

아브라함은 하나님을 믿었으며, 하나님의 능력과 선하심에 자신을 온전히 의지하였읍니다. 그러나 그때 갑자기 아브라함의 머리에 어떤 생각이 마치 화살처럼 스쳐 지나갔읍니다. 그는 그의 아들 이스마엘에 대하여 생각한 것입니다.

> "아브라함이 이에 하나님께 고하되 이스마엘이나 하나님 앞에 살기를 원하나이다"(18절).

아브라함은 이렇게 말합니다.
"오, 하나님! 집에 있는 어린 아들을 기억해 주십시오!"
아브라함은 이스마엘에게 애착심을 갖고 있었읍니다. 그 얼마 후, 아브라함이 이스마엘을 떠나 보냈을 때, 그의 나이는 열네 살이었읍니다. 저는 그 후 아브라함이 그 아들 이스마엘을 다시는 보지 못했을 것이라고 생각합니다. 우리가 이스마엘에 대해 어떻게 생각하든지간에 그는 아브라함의 아들이었으며 아브라함은 그를 사랑하였읍니다. 그러므로 아브라함에게 있어 이스마엘을 포기한다는 것은 매우 어려운 일이었읍니다.

제 생각으로는 아브라함이 "내가 하갈을 취한 것은 엄청난 실수였구나" 하며 거듭거듭 생각했을 것입니다. 아브라함이 죄를 지음으로 해서 자신이 괴로왔을 뿐만 아니라 그가 살았던 지역까지 곤란을 겪게 했읍니다. 그 죄가 보잘것없는 것이라든가 지나쳐도 되는 것이라고 하지 마십시오.
"스스로 속이지 말라 하나님은 만홀히 여김을 받지 아니하시나니 사람이 무엇으로 심든지 그대로 거두리라"(갈 6:7).

사람은 자기가 뿌린 것과 유사한 것을 거두는 것이 아닙니다. 자기가 뿌린 것과 동일한 것을 거둡니다. 아브라함도 역시 그의 죄에 대하여 그대로 거두게 될 것입니다.
"이스마엘이나 하나님 앞에 살기를 원하나이다."

> "하나님이 가라사대 아니라 네 아내 사라가 정녕 네게 아들을 낳으리니 너는 그 이름을 이삭이라 하라 내가 그와 내 언약을 세우리니 그의 후손에게 영원한 언약이 되리라"(19절).

본문을 다시 요약하자면 하나님께서는 "아니다. 나는 그를 택하지 않겠노라. 그는 분명 잘못된 방법으로 태어난 아들이니라" 하고 말씀하신 것입니다. 일부다처의 사례가 성경에 기록되었다고 해서, 그것이 하나님께서 인정하시는 것이라고 생각지 마십시오. 우리는 성경 어디에서도 하나님께서 그러한 행위를 인정하셨다는 증거를 전혀 찾아볼 수 없습니다.

이스마엘의 유업

> "이스마엘에게 이르러는 내가 네 말을 들었나니 내가 그에게 복을 주어 생육이 중다하여 그로 크게 번성케 할지라 그가 열두 방백을 낳으리니 내가 그로 큰 나라가 되게 하려니와 내 언약은 내가 명년 이 기한에 사라가 네게 낳을 이삭과 세우리라"(20, 21절).

하나님께서는 처음에 약속하신 것을 끝까지 지키셨읍니다. 즉, 하나님께서는 그 약속을 결코 포기하거나 단념하시지 않았읍니다. 하나님께서는 처음에 말씀하신 것을 그대로 행하시고자 하셨읍니다. 그분께서는 마치 이삭이 벌써 태어나 그들 가운데 있는 것처럼 말씀하셨읍니다. 그분께서는 없는 사람을 있는 것처럼 말씀하셨읍니다. 그것은 그로부터 1년 후에 일어나게 될 일이었읍니다.

> "하나님이 아브라함과 말씀을 마치시고 그를 떠나 올라가셨더라"(22절).

다시 말해서 하나님께서는 아브라함에게 "너는 잠자코 있어 오직 나의 하는 일을 보기만 하라"고 말씀하신 것과 다를 바 없읍니다. 이 일은 이미 하나님께서 결정하신 일입니다. 이처럼 우리에게는 때로 우리가 하나님께 구하는 것을 중단해야 할 것들이 종종 있읍니다. 사람은 말을 충분히 하였기 때문에 더 이상 말할 필요가 없는 경우가 있는 것입니다. 때로 사람들은 하나님으로부터 "안 된다"라고 하는 기도의 응답을 받았음에도 불구하고 하나님께 계속 기도하며 졸라대는 경우가 많이 있읍니다. 하나님께서는 아브라함에게 "이스마엘에 대하여는 이제 상관하지 말아라. 너는 더 이상 그에 대하여 말할 필요가 없느니라. 나는 그를 네 후손으로 인정치 않았으며 앞으로도 그러하리라"고 말씀하신 것입니다. 하나님께서는 아브라함으로부터 이스마엘에 대한 기도보다도 다른 기도를 듣고 싶어하셨읍니다. 하나님은 참으로 아브라함의 말에 귀를 기울이시는 분이십니다. 그러나 그분의 언약에 있어서 만큼은, 이스마엘이 아닌 이삭과 맺으셨읍니다. 그것은 너무도 확고한 것이었기 때문에, 아브라함은 하나님의 마음을 돌이키고자 하는 노력을 단념해야만 했읍니다. 오늘날 많은 사람들은 하나님께서 전혀 들으시거나 응답하시지 않을 문제를 놓고 기도하는 때가 있읍니다. 사실 우리 그리스도인들은 기도하는 데 있어 약간의 주의가 필요합니다. 무작정 막연히 드리는 기도는 참으로 피해야 합니다. 하나님께서 우리의 기도를 듣고 응답하시는 데는 적어도 최소한의 합당한 이유가 있는 것입니다.

> "이에 아브라함이 하나님이 자기에게 말씀하신 대로 이 날에 그 아들 이스마엘과 집에서 생장한 모든 자와 돈으로 산 모든 자 곧 아브라함의 집 사람 중 모든 남자를 데려다가 그 양피를 베었으니 아브라함이 그 양피를 벤 때는 구십구 세이었고 그 아들 이스마엘이 그 양피를 벤 때는 십삼 세이었더라 당일에 아브라함과 그 아들 이스마엘이 할례를 받았고 그 집의 모든 남자 곧 집에서 생장한 자와 돈으로 이방 사람에게서 사온

자가 다 그와 함께 할례를 받았더라"(23-27절).

혹시라도 어떻게 해서 이스마엘도 할례를 받았을까 하고 의아하게 생각할지도 모르겠읍니다. 그러나 하나님께서는 이스마엘로 큰 나라가 되게 하시겠다고 20 절에서 약속하셨읍니다. 그는 이 약속에 따라 할례를 받은 것입니다. 이처럼 그가 할례를 받기는 받았지만, 그는 하나님께서 처음에 아브라함에게 약속하신 아들은 아니었읍니다. 그러므로 그는 하나님께서 앞으로 역사하시며, 또 장차 메시야를 탄생시킬 이스라엘 민족의 조상이 될 수는 없었읍니다.

제 18 장

자신의 언약을 재확인시키시는 하나님 / 하나님께서 소돔과 고모라의 멸망을 알리심

우리가 신약성경을 읽지 않고는 창세기 18 장과 19 장이 왜 성경에 기록되었는지에 대해 잘 모를 것입니다. 사실 이 부분은 언뜻 보기에는 아브라함과는 무관한 이야기처럼 보입니다. 이 두 장의 주요 내용은 주로 소돔과 고모라의 멸망에 대한 이야기입니다.

창세기 18 장은 하나님께서 아브라함에게 소돔과 고모라를 심판하실 것을 예고하시는 내용입니다. 여기서 아브라함은 소돔과 고모라 두 성읍을 위해 중보의 기도를 하고 있는데, 이 때문에 이 18 장은 다른 장들보다 약간 깁니다. 저는 아브라함의 이같은 중보의 행위를 축복받은 그리스도인의 진정한 자세라고 믿습니다. 아브라함은 자신을 위해서가 아니라 다른 사람들을 위해서 복을 빌며 간절히 중보의 기도를 하고 있습니다. 그러나 창세기 19 장에서 보니까 소돔과 고모라 사람들은 끝내 자신들의 죄로부터 돌이키지 못하고 멸망을 당

하게 됩니다.

오늘날 우리도 이와 매우 비슷한 상황 가운데서 살고 있읍니다. 우리는 세상 사람들을 위해 우리가 해야 할 일이 무엇이며, 또 어떠한 중보의 기도를 해야 할지 깨달아야 하겠읍니다.

자신의 언약을 재확인시키시는 하나님

> "여호와께서 마므레 상수리 수풀 근처에서 아브라함에게 나타나시니라 오정 즈음에 그가 장막 문에 앉았다가"(1절).

여기서 마므레는 아브라함이 거처하던 곳입니다. 그때 그는 매우 늙어 있었읍니다.

> "눈을 들어 본즉 사람 셋이 맞은편에 섰는지라 그가 그들을 보자 곧 장막 문에서 달려나가 영접하며 몸을 땅에 굽혀"(2절).

여기서 우리는 아브라함이 저들에게 베푼 친절을 주목할 필요가 있읍니다. 바로 앞 장인 창세기 17 장에서 잠깐 말씀드린 아브라함과 두 상인과의 대화는 물론 하나의 상상에 지나지 않는 이야기지만, 전혀 근거없는 이야기는 아닙니다. 아브라함의 그와 같은 친절한 행위는 여기서도 증명이 되고 있지 않습니까? 우리가 여기서 기억해야 할 것은 아브라함은 매우 관대하며, 인정이 많은 사람이었다는 것입니다.

> "가로되 내 주여 내가 주께 은혜를 입었사오면 원컨대 종을 떠나 지나가지 마옵시고 물을 조금 가져오게 하사 당신들의 발을 씻으시고 나무 아래서 쉬소서"(3, 4절).

지나가는 나그네에게 아브라함이 발을 씻고 들어오라고 했는데 이는 오늘날 우리의 풍습과는 좀 다른 것입니다. 그러나 그것은 그 당시에는 아주 당연한 인사였으며, 그리고 오래 전부터 고대 근동 지방에서 널리 시행되어 오던 예법이었읍니다. 주님께서도 다락방에서 제자들의 발을 씻어 주셨다는 것을 기억하시기 바랍니다. 물론 예수께서 그렇게 하신 데에는 우리가 잘 아는 대로 놀라운 영적 교훈이 있었읍니다. 아뭏든 아브라함도 본문에서 그 사람들에게 발을 씻으라고 했읍니다. 어떤 사람이 집을 방문할 때 그에게 신을 벗고 발을 씻도록 한다는 것은 정중한 대접을 한다는 하나의 표시였읍니다. 그때는 사람들이 머리에 쓴 것은 벗지 않았으나 신 만큼은 반드시 벗었읍니다. 그런데 오늘날 서양 예법은 그와 정반대입니다. 서양에서는 남의 집을 방문하면, 머리에 쓴 모자는 벗고 신발은 벗지 않습니다. 우리는 지역과 시대에 따라 그 문화가 다르기 때문에 어느 것이 가장 좋다고는 말할 수 없겠읍니다. 다만 개개의 문화가 그 환경에서는 가장 좋고 자연스런 것이지요. 어찌됐든 아브라함은 나그네들에게 그들의 문화에서 가장 좋은 대우를 베푼 것입니다.

> "내가 떡을 조금 가져 오리니 당신들의 마음을 쾌활케 하신 후에 지나가소서 당신들이 종에게 오셨음이니이다 그들이 가로되 네 말대로 그리하라 아브라함이 급히 장막에 들어가 사라에게 이르러 이르되 속히 고운 가루 세 스아를 가져다가 반죽하여 떡을 만들라 하고 아브라함이 또 짐승 떼에 달려가서 기름지고 좋은 송아지를 취하여 하인에게 주니 그가 급히 요리한지라 아브라함이 뻐터와 우유와 하인이 요리한 송아지를 가져다가 그들의 앞에 진설하고 나무 아래 모셔 서매 그들이 먹으니라" (5-8절).

이것은 참으로 극진한 대접이었읍니다. 아브라함은 그가 할 수 있는 대로 진수성찬을 마련하였읍니다. 그는 작은 송아지를 한 마리 취해서 하인에게 그것을 잡도록 했읍니다. 요리사는 아마 그것으로 맛있는 송아지 요리를 만들었을 것입니다. 물론 우리가 그 요리에 들어가는 양념이나 요리법 같은 것은 알 수 없읍니다. 그러나 분명한 것은 아브라함이 그들을 위해 최선을 다해 귀한 요리를 만들었다는 사실입니다. 그리고 그들은 송아지 요리와 함께 떡과 다른 음식들을 대접받았읍니다. 이토록 아브라함은 세 명의 손님에게 정성껏 베풀었읍니다.

그런데 우리는 성경에서 그들이 단순한 나그네가 아니라 아주 귀한 손님이었다는 사실을 발견하게 됩니다. 신약성경에는 그것에 대한 설명이 간단하게 나타납니다.
"부지중에 천사들을 대접한 이들이 있었느니라"(히 13:2).
부지중에 천사들을 대접한 사람이 누구입니까? 그 사람은 바로 아브라함입니다. 그는 지금 자기가 대접하고 있는 사람들이 누구인지 몰랐읍니다.

> "그들이 아브라함에게 이르되 네 아내 사라가 어디 있느냐 대답하되 장막에 있나이다"(9절).

오늘날도 어떤 나라에서는 그렇게 하고 있지만, 당시에 가나안 지방에서는 아내가 나와 손님을 맞이한다고 하는 것은 예의에 벗어나는 일이었읍니다. 더우기 그들 세 명 모두가 남자였기 때문에 더더군다나 안 되는 일이었읍니다. 그러나 그때 그들은 아브라함의 아내 사라에 대하여 묻고 질문하였읍니다.

> "그가 가라사대 기한이 이를 때에 내가 정녕 네게로 돌아오리니 네 아내 사라에게 아들이 있으리라 하시니 사라가 그 뒤 장막 문에서 들었더라"(10절).

아마도 사라는 그녀의 귀를 장막 문 틈에 대고 그들이 이야기하는 것을 듣고 있었을 것입니다. 생면부지의 사람이 아브라함의 아내의 이름을 사라라고 정확히 지칭하고 사라에게 아들이 없다는 것을 정확히 파악하는 것을 볼 때에 아브라함과 사라는 그제서야 그들이 '하나님의 사자들'인 것으로 식별을 했을 것입니다.

> "아브라함과 사라가 나이 많아 늙었고 사라의 경수는 끊어졌는지라 사라가 속으로 웃고 이르되 내가 노쇠하였고 내 주인도 늙었으니 내게 어찌 낙이 있으리요"(11,12절).

즉, 사라는 "내가 아들을 낳을 수 있다니?" 하면서 그만 웃고 말았읍니다. 그것은 어떠한 웃음이었을까요? 저는 그것이 사라가 있을 수 없는 너무도 기쁜 일에 대한 놀라움 때문에 터져나오는 웃음이었을 것이라고 생각합니다. 앞에서도 말씀드렸지만, 당신에게도 비슷한 경험들이 다 있었을 줄로 믿습니다. 우리는 하나님께서 때로 우리에게 생각지 못했던 큰 은혜를 베푸심으로 인해 의심과 기쁨이 뒤엉킨 웃음을 웃을 때가 있을 것입니다.

> "여호와께서 아브라함에게 이르시되 사라가 왜 웃으며 이르기를 내가 늙었거늘 어떻게 아들을 낳으리요 하느냐 여호와께 능치 못한 일이 있겠느냐 기한이 이를 때에 내가 네게로 돌아오리니 사라에게 아들이 있으리라 사라가 두려워서 승인치 아니하여 가로되 내가 웃지 아니하였나이다 가라사대 아니라 네가 웃었느니라"(13-15절).

사라는 하나님의 질문에 놀라 웃지 않았다고 말했지만, 자신이 웃었던 사실을 끝까지 부인할 수는 없었읍니다.

> "그 사람들이 거기서 일어나서 소돔으로 향하고 아브라함은 그들을 전송하러 함께 나가니라"(16절).

아브라함은 그들이 일어나서 돌아갈 때가 되자 그들을 전송하기 위하여 멀리까지 나갔읍니다. 그런데 그들이 아브라함의 집에서 멀리 벗어나자 그들에게는 소돔과 고모라가 보이기 시작하였읍니다. 저는 성지 순례 여행 때 그곳에 가 본 적이 있었는데, 날씨가 맑은 날에는 아주 멀리까지 보인다는 사실에 저는 놀라지 않을 수 없었읍니다. 저는 그때 예루살렘에서 베들레헴까지 볼 수가 있었읍니다. 그리고 사마리아의 옛터에서는 예루살렘과 지중해 그리고 갈릴리 호수까지 제

눈에 보였읍니다. 헤르몬 산은 어디에서나 다 볼 수 있었는데, 그 산은 참으로 멋진 산이었읍니다. 그런데, 아브라함은 손님들과 함께 얼마간 가다가 아래로 소돔과 고모라를 내려다 보게 되었읍니다. 소돔과 고모라는 그 당시 매우 번화한 도시였으며, 틀림없이 매우 화려하고 아름다운 곳이었을 것입니다.

하나님께서 소돔과 고모라의 멸망을 알리심

> "여호와께서 가라사대 나의 하려는 것을 아브라함에게 숨기겠느냐"(17절).

이때까지는 하나님께서 소돔과 고모라에 대해서 아브라함에게 아무런 말씀도 하시지 않았었읍니다. 하나님께서는 그곳을 멸망시키려고 작정하셨읍니다. 본문에는 "나의 하려는 것을 아브라함에게 숨기겠느냐?"라고 말씀하셨는데, 그러면 왜 하나님께서는 그 일을 아브라함에게 알리려고 하셨을까요?

> "아브라함은 강대한 나라가 되고 천하 만민은 그를 인하여 복을 받게 될 것이 아니냐"(18절).

아브라함은 장차 큰 영향을 끼치게 될 사람이었읍니다. 그는 그의 후손들과 수많은 사람들이 받을 큰 복의 근원이 될 사람이었읍니다. 그러한 하나님의 말씀은 오늘날 그대로 실현되었읍니다. 이러한 사실을 부인할 사람은 아무도 없을 것입니다.

> "내가 그로 그 자식과 권속에게 명하여 여호와의 도를 지켜 의와 공도를 행하게 하려고 그를 택하였나니 이는 나 여호와가 아브라함에게 대하여 말한 일을 이루려 함이니라"(19절).

하나님께서는 "그가 나에 대해 바로 알도록 하기 위해 이 사실을 숨기지 않겠노라"라고 말씀을 하시는 것입니다. 그러면 하나님은 어떤 분이십니까? 하나님은 불의를 용납지 않으시는 분이십니다. 즉, 하나님께서는 아브라함이 그의 후손들에게 소돔과 고모라 성의 멸망을 보고 불의를 행치 않도록 가르치기를 원하셨읍니다. 그 후손들은 아브라함에게 여호와의 도를 지켜 의와 공도를 행하기를 잘 배웠을 것입니다.

> "여호와께서 또 가라사대 소돔과 고모라에 대한 부르짖음이 크고 그 죄악이 심히 중하니 내가 이제 내려가서 그 모든 행한 것이 과연 내게 들린 부르짖음과 같은지 그렇지 않은지 내가 보고 알려 하노라"(20,21절).

본문을 조금 다르게 표현하자면 하나님께서는 아브라함에게 "내가 내게 들린 부르짖음과 같은지 내려가서 조사하려 하노라"라고 말씀하신 것입니다. 하나님께서는 어떤 일을 하실 때 결코 서두르시거나 조급하게 하시지 않습니다. 하나님께서 아브라함에게 소돔과 고모라 성을 멸하시겠다고 미리 말씀하신 것은 그분의 자비로우신 배려였읍니다. 그렇지 않았더라면 아마도 아브라함은 하나님께서 그 성을 멸망시키시는 것에 대해 하나님을 독재적이고 보복심이 강한 분으로 또 자기 백성에 대하여 전혀 자비를 베풀지 않으시는 아주 잔인하신 분으로 생각했을 것입니다. 그렇게 되면 아브라함은 앞으로 오랫동안 하나님께 대하여 그릇된 편견과 불만을 가졌을 것입니다. 그래서 하나님께서는 그분의 행하실 일에 대하여 그에게 미리 알게 하셨읍니다. 그때 아브라함에게는 이 문제에 대해 깊이 생각할 수 있는 충분한 시간이 있었읍니다. 이처럼 하나님께서는 우리에게 우리가 알아야 할 일에 대해서는 미리 충분하게 말씀해 주십니다. 물론 하나님께서는 우리에게 모든 것을 다 말씀해 주시는 것은 아닙니다. 그러나 우리에게 꼭 필요한 것은 다 말씀해 주십니다. 이 때문에 아무리 어리석고 미약한 사람일지라도 그에 대한 아무런 핑계도 댈 수 없는 것입니다.

"그 사람들이 거기서 떠나 소돔으로 향하여 가고 아브라함은 여호와 앞에 그대로 섰더니"(22절).

이때 아브라함은 하나님 앞에서 말씀을 받는 자세로 서 있었읍니다.

"가까이 나아가 가로되 주께서 의인을 악인과 함께 멸하시려나이까"(23절).

아브라함의 마음 속에 제일 먼저 떠오른 생각은 무엇이었을까요? 그것은 물론 롯에 대한 생각이었읍니다. 그는 전에 롯을 전쟁에서 구하여 낸 일이 있었는데, 이제 또 다시 롯은 소돔에서 화를 당하게 되었읍니다. 여기서 아브라함은 롯을 의인이요, 구원받은 하나님의 백성으로 믿어 의심치 않았읍니다. 그래서 그는 하나님께 "의인은 어떻게 하시렵니까?"라고 질문했읍니다. 아브라함은 소돔에도 의인이 많을 것이라고 생각했읍니다. 이 때문에 그는 왜 하나님께서 의인들을 악인들과 함께 멸하시려 하는지를 알 수 없었읍니다. 만일 정말로 그렇게 멸망한다면 참으로 끔찍한 일일 것입니다.

"그 성중에 의인 오십이 있을지라도 주께서 그 곳을 멸하시고 그 오십 의인을 위하여 용서치 아니하시리이까"(24절).

소돔 성의 구원을 부르짖는 아브라함의 탄원은 의인 오십 명으로부터 시작합니다. 그는 하나님께 "주님, 만약 소돔 성에 오십 명의 의인이 있더라도 그들로 인하여 성읍 전체를 용서치 않으시고 멸하시렵니까?"라고 애원하였읍니다.

"주께서 이같이 하사 의인을 악인과 함께 죽이심은 불가하오며 의인과 악인을 균등히 하심도 불가하니이다 세상을 심판하시는 이가 공의를 행하실 것이 아니니이까"(25절).

본문에서 "세상을 심판하시는 이가 공의를 행하실 것이 아니니이까?"라는 아브라함의 질문은 성경이 답변하고 있습니다. 성경의 모든 부분은 세상을 공의로 심판하시는 하나님에 대해 증거하고 있습니다. 하나님의 모든 행하시는 바는 공의로우십니다. 불의한 인간에 대한 하나님의 공의는 반드시 실현됩니다. 모든 불의는 하나님께서 정하신 그때에 반드시 심판을 받을 것입니다.

> "여호와께서 가라사대 내가 만일 소돔 성 중에서 의인 오십을 찾으면 그들을 위하여 온 지경을 용서하리라"(26절).

그러자 아브라함은 이것에 대해 깊이 생각했습니다.

> "아브라함이 말씀하여 가로되 티끌과 같은 나라도 감히 주께 고하나이다 오십 의인 중에 오 인이 부족할 것이면 그 오 인 부족함을 인하여 온 성을 멸하시리이까 가라사대 내가 거기서 사십오 인을 찾으면 멸하지 아니하리라"(27, 28절).

아브라함의 질문을 다시 표현하자면, "만약 사십오 명의 의인만 남아 있다면 그 사십오 인의 의인을 인하여 온 성을 멸하시겠나이까?"라는 물음입니다. 그때 하나님께서는 『내가 그 곳에서 의인 사십오 명을 찾으면, 그곳을 멸하지 아니하리라』고 말씀하십니다. 여기서 아브라함은 좀더 용기를 얻어 하나님께 "거기서 의인 사십 인을 찾으면 어찌 하시려나이까" 하고 여쭈었읍니다. 그러자 또 다시 하나님께서는 『내가 그 사십 인을 인하여 멸하지 아니하리라』고 말씀하셨읍니다. 아브라함은 소돔 성의 구원에 필요한 최소한의 의인 수를 계속 줄여가면서 질문하였읍니다. 그는 "의인 삼십 인을 찾으면 어찌 하시려나이까?"라고 또 질문합니다. 하나님께서는 『의인 삼십 인만 있어도 멸하지 아니하리라』고 말씀하셨읍니다. 아브라함은 이제 "의인 이십 인을 찾으시면 어찌 하시려나이까?"라고 다시 질문합니다. 그때 하나님께서는 『그로 인하여도 내가 멸하지 아니하리라』고 말씀하셨읍니다. 아브라함은 자기의 간구에 계속 응답하여 주시는 하나님의 은혜에 놀라, 이제는 그 숫자를 낮추어, 최종 질문을 드립니다.
"그 성 중에 의인 십인이 있다면 그 십인을 인하여 멸하시렵니까?"
그때 하나님께서는 『내가 의인 십 인을 인하여도, 성을 멸하지 아니하리라』고 말씀하셨읍니다.

> "여호와께서 아브라함과 말씀을 마치시고 즉시 가시니 아브라함도 자기 곳으로 돌아갔더라"(33절).

여기에서 저는 한 가지 의문이 생깁니다. 왜 아브라함이 십 인 이하의 의인에 대하여는 질문하지 않았을까 하는 점입니다. 그것은 십인 이하까지 질문하다가 자칫 의인인 조카 롯마저 멸망받을까 염려했기 때문입니다. 따라서 그는 십 인 이하의 의인에 대해서는 더 이상 질문하려 하지 않았읍니다. 그러나 만일 그 성에 의인이 한 사람만 있다면 어떻게 될까요? 하나님께서는 그 의인 한 사람을 저들과 함께 멸하실까요? 아닙니다. 하나님은 그렇게 하시지 않습니다. 하나님께서는 그를 반드시 그 가운데서 구하십니다. 하나님께서는 결단코 의인을 불의한 자들과 함께 멸하시지 않으십니다. 하나님께서는 단 한 사람의 생명도 무고하게 멸하시지 않습니다. 이 때문에 하나님께서는 롯에게 "성 밖으로 나가라 그때까지는 내가 성을 멸하지 아니하리라"고 말씀하셨던 것입니다.

여기서 소돔과 고모라는 전형적인 세상을 상징합니다. 오늘날 우리가 사는 세상의 모습은 어떠합니까? 오늘날의 세상도 과거 소돔과 고모라와 다를 바가 없읍니다. 아니, 어쩌면 오늘의 세상은 소돔과 고모라보다 더 악하고 심각하다고도 볼 수 있읍니다. 그렇다고 곧 주님께서 이 땅 위에 당장 재림하시는 것은 아닙니다. 그리스도께서 언제 재림하실지에 대해서는 아무도 모릅니다. 그러나 그분께서는 내일이라도 오실 수 있으며 그때 세상은 분명히 소돔과 고모라처럼 멸망당하게 될 것입니다.

제 19 장

천사가 롯을 방문함 / 성과 들의 파괴

바로 앞 장, 창세기 18 장에서는 하나님과 교제함으로써 복을 받은 그리스도인의 모습을 보았읍니다. 그러나 여기서부터는 그 장면이 바뀝니다. 즉, 우리는 우리의 시선을 아브라함의 거주지였던 마므레 평지의 헤브론을 떠나 롯의 거주지인 소돔 성으로 옮겨 보겠읍니다. 우리는 본 장에서 롯이 아내와 두 딸을 데리고 소돔을 급히 떠나는 모습과, 소돔과 고모라가 파괴되는 모습을 봅니다. 그리고 롯의 아내는 소금 기둥이 되고, 롯의 두 딸은 무서운 죄를 범합니다.

우리는 창세기 19 장에서 "의인의 고통받는 삶"을 보게 됩니다. 롯은 의인이었다는 것을 기억하기 바랍니다. 롯이 의인이었다는 사실은 사실 우리가 믿기 어려운 일입니다. 저도 이것이 창세기에만 기록되었다면 아마 믿지 않았을 것입니다. 그러나 시몬 베드로는 롯에 대하여 다음과 같이 말했읍니다.

“(이 의인이…날마다 저 불법한 행실을 보고 들음으로 그 의로운 심령을 상하니라)”(벧후 2:8).
롯은 소돔에서 살았지만, 그곳에서의 생활이 결코 행복하지는 못했읍니다. 그가 사실 소돔으로 옮겨가는 날은 그에게 있어 비극적인 날의 시작이었읍니다. 왜냐하면 그는 그의 가족을 잃게 되었기 때문입니다. 사실 우리가 그의 생애 전체를 자세히 살펴보면, 그는 모든 가족을 결국 잃고 맙니다. 그것은 그에게 있어 큰 비극이 아닐 수 없읍니다.

오늘날 구원받은 사람들은 매우 많이 있지만, 그 가운데는 자신들의 잘못된 행동으로 말미암아 가족으로부터 신망과 권위를 상실하는 경우가 얼마나 많은지 모릅니다. 이 때문에 그들은 그들의 삶이 사람들 앞에 증거가 되지 못합니다.

필자는 오랫 동안의 목회 생활을 통하여 롯과 같은 그리스도인들을 많이 보아왔읍니다. 최근, 제가 봉사하고 있는 교회에서 지도적 위치에 있는 어느 성도의 아들이, 저에게 자기가 바라는 것은 단지 자기 아버지가 죽어서 그리스도인의 생활을 버리는 것이라고 말하였읍니다. 그는 아버지의 행동이 모두가 허위이며 그가 보는 모든 것이 위선이라고 생각하고 있었읍니다. 그 아버지는 자기 아들을 잃어버린 거나 같습니다. 그리고 다른 것에 있어서도 그는 영향력을 상실했다고 저는 확신합니다. 그러나 저는 그의 구원에 대해서는 의심치 않습니다. 저는 그가 그리스도를 믿고 있다고 생각합니다. 그러나 그의 생활을 보면, 정말 그가 그리스도를 믿는 사람인지 확실히 알 수가 없읍니다.

불쌍한 롯! 이는 얼마나 비극적입니까! 이 장은 창세기에서 가장 지저분한 두 장 중의 하나입니다.

천사가 롯을 방문함

"날이 저물 때에 그 두 천사가 소돔에 이르니 마침 롯이 소돔 성문에 앉았다가 그들을 보고 일어나 영접하고 땅에 엎드리어 절하여"(1절).

두 천사가 소돔에 있는 롯을 방문한 것은 장차 임하게 될 심판을 알리기 위함이었읍니다. 그런데 그때, 롯이 소돔 성문에 앉아 있었다는 것을 특별히 주목하십시오. 그 당시 성문에 앉아 있는 사람들은 주로 재판관이었읍니다. 즉, 롯은 소돔으로 가 정계에까지 진출을 하였던 것입니다. 그는 성문에서 작은 소송들을 처리하는 재판관으로 앉아 있었던 것입니다.

"가로되 내 주여 돌이켜 종의 집으로 들어와 발을 씻고 주무시고 일찌기 일어나 갈 길을 가소서 그들이 가로되 아니라 우리가 거리에서 경야하리라"(2절).

여기서 두 천사의 발은 틀림없이 더러웠을 것입니다. 물론, 당신이라도 마므레 평지로부터 소돔까지 샌들만 신은 채로 걸어갔다면 발을 씻지 않으면 안 되었을 것입니다.

롯은 매우 친절한 사람이었읍니다. 그 나그네들이 왔을 때, 롯은 그들을 자기 집으로 초대하였읍니다. 그러자 그들은 집 안으로 들어갔읍니다. 그러나 처음에는 그들이 거절하였읍니다.

"그들이 가로되 아니라 우리가 거리에서 경야하리라."

이를 다르게 표현하자면 "아니오, 우리는 밖에서 묵겠읍니다. 우리 때문에 당신에게 폐를 끼쳐드리고 싶지 않습니다"라고 말한 것입니다. 물론 그들이 이렇게 대답한 것은 어떠한 목적이 있었기 때문이었읍니다.

"롯이 간청하매 그제야 돌이켜서 그 집으로 들어오는지라 롯이 그들을 위하여 식탁을 베풀고 무교병을 구우니 그들이 먹으니라"(3절).

이 손님들은 이때 다시금 좋은 대접을 받았읍니다. 그들이 전에는 아브라함으로부터 후한 대접을 받더니, 이제는 아브라함의 조카 롯에게서 또 비슷한 대접을 받게 되었읍니다.

그들이 "우리가 거리에서 묵다가 정원에서 자리라"고 말한 것은 무엇인가 숨은 의미가 있었읍니다. 그러나 롯은 그들에게 간청했읍니다.

"소돔에서는 그렇게 할 수 없어요. 그것은 위험한 일입니다. 그렇게 한다면 당신들의 생명이 위험하게 될지도 모르니까요."

"롯이 간청하매" 그들이 집안으로 들어왔읍니다.

> "그들의 눕기 전에 그 성 사람 곧 소돔 백성들이 무론 노소하고 사방에서 다 모여 그 집을 에워싸고 롯을 부르고 그에게 이르되 이 저녁에 네게 온 사람이 어디 있느냐 이끌어 내라 우리가 그들을 상관하리라"(4, 5절).

본문은 소돔 성이 얼마나 타락했는가를 우리에게 보여주고 있읍니다. 본문의 "우리가 그들을 상관하리라" 하는 말은 "우리가 그들로 더불어 성적으로 재미를 좀 보겠다"는 뜻입니다. 오늘날 영어의 sodomy, 즉 남색 또는 동성연애란 말은 소돔 성의 이러한 죄로부터 유래된 단어입니다. 저들은 이 두 천사들로 더불어 만인이 보는 앞에서 남색을 하려고 했던 것입니다. 이 얼마나 무서운 죄입니까? 성경은 분명코 남색하는 죄에 대해 경고하고 있읍니다.

"이와 같이 남자들도 순리대로 여인 쓰기를 버리고 서로 향하여 음욕이 불일 듯하매 남자가 남자로 더불어 부끄러운 일을 행하여 저희의 그릇됨에 상당한 보응을 그 자신에 받았느니라"(롬 1:27).

저는 롯이 소돔으로 갈 때에 소돔이 이러한 곳이었는지는 전혀 몰랐을 것이라고 생각합니다. 그는 그곳에 가서야 비로소 그곳이 어떠한 곳임을 알았을 것입니다. 그는 그러한 환경 가운데서 그의 딸들을 양육했읍니다. 이 도시의 죄악상은 실로 너무도 컸기 때문에 하나님께서는 심판을 내리려 하셨읍니다. 그러므로 이때는 하나님께서 그 도시를 멸하시기 바로 직전의 순간이었읍니다.

우리는 여기에서 죄에 대하여 분명한 선을 그어야 한다는 교훈을 받습니다. 죄를 평가하는 오늘날 우리들의 태도가 옛날과는 판이하게 달라졌읍니다. 과거에는 우리가 죄로 판단했던 것들을 요즈음은 죄로 여기지 않으려는 경향이 있읍니다. 이러한 풍조에 오늘날 우리의 교회도 점차 영향을 받고 있읍니다. 미국의 남캘리포니아에는 동성연애자들로만 이루어진 교회가 있으며, 심지어는 그 교회의 담임목사까지도 동성연애자라고 하니 놀라지 않을 수 없는 일입니다. 소돔과 고모라 성의 파멸은 이 사람들에게 하나의 큰 경고가 될 것입니다.

어떤 사람이 혹시 계속 죄 가운데 머물러 있다면 그 사람은 하나님의 자녀라고 볼 수 없읍니다. 죄 가운데 거하면서 또 동시에 하나님의 자녀가 될 수는 없는 것입니다. 하나님께서는 그러한 일이 결코 불가능하다고 말씀하십니다. 우리는 그 실례를 소돔 성의 멸망을 통해 볼 수 있읍니다. 이에 대해 바울은 "우리가…은혜를 더하게 하려고 죄에 거하겠느뇨?"라고 질문하면서 "그럴 수 없느니라"고 로마서 6 장 1,2 절에서 말했읍니다. 그렇다고 그리스도인은 전혀 죄를 짓지 않는다는 말은 아닙니다. 우리는 육신을 입고 있고 유혹이 가득한 세상에 살고 있기에 우리는 종종 넘어질 때가 있읍니다. 그러나 우리는 결코 계속해서 죄에 빠져 그 속에 머물러 있을 수는 없읍니다.
"그 안에 거하는 자마다 범죄하지 아니하나니 범죄하는 자마다 그를 보지도 못하였고 그를 알지도 못하였느니라"(요일 3:6).
여기서의 범죄란 말은 한 번 두 번 범하는 죄가 아니라 계속해서 죄 가운데 머물러 있는 상태를 의미합니다. 우리는 주님 안에 거하기에 결코 죄 안에 거할 수는 없읍니다.

그런데 소돔과 고모라가 바로 그러한 상태에 빠져 있었기에 하나님께서는 그 성읍들을 멸하셨읍니다. 하나님께서는 어제나 오늘이나 변함이 없으십니다. 그 당시에 소돔과 고모라를 멸하신 하나님은 오늘도 변치 않으셨읍니다. 하나님께서는 오늘도 그 어떠한 범죄도 용납지 않으십니다. 공의의 하나님께서는 각 사람의 모든 죄악들을 반드시 심판하십니다. 때문에 우리는 이 죄의 문제를 해결해 주신 예수 그리스도께로 나아와 회개하고 하나님의 자비와 긍휼을 구해야겠읍니다. 우리가 범죄함에서 벗어나 구원을 받는 길은 오직 예수 그리스도께 나아오는 길밖에 없읍니다. 그리스도께 나아온 모든 자마다 다 변화되었읍니다. 신약성경 전체는 바로 이러한 사실을 증거하고 있읍니다.

> "롯이 문 밖의 무리에게로 나가서 뒤로 문을 닫고 이르되 청하노니 내 형제들아 이런 악을 행치 말라"(6, 7절).

소돔 사람들은 문 밖에서 롯의 집 안에 있는 자들을 그들에게 내보내달라고 했읍니다. 그러자 롯은 그들에게 "청하노니 내 형제들아 이런 악을 행치 말라"고 사정했읍니다. 그들의 이런 악은 어제 오늘의 일이 아니었읍니다. 참으로 저들은 벌써 오래 전부터 이런 악을 행해 왔던 것입니다.

> "내게 남자를 가까이 아니한 두 딸이 있노라 청컨대 내가 그들을 너희에게로 이끌어 내리니 너희 눈에 좋은 대로 그들에게 행하고 이 사람들은 내 집에 들어왔은즉 이 사람들에게 아무 짓도 하지 말라"(8절).

그 당시는 사람이 손님을 접대할 때 주인은 손님에 대하여 책임을 지게 되어 있었읍니다. 따라서 롯은 손님을 보호할 목적으로 이러한, 생각하기 어려운 희생까지 감수하려 했읍니다.

> "그들이 가로되 너는 물러나라 또 가로되 이 놈이 들어와서 우거하면서 우리의 법관이 되려 하는도다 이제 우리가 그들보다 너를 더 해하리라 하고 롯을 밀치며 가까이 나아와서 그 문을 깨치려 하는지라"(9절).

당신이 이미 아시는 바와 같이 롯은 그곳에서 정치계에 진출하여 활동하고 있었읍니다.

> "그 사람들이 손을 내밀어 롯을 집으로 끌어 들이고 문을 닫으며 문 밖의 무리로 무론대소하고 그 눈을 어둡게 하니 그들이 문을 찾느라고 곤비하였더라"(10, 11절).

롯의 손님들이 이렇게 하지 않았더라면 롯과 그들은 모두 죽음을 당하였을 것입니다. 왜냐하면 소돔 사람들의 당시 악행으로 보아 능히 그렇게 하고도 남음이 있었기 때문입니다.

> "그 사람들이 롯에게 이르되 이 외에 네게 속한 자가 또 있느냐 네 사위나 자녀나 성 중에 네게 속한 자들을 다 성 밖으로 이끌어내라 그들에 대하여 부르짖음이 여호와 앞에 크므로 여호와께서 우리로 이곳을 멸하러 보내셨나니 우리가 멸하리라 롯이 나가서 그 딸들과 정혼한 사위들에게 고하여 이르되 여호와께서 이 성을 멸하실 터이니 너희는 일어나 이곳에서 떠나라 하되 그 사위들이 농담으로 여겼더라"(12-14절).

롯은 매우 험악한 상황에 처하여 있읍니다. 그는 소돔 성에서 오랫동안 살았읍니다. 비록 그들의 행동이 악하였지만, 롯은 그것을 그 동안은 견디어낼 수가 있었읍니다. 그는 그곳에서 자녀들이 성장하는 모습을 지켜보았으며, 그 자녀들은 분명히 그와 같은 정도의 도덕 수준을 가진 자들과 정혼하였을 것입니다. 롯이 하나님의 사자로부터 성 밖으로 떠나라는 말을 듣고는, 그의 딸들과 정혼한 사위들을 찾아가 "우리가 이곳을 떠날 것이네. 하나님께서 곧 성읍을 멸하실 것이네"라고 말했읍니다. 그들은 롯을 비웃고 조롱하였읍니다. 사실 롯은 그곳에서 사람들에게 그다지 영적인 영향력을 끼치지 못했읍니다. 그리고 그는 자기가 믿고 있는 하나님을 증거하는 일을 게을리한 것으로 보입니다. 그는 그가 그곳에 거주하는 동안 성읍 사람들을 한 사람도 하나님 앞으로 인도하지 못했읍니다. 오늘날도 마찬가지입니다. 만일 오늘 우리들의 생활이 롯과 같다면, 우리도 사람들을 그리스도 앞으로 인도할 수가 없을 것입니다. 우리는 복음을 말로만이 아니라 우리의 삶으로써 증거해야 하겠습니다.

그러나 아뭏든 베드로는 이에 대해 다음과 같이 언급합니다.
"소돔과 고모라 성을 멸망하기로 정하여 재가 되게 하사 후세에 경건치 아니할 자들에게 본을 삼으셨으며 무법한 자의 음란한 행실을 인하여 고통하는 의로운 롯을 건지셨으니 (이 의인이 저희 중에 거하여 날마다 저 불법한 행실을 보고 들음으로 그 의로운 심령을 상하니라)"(벧후 2:6–8).
롯은 소돔에서 결코 만족스런 생활을 누리지 못하였읍니다. 이때 그는 소돔 성을 떠날 것을 결심했는데, 이에 그의 아내와 두 딸이 그와 함께 동행하게 되었읍니다.

> "동틀 때에 천사가 롯을 재촉하여 가로되 일어나 여기 있는 네 아내와 두 딸을 이끌라 이 성의 죄악 중에 함께 멸망할까 하노라 그러나 롯이 지체하매 그 사람들이 롯의 손과 그 아내의 손과 두 딸의 손을 잡아 인도하여 성 밖에 두니 여호와께서 그에게 인자를 더하심이었더라"(15, 16절).

그곳에는 분명히 하나님을 믿는 의인 롯이 있었읍니다. 롯이 의인이었던 것은 그가 하나님을 믿는 아브라함의 계통을 이어받았기 때문입니다. 그리고 롯은 또 하나님을 믿었고 하나님께 희생제사도 드렸읍니다. 그래서 하나님께서는 롯에게 자비를 베푸신 것입니다. 또한 롯은 성을 멸하시겠다는 하나님의 말씀을 믿고 성 밖으로 나갔읍니다.

> "그 사람들이 그들을 밖으로 이끌어 낸 후에 이르되 도망하여 생명을 보존하라 돌아보거나 들에 머무르거나 하지 말고 산으로 도망하여 멸망함을 면하라 롯이 그들에게 이르되 내 주여 그리 마옵소서 종이 주께 은혜를 얻었고 주께서 큰 인자를 내게 베푸사 내 생명을 구원하시오나 내가 도망하여 산까지 갈 수 없나이다 두렵건대 재앙을 만나 죽을까 하나이

> 다"(17-19절).

롯조차도 그곳을 떠나기를 원하지 않았읍니다. 그는 자기가 성읍 밖으로 나간다 해도 하나님께서 그에게 지정하신 산까지는 갈 수 없겠다고 말했읍니다.

> "보소서 저 성은 도망하기 가깝고 작기도 하오니 나로 그곳에 도망하게 하소서 이는 작은 성이 아니니이까 내 생명이 보존되리이다"(20절).

본문에 나타난 "저 성"은 소알이라는 작은 성읍입니다. 우리가 보는 바와 같이 롯이 소돔에서 나오긴 하였지만 하나님의 지시하신 대로 순종치 않았읍니다. 그는 자신의 원하는 곳으로 가게 해달라고 했읍니다. 이 때문에 그는 후에 많은 고통을 겪게 됩니다.

성과 들의 파괴

이제 하나님께서는 소돔과 고모라 성을 파괴하시는데 우리는 여기에서 두 가지, 즉 롯의 아내와 그 딸들에게 일어난 일들을 보게 될 것입니다. 먼저 롯의 아내에 대하여 보겠읍니다.

> "롯의 아내는 뒤를 돌아 본고로 소금 기둥이 되었더라"(26절).

본문은 지금까지 많이 오해되고 있는 부분 중의 하나입니다. 도대체 롯의 아내는 왜 뒤를 돌아보았을까요? 저는 그 이유를 두 가지로 생각해 봅니다. **롯의 아내가 뒤를 돌아 본 첫째 이유는, 소돔을 떠나고 싶지 않은 아쉬움 때문이었읍니다.** 그녀는 소돔을 좋아하였읍니다. 그녀는 남편 롯도 사랑하였지만 그녀가 진정 사랑하였던 것은 소돔 땅이었읍니다. 그녀의 몸은 소돔 밖으로 나왔지만, 그녀의 마음은 여전히 그곳을 버리지 못하였음이 틀림없읍니다.

이것은 오늘날의 우리에게 큰 교훈을 줍니다. 그리스도인들은 주님께서 다시 오시는 것을 기다리며 또 바랍니다. 그런데도 대부분의 그리스도인들의 생활은 그들이 바라는 만큼 결코 따라가지 못하고 있습니다. 주일 아침이 되면 그들은 교회를 향하여 쉽게 발길을 옮기지 않습니다. 그리고 주일 저녁 예배에도 그들은 TV 의 재미있는 프로나 연속극 때문에 교회에 나오려고 하지 않습니다. 대부분의 가정에 컬러 TV 가 있고, 또 주일 밤에는 각종의 인기 프로가 집중되어 있기 때문에 그들은 교회에 나가기보다는 이 프로들을 안방에서 즐기고 싶어합니다. 그러나 주님께서 오늘 오시게 된다면 어떻게 될까요? 그렇게 되면 당신은 TV 보는 것을 중단해야 할 것입니다. 또 그렇게 사랑하던 가정도 포기해야만 될 것입니다. 그때 우리는 모든 것을 다 버리게 될 것입니다. 그러면 제가 한 가지 묻겠습니다. 주님께서 재림하실 때 우리가 가진 모든 것을 버리는 것이 아깝습니까?

저는 그것에 대하여 저 스스로 여러 차례 질문해 보았습니다. 솔직히 말씀드려 저는 세상을 결코 떠나고 싶지는 않습니다. 저에게는 좋은 친구들과 제가 사랑하는, 그리고 저를 사랑해 주는 사람들이 있습니다. 그리고 저는 앞으로도 계속하여 라디오를 통한 선교 프로그램에 계속 사역하고 싶습니다. 저는 솔직히 주님께서 저로 하여금 땅 위에 더 머물 수 있도록 허락해 주시기를 바라고 있습니다. 그러나 그분께서 언제라도 저를 부르신다면, 저는 버리기 싫은 것들이 많이 있지만, 과감히 그것들을 버리겠노라고 주님께 말씀드릴 수 있기를 원합니다.

롯의 아내가 뒤를 돌아 본 또 하나의 이유는, 하나님의 말씀을 온전히 믿지 않았기 때문입니다. 하나님께서는 "성읍들을 떠나 뒤를 돌아보지 말라"고 말씀하셨습니다. 롯은 뒤를 돌아 보지 않았습니다. 그는 이 점에 있어 하나님의 말씀에 그대로 순종하였읍니다. 그러나 롯의 아내는 하나님의 말씀에 순종치 않았읍니다. 그녀는 하나님의 말씀을 온전히 믿지 않았읍니다. 그녀의 관심은 오직 소돔 성에 있었읍니다.

아직도 미련이 남은 것입니다. 그녀는 성읍 밖으로 몸만 나왔지만 사실상 그 영혼이 완전히 나오지 않았기 때문에 소금 기둥이 된 것입니다.

저는 31–38 절에 있는 롯의 두 딸의 이야기에 대해서는 다루지 않겠읍니다. 그것은 참으로 말하기조차 부끄러운 사건입니다. 사실은 롯이 소돔으로 옮겨간 것 자체가 잘못이었읍니다. 그는 자신의 영적인 구원 외에는 모든 것을 잃었읍니다. 롯은 자신의 죄와 잘못을 방치해 두는 자들의 대표적인 표본이 되었읍니다. 실로 그는 "불 가운데서" 그 한 몸만 겨우 구원을 받는 자들의 조상이 된 것입니다.

이제는 아브라함이 소돔과 고모라를 바라보았을 때의 모습을 살펴봄으로써 본 장의 결론을 맺을까 합니다. 아브라함이 소돔을 바라보았을 때의 그 모습은 어떠했을까요?

> "아브라함이 그 아침에 일찌기 일어나 여호와의 앞에 섰던 곳에 이르러 소돔과 고모라와 그 온 들을 향하여 눈을 들어 연기가 옹기점 연기같이 치밀음을 보았더라"(27, 28절).

아브라함이 소돔 쪽을 향해 보았을 때, 그의 마음은 참으로 비통했을 것입니다. 아브라함은 롯이 그곳을 피했는지에 대해서 아마도 나중에야 알았을 것입니다. 그래서 아브라함이 그곳을 보았을 때, 롯에 대한 염려는 컸을 것입니다. 그리고 악인들의 최후를 바라보는 아브라함은 하나님의 공의의 심판과 저들의 비참한 종말에 대해 깊은 생각에 잠겼을 것입니다. 하지만 아브라함은 소돔에 심판이 임하였을 때, 소돔과 세상의 물질에 대한 미련은 없었읍니다. 그의 마음에는 아무런 아쉬움도 없었읍니다.

성경은 우리에게 이렇게 말합니다.

"이 세상이나 세상에 있는 것들을 사랑치 말라"(요일 2:15).

그러면 여기서 소돔을 바라본 세 사람에 대해 잠깐 말씀 드리겠읍니다. 첫번째 사람은 **롯**입니다. 롯은 소돔을 잘못 보았습니다. 소돔의 참된 모습은 보지 못하고 외적인 번영만 보았습니다. 결국 그는 그것을 뒤늦게 깨달았습니다. 두번째 사람은 **롯의 아내**입니다. 롯의 아내는 소돔을 사랑했습니다. 그곳을 결코 포기하지 못했습니다. 세번째 사람은 **아브라함**입니다. 아브라함은 소돔에 아무런 미련도 애착도 갖지 않았습니다. 그리고 하나님께서 말씀해 주신 대로 소돔을 바로 바라보았습니다.

그런데 현대 교회가 하나님께서 남색을 다루듯이 그렇게 엄하게 다루지 않고 있다는 데 대해 매우 유감스럽습니다. 저는 그것이 과거보다 더 성행한다고는 생각지 않습니다. 그러나 우리 인구의 상당수가 변태적으로 동성연애에 가담하고 있습니다. 우리는 이 문제를 좀 더 구체적으로 다루기로 하겠습니다.

그리스도인은 동성연애에 대하여 어떠한 태도를 가져야 합니까? 그 당시, 롯조차도 "너희가 악을 행하는도다"라고 말하였읍니다. 그리고 하나님께서도 그것을 심판하셨읍니다. 하나님의 자녀에게는 이런 형태의 것에 타협할 수 없다는 것을 아는 것만으로는 충분치 않습니다. 이것은 죄입니다. 세상은 이것에 탐닉하며 이것을 단지 병으로 취급합니다. 그들은 이것을 알콜중독과 같이 취급합니다. 물론 그러한 사람들은 병든 사람입니다. 하지만 무엇이 그로 하여금 술에 입을 대게 하고 그가 병들 때까지 계속해서 술을 마시게 합니까? 죄가 그렇게 만듭니다. 죄가 바로 문제입니다. 그리고 그 동성연애도 죄입니다. 이것은 로마서 1 장에서 분명히 기록하고 있으며 하나님께서는 그러한 자들을 내버려두사 저희 몸을 서로 욕되게 한다고 말씀하셨읍니다(롬 1:18–32).

창세기 19 장은 오늘날 우리가 살고 있는 이 세대를 위하여 얼마나 중요한 장인지요!

제 20 장

아브라함이 사라에 대하여 거짓 진술함

창세기 20 장은 마치 우리 목에 붙어 있는 혹처럼 우리에게 거의 불필요한 장처럼 보입니다. 이것은 참으로 성경에서 도려내 버리고 싶은 장입니다. 왜냐하면 본 장에서 아브라함이 애굽에 갔을 때 사라에 대하여 "그는 나의 누이라"고 거짓말하는 죄를 다시 범했기 때문입니다. 이것은 참으로 부끄러운 이야기이지만, 본 장이 성경에 기록된 것은 매우 중요한 한 가지 이유가 있기 때문입니다. 아브라함과 사라는 이러한 죄 문제를 해결한 다음에야 이삭을 낳고 축복을 받을 수 있었읍니다. 우리의 삶 가운데서 일어나는 죄에 대해 우리가 진실로 회개하려는 마음이 없다면 우리에게는 결코 축복이 임하지 않을 것입니다.

아브라함이 사라에 대하여 거짓 진술함

저는 여기에서 창세기 20 장의 중요한 요점만을 언급하려고 합니다.

> "아브라함이 거기서 남방으로 이사하여 가데스와 술 사이 그랄에 우거하며 그 아내 사라를 자기 누이라 하였으므로 그랄 왕 아비멜렉이 보내어 사라를 취하였더니"(1,2절).

이것은 매우 재미있는 이야기입니다. 사라는 과연 얼마나 아름다운 여인이었을까요? 이 때 사라의 나이가 거의 90 세였음에도 불구하고 사라는 매우 아름다웠읍니다. 사람은 65 세 이상이 되면, 대부분이 젊었을 때의 아름다움을 잃게 되지 않습니까?

이제 아브라함은 먼 남방으로 옮겨갔읍니다. 그는 훗날 이스라엘 백성들이 애굽에서 나와 들어가기를 꺼려하였던 가데스바네아 땅을 가로질러서 그랄로 갔읍니다. 아브라함은 거기서 다시금 사라에 대하여 거짓말하는 죄를 범하게 됩니다.

여기서 우리는 아브라함이 자신의 죄를 고백한 것에 유의해야 하겠읍니다. 왜냐하면 아브라함의 이와 같은 죄의 고백은 본 장에서 중요한 의미를 갖기 때문입니다. 즉, 아브라함과 사라는 그들의 죄를 회개하기까지 이삭을 가질 수 없었읍니다. 그들의 회개가 있고난 후에야 하나님은 약속을 이루셨읍니다. 우리는 이처럼 우리의 죄의 문제를 반드시 하나님 앞에서 해결해야 하겠읍니다.

> "아브라함이 가로되 이곳에서는 하나님을 두려워함이 없으니 내 아내를 인하여 사람이 나를 죽일까 생각하였음이요"(11절).

아비멜렉은 아브라함의 거짓말로 인해 큰 죄에 빠질 뻔하였읍니다. 즉, 아브라함은 우선 하나님을 신뢰하지 못했읍니다. 그는 스스로 생각하기를 그곳은 하나님을 두려워하지 않을 것이라고 추측했었읍니다. 그러나 아브라함은 아비멜렉이 선악에 대하여 매우 뛰어난 분별

력을 갖고 있음을 이제야 깨닫게 됩니다. 아비멜렉은 훌륭한 인격의 소유자였으며 분명히 하나님을 아는 사람이었읍니다. 오히려 아비멜렉의 입장에서 볼 때 아브라함에게는 선한 것을 찾아볼 수가 없었었읍니다.

"또 그는 실로 나의 이복누이로서 내 처가 되었음이니라"(12절).

아브라함은 이때 사실을 실토하였읍니다. 그는 이렇게 말했읍니다. "솔직히 말씀드리면 그것은 반거짓말이었읍니다. 사라는 저의 이복누이로서, 제 아내가 되었지요."

"하나님이 나로 내 아비 집을 떠나 두루 다니게 하실 때에 내가 아내에게 말하기를 이 후로 우리의 가는 곳마다 그대는 나를 그대의 오라비라 하라 이것이 그대가 내게 베풀 은혜라 하였었노라"(13절).

아브라함에게는 하나님께 대한 온전한 확신과 믿음이 없었읍니다. 이에 아브라함은 집을 떠나 가는 곳마다 그의 아내 때문에 죽임을 당할까 염려했읍니다. 그래서 아브라함은 자기 아내 사라더러 자신을 오라비라 부르도록 시켰읍니다. 아브라함과 사라는 그렇게 하는 것이 아브라함의 죽음을 면하게 하는 길이라고 생각하였읍니다. 그들은 그러한 약속을 했기에, 애굽에서도 그러했고, 또 이곳에서도 다시금 그렇게 한 것입니다. 아브라함은 하나님께 아들을 달라고 기도하기 전에 그러한 죄 문제를 먼저 해결받아야만 했읍니다. 그때까지 아브라함은 결코 이삭을 가질 수가 없었읍니다.

오늘날 그리스도인 가운데는 그들의 삶 가운데 있는 죄를 고백하지 않기 때문에 삶의 축복을 받지 못하고 있는 사람들이 얼마나 많습니까? 우리 한국 교회의 부흥은 전적으로 우리의 죄에 대한 회개에 달려 있다고 믿습니다. 교회의 지도자와 평신도를 막론하고 우리 모두는 참으로 하나님 앞에서 우리의 잘못들을 회개해야 하겠읍니다.

문제는 우리들 자신에게 있는 것입니다. 바로 이러한 죄의 문제가 온전히 해결되기 전에는 어떠한 축복도 우리에겐 있을 수 없습니다. 바울은 그의 서신에서 우리에게 이렇게 말하고 있습니다.

"사람이 자기를 살피고 그 후에야 이 떡을 먹고 이 잔을 마실지니 주의 몸을 분변치 못하고 먹고 마시는 자는 자기의 죄를 먹고 마시는 것이니라 이러므로 너희 중에 약한 자와 병든 자가 많고 잠자는 자도 적지 아니하니 우리가 우리를 살폈으면 판단을 받지 아니하려니와 우리가 판단을 받는 것은 주께 징계를 받는 것이니 이는 우리로 세상과 함께 죄 정함을 받지 않게 하려 하심이라"(고전 11:28–32).

우리는 먼저 우리 자신을 늘 살피고 하나님 앞에 서야 하겠읍니다. 그와 같은 깨끗한 심령 가운데 하나님의 은혜는 강물같이 흐를 것이며, 하나님의 약속은 속히 이루어질 것입니다. 이것이 바로 창세기 20 장에 기록되어 있는 놀라운 영적 교훈입니다.

제 21 장

이삭의 출생 / 내어쫓기는 하갈과 이스마엘 / 브엘세바에서의 아브라함과 아비멜렉

우리는 앞의 창세기 20 장에서 아브라함과 사라가 그들의 죄를 고백하여 사함받은 후에야 그들에게서 이삭이 태어날 수 있었다는 것을 보았읍니다. 이제 창세기 21 장에서는 우리가 이삭의 출생 장면을 보게 됩니다.

이삭의 출생

"여호와께서 그 말씀대로 사라를 권고하셨고 여호와께서 그 말씀대로 사라에게 행하셨으므로 사라가 잉태하고 하나님의 말씀하신 기한에 미쳐 늙은 아브라함에게 아들을 낳으니"(1, 2절).

당신은 이삭과 그리스도의 출생 사이에는 매우 비슷한 점들이 있다는 것을 알게 될 것입니다. 저는 이삭의 출생이 장차 그리스도께서 오실 것에 대한 귀한 예표라고 믿습니다. 즉, 이삭은 하나님께서 약속하신 그 때에 출생하였읍니다. 바울은 갈라디아서 4 장 4 절에서 "때가 차매 하나님이 그 아들을 보내사 여자에게서 나게 하시고 율법 아래 나게 하신 것은"이라고 말하고 있읍니다.

> "아브라함이 그 낳은 아들 곧 사라가 자기에게 낳은 아들을 이름하여 이삭이라 하였고 그 아들 이삭이 난 지 팔 일만에 그가 하나님의 명대로 할례를 행하였더라 아브라함이 그 아들 이삭을 낳을 때에 백세라 사라가 가로되 하나님이 나로 웃게 하시니 듣는 자가 다 나와 함께 웃으리로다 또 가로되 사라가 자식들을 젖 먹이겠다고 누가 아브라함에게 말하였으리요 마는 아브라함 노경에 내가 아들을 낳았도다 하니라"(3-7절).

여기에는 우리가 깨달아야 할 몇 가지 놀라운 진리가 있읍니다. 무엇보다도 이삭의 기적적인 출생입니다. 그것은 자연법칙과는 반대되는 것이었읍니다. 바울은 아브라함에 대해 "…자기 몸의 죽은 것 같음과 사라의 태의 죽은 것 같음을 알고도"(롬 4:19)라고 말했읍니다. 하나님께서는 죽은 것 같은 몸으로부터 생명을 태어나게 하셨읍니다. 그러므로 이것은 기적적인 출생이었읍니다. 이처럼 예수 그리스도의 탄생도 기적적인, 초자연적인 탄생이었읍니다. 이 두 출생은 인간적으로는 불가능한 상황 가운데서 하나님께서 출생케 하셨다는 점에서 같습니다. 즉, 하나님께서는 그리스도의 기적적인 탄생을 위하여 미리 한 인간으로 하여금 준비시키셨읍니다. 따라서 이삭의 출생은 이 같은 배경에서 그 의미를 찾을 수 있겠읍니다.

또한 우리는 여기에서 이삭의 출생이 하나님께서 사라와 아브라함에게 간섭하셔야만 가능하였다는 것을 발견합니다. 그들은 그들에게 있어 자식을 갖는다는 것이 절대 불가능하다는 것을 인정하지 않으면 안되었읍니다. 왜냐하면 그때 아브라함은 나이가 100 세였으며 사라는 90 세나 되었기 때문입니다. 다시 말해서 이삭의 출생이 그들의 능력으로는 완전히 불가능한 것이었읍니다.

"아이가 자라매 젖을 떼고 이삭의 젖을 떼는 날에 아브라함이 대연을 배설하였더라"(8절).

이삭이 처음에는 모유를 먹고 자랐으나 드디어 젖을 떼어야 할 때가 이르렀읍니다. 그런데 여기에도 우리를 위한 좋은 교훈이 있읍니다. 갓난 아이는 거의 본능적으로 어머니의 젖을 찾습니다. 요즈음은 우유로도 많이 어린 아이들을 키우지만, 어찌됐든 갓난 아이들은 혼신의 힘을 다해 젖을 먹으려고 합니다. 그래서 베드로전서 2장 2절에서는 "갓난 아이들같이 순전하고 신령한 젖을 사모하라 이는 이로 말미암아 너희로 구원에 이르도록 자라게 하려 함이라"고 말씀하고 있읍니다. 어린 아이가 엄마의 젖을 사모하듯, 사람이 하나님의 말씀을 사모하며 거듭난 그리스도인이 된다고 하는 것은 놀라운 일이 아닐 수 없읍니다. 그러나 우리는 젖을 먹는 상태에만 머물러 있을 수는 없읍니다. 우리는 점점 자라야 하겠읍니다. 이 때문에 우리는 성경을 우리가 좋아하는 어느 한 부분만을 읽어서는 아니 됩니다. 그렇게 성경을 읽어서는 우리는 결코 자랄 수 없읍니다. 우리는 성경을 전체적으로 균형있게 읽어야 하겠읍니다. 그러므로 우리는 갓난 아이의 모습을 벗어 버리고 장성한 자의 분량에 이르기까지 자라가야 하겠읍니다.

"대저 젖을 먹는 자마다 어린 아이니 의의 말씀을 경험하지 못한 자요 단단한 식물은 장성한 자의 것이니"(히 5:13,14).

내어 쫓기는 하갈과 이스마엘

"사라가 본즉 아브라함의 아들 애굽 여인 하갈의 소생이 이삭을 희롱하는지라 그가 아브라함에게 이르되 이 여종과 그 아들을 내어쫓으라 이 종의 아들은 내 아들 이삭과 함께 기업을 얻지 못하리라 하매"(9,10절).

이제 이삭의 출생은 그 가정에 많은 어려움을 가져옵니다. 하갈의 소생 이스마엘은 이삭을 희롱했읍니다. 우리는 여기에서 이스마엘의 성격을 조금 짐작할 수 있을 것 같습니다. 그 전까지는 그가 착한 소년으로 잠잠히 지내었는데, 이제 가정에 다른 아들이 태어나자, 그는 실로 그의 본색을 드러내기 시작했읍니다.

그런데 이것은 신자에게는 두 가지 성품이 있다는 사실을 보여주는 하나의 좋은 예가 됩니다. 우리가 그리스도인으로 거듭나기 전까지는, 우리에게 옛 성품이 있어, 그것이 우리들을 지배하였읍니다. 그때는 우리가 무엇이든지 우리의 원하는 대로 하였읍니다. 우리의 생활은 참으로 우리의 마음대로 하는 생활이었읍니다. 그러나 우리가 거듭나는 순간, 우리는 새로운 성품을 받게 됩니다. 그런데 우리가 새로운 성품을 받게 되면, 전에 있던 옛 성품과 새로 들어온 새 성품과는 서로 이질적인, 전혀 어울릴 수 없는 것이기에 이제 다툼이 시작됩니다. 이에 대해 사도 바울은 다음과 같이 말합니다.
"내가 원하는 바 선은 하지 아니하고 원치 아니하는 바 악은 행하는도다"(롬 7:19).
즉, 새로운 성품이 원하는 바 선은 행하지 않고, 옛 성품이 원하는 바 악한 행동이 그를 지배한다는 말입니다. 그러나 우리는 거의 매순간 어떠한 성품에 따라 살아야 할 것인가를 사실 결정하여야 합니다. 우리는 성령께서 우리의 삶 가운데 역사하시게 하느냐 아니면 육체의 지배를 따라 사느냐 하는 두 가지 가운데 하나를 선택하여야 합니다. 하나님의 자녀로서 선택할 수 있는 제 삼의 선택은 없읍니다. 여종에게서 태어난 아들은 잔인하지만 쫓아내야 합니다. 이것은 곧 우리가 창세기 21 장에서 배워야 할 교훈입니다. 즉, 여종 하갈의 아들은 그 집에서 쫓겨났읍니다.

"아브라함이 그 아들을 위하여 그 일이 깊이 근심이 되었더니"(11절).

결국 이스마엘도 육체적으로는 이삭과 똑같은 아브라함의 아들이었읍니다. 이삭은 태어난 지 얼마 안 되는 매우 어린 아이였기 때문에 이스마엘에 대하여 아무것도 몰랐읍니다. 그러나 이스마엘은 그 가정에서 오랫동안 자라 소년이 되었기 때문에, 아브라함은 그에게 애착심을 가지고 있었읍니다. 아브라함에게 있어 그를 멀리 떠나 보낸다는 것은 매우 어렵고 고통스러운 일이었읍니다. 이미 앞에서 말한 바와 같이 하나님께서는 사라와 아브라함의 믿음 없는 행위를 인정하시지 않았기에 이스마엘은 아브라함의 참 아들로 인정받을 수 없었읍니다. 그들의 행위는 엄연히 죄였읍니다. 하나님께서는 그들의 행위를 결코 용납하시지 않았읍니다. 인정해 주시지도 않았읍니다. 그것은 아브라함에게 참으로 비통한 일이었지만, 더 이상의 고통을 줄이기 위해서는 이스마엘을 멀리 보내야만 하였읍니다. 사라는 이스마엘이 곁에서 그녀를 비웃는 것을 결코 참을 수 없었었읍니다.

우리는 신앙인으로서 두 가지 마음을 가지고 있어서는 안 되겠읍니다. 우리는 어느 한 편을 선택하여야만 합니다. 야고보는 그러한 자들을 향하여 "두 마음을 품어 모든 일에 정함이 없는 자로다"(약 1:8)라고 책망하고 있읍니다. 이처럼 오늘날 많은 그리스도인들은 불안감과 정함이 없는 마음을 가지고 있읍니다. 그들은 세상과 짝하여 살기 원하면서, 동시에 하나님께도 순종하며 살아가기를 원합니다. 그들이 이 두 가지를 모두 행하고자 하는 것은, 영적인 정신분열증의 증세라고도 할 수 있겠읍니다. 그러나 두 가지를 동시에 할 수 없읍니다.

고대 희랍에서는 두 마리의 말을 끈으로 묶은 다음 기수의 다리를 각각의 말 위에 올려놓고 달리는 경기가 있었읍니다. 물론, 두 마리가 똑같이 달린다면 아주 멋진 경기이겠지요!

우리에게는 두 가지의 성품, 즉 악한 성품과 선한 성품이 있읍니다. 만약 그 두 가지가 조화를 잘 이룬다면 좋겠는데, 사실 그들은 서로가 전혀 화합할 수가 없읍니다. 선한 성품과 악한 성품은 서로가 근본적으로 다릅니다. 이 두 가지 중에서 우리는 어떠한 삶을 살 것인가를 결정하지 않으면 안 됩니다. 우리가 우리 자신을 복종시켜야 하는 이유가 바로 여기에 있습니다.
"너희 자신을…하나님께 드리며 너희 지체를 의(義)의 병기로 하나님께 드리라"(롬 6:13).
바울은 계속하여 율법이 육신의 약함으로 말미암아 할 수 없는 그것을 성령께서는 하실 수 있다고 로마서 8 장 3,4 절에서 말하고 있습니다. 율법은 사람의 옛 성품을 굴복시키려고 했지만 결국은 실패하고 말았습니다. 그러나 이제는 우리에게 새로운 성품을 주시는 하나님의 성령께서 율법의 할 수 없는 것들을 능히 할 수 있도록 해 주셨읍니다.

본문에서 보면 하갈의 아들, 이스마엘의 본성이 드러나기 시작하였읍니다. 이것은 훗날 이스마엘의 후손들에게서 찾아볼 수 있는 성품입니다. 그들은 그 때와 마찬가지로 지금도 그들의 형제 이스라엘에게 고통을 주고 있읍니다. 저들은 오랜 세월 동안 이스마엘의 성품을 그대로 이어 왔읍니다.

이미 밝힌 바와 같이, 우리는 이삭의 출생을 통하여, 예수 그리스도의 탄생을 조명해 볼 수 있읍니다. 하나님께서는 인간을 통한 예수 그리스도의 동정녀 탄생을 갑작스럽게 이루시지 않았읍니다. 그분께서는 그 전에 벌써 여러 사람의 기적적인 출생, 즉 세례(침례) 요한, 삼손, 그리고 여기에 나오는 이삭 등을 통하여 우리에게 그것을 예비시키셨읍니다.

그러면 여기서 우리는 이삭과 예수 그리스도의 출생의 아주 비슷한 점 아홉 가지를 살펴보겠읍니다.

첫째로, **이삭의 출생과 그리스도의 탄생은 모두가 그 전부터 약속되어진 것이었읍니다.**
이삭의 출생 25 년 전에 하나님께서 아브라함을 갈대아 우르에서 부르셨을 때 그에게 "내가 너와 사라에게 한 아들을 주리라"고 말씀하셨읍니다. 그로부터 25 년이 지난 후, 하나님께서는 약속하신 그 일을 이루어 주셨읍니다. 그리고 하나님께서는 이스라엘 민족에게 "처녀가 잉태하여 아들을 낳으리라"고 말씀하셨읍니다. 이에 예수께서는 베들레헴에서 동정녀 마리아의 몸에서 태어나시므로, 그 예언이 성취되었읍니다. 이와 같이, 두 사람의 출생은 그 출생 전부터 이미 약속되어진 것이었읍니다.

둘째로, **두 사람의 출생에는 약속의 예언이 성취되기까지 상당한 시간적 간격이 있었읍니다.**
사실, 이삭의 경우는, 하나님께서 약속하신 때부터 그가 출생하기까지 약 25 년이란 시간이 경과하였으며, 그리스도에 있어서는 그보다 훨씬 더 오랜 세대가 지나갔읍니다. 예를 들어 하나님께서는 다윗의 혈통에서 한 아이가 태어날 것을 약속하셨는데, 그 후 천 년이 지난 다음 그리스도께서 탄생하셨읍니다.

세째로, **두 사람의 출생에 대한 예고가 사라와 마리아에게는 믿을 수 없었고, 불가능한 것으로 보였읍니다.**
당신은 하나님의 사자가 소돔으로 가는 도중에 아브라함의 집을 방문하여 이삭이 태어날 것을 전하여 주었다는 것을 기억할 것입니다. 그것은 전혀 불가능한 것으로 보였읍니다. 사라는 웃으면서 그것을 있을 수 없는 일로 받아들였읍니다. 그리고 또한 그리스도의 동정녀 탄생에 대하여 제일 먼저 의심한 사람은 누구였겠읍니까? 그 사람은 바로 마리아였읍니다. 천사가 나타나 그것을 알려주었을 때, 그녀는 "나는 사내를 알지 못하니 어찌 이 일이 있으리이까"(눅 1:34)라고 말하였읍니다.

네째로, **이삭과 예수께서는 태어나기 전부터 그 이름이 불리워졌읍니다.**
아브라함과 사라는 그들에게 아들이 태어날 것과, 또 그 아들이 이삭이라 불리우게 될 것이라는 말씀을 들었읍니다. 그리스도의 탄생에 있어서도 우리는 그분께서 미리 이름이 불리워졌다는 것을 잘 압니다. 천사가 꿈에 요셉에게 나타나 "이름을 예수라 하라 이는 그가 자기 백성을 저희 죄에서 구원할 자이심이라 하니라"(마 1:21)고 전해 주었읍니다.

다섯째로, **두 사람의 출생은 모두 하나님께서 약속하신 때에 이루어졌읍니다.**

창세기 21 장 2 절에는 사라가 하나님께서 약속하신 기한에 아들을 낳았다고 기록하고 있읍니다. 그리스도의 탄생에 대하여는 갈라디아서 4 장 4 절에서 "때가 차매 하나님이 그 아들을 보내사 여자에게서 나게 하시고 율법 아래 나게 하신 것은"이라고 말씀하고 있읍니다.

여섯째로, **두 사람의 탄생은 기적적인 것이었읍니다.**

이삭의 출생은 하나의 기적적인 출생이었으며, 그리스도의 탄생도 분명히 인간에게는 불가능한 출생이었읍니다.

일곱째로, **두 사람의 출생은 모두 그들의 아버지에게 특별한 기쁨을 주었읍니다.**

우리는 성경에서 "아브라함이 그 낳은 아들 곧 사라가 자기에게 낳은 아들을 이름하여 이삭이라 하였고"(창 21:3)라고 기록하고 있는 것을 봅니다. 그런데 여기서 「이삭」은 웃음이란 뜻입니다. 아브라함이 그 아들을 이삭이라 부른 것은 하나님께서 이삭의 태어날 것을 말씀하셨을 때 너무 기쁜 나머지 그가 웃었기 때문입니다. 우리는 그리스도의 태어나심에 대하여도, 하나님께서 하늘로부터 "이는 내 사랑하는 아들이요 내 기뻐하는 자라 하시니라"(마 3:17)고 말씀하셨음을 압니다. 여기서 두 아들은 모두가 아버지께 큰 기쁨을 주는 아들들이었읍니다.

여덟째로, **두 아들은 죽기까지 아버지께 순종했읍니다.**

우리는 창세기 22 장에서 아들 이삭이 아버지에 의하여 번제물로 바쳐졌다는 것을 보게 됩니다. 이삭은 그때 코흘리개 어린 소년이 아니었습니다. 그 사건 당시에 이삭은 약 33 세 쯤 되는 성인이었습니다. 그러나 그는 죽기까지 그 아버지에게 순종하였습니다. 이것은 예수 그리스도에 있어서도 마찬가지였습니다. 이삭과 그리스도의 출생과 삶 가운데는 이처럼 놀라운 유사점이 있습니다.

아홉째로, **이삭의 기적적인 출생은 그리스도의 부활을 나타냅니다.**

우리는 이미 바울이 아브라함에 대하여 로마서 4 장 19 절에서 "자기 몸의 죽은 것 같음과 사라의 태의 죽은 것 같음을 알았다"고 말한 것을 보았습니다. 당신이 잘 아는 바와 같이, 부활이란 죽음 가운데서 생명이 태어나는 것을 의미합니다. 바울은 이것을 강조한 후, 계속해서 4 장 25 절에서 "예수는 우리 범죄함을 위하여 내어줌이 되고 또한 우리를 의롭다 하심을 위하여 살아나셨느니라"고 말하였습니다. 이 또한 이삭과 예수 그리스도의 유사점이 아닐 수 없습니다.

우리는 이제 하나님께서 아브라함과 하갈, 그리고 그 아들 이스마엘에 대하여 얼마나 은혜를 베푸셨는가를 보게 될 것입니다.

> "하나님이 아브라함에게 이르시되 네 아이나 네 여종을 위하여 근심치 말고 사라가 네게 이른 말을 다 들으라 이삭에게서 나는 자라야 네 씨라 칭할 것임이니라"(12절).

하나님께서는 이때 아브라함에게 이스마엘을 그분께서 약속하신 아들로 인정하시지 않으실 것을 분명하게 말씀하셨습니다.

> "그러나 여종의 아들도 네 씨니 내가 그로 한 민족을 이루게 하리라 하신지라"(13절).

하나님께서는 아브라함에게 "네 씨로 많은 민족을 이루리니"라고 말씀해주셨는데, 결국 이스마엘을 통하여서도 큰 민족을 이루어 주시겠다는 말씀입니다.

"아브라함이 아침에 일찌기 일어나 떡과 물 한 가죽부대를 취하여 하갈의 어깨에 메워 주고 그 자식을 이끌고 가게 하매 하갈이 나가서 브엘세바 들에서 방황하더니 가죽부대의 물이 다한지라 그 자식을 떨기나무 아래 두며 가로되 자식의 죽는 것을 차마 보지 못하겠다 하고 살 한 바탕쯤 가서 마주 앉아 바라보며 방성대곡하니 하나님이 그 아이의 소리를 들으시므로 하나님의 사자가 하늘에서부터 하갈을 불러 가라사대 하갈아 무슨 일이냐 두려워 말라 하나님이 저기 있는 아이의 소리를 들으셨나니 일어나 아이를 일으켜 네 손으로 붙들라 그로 큰 민족을 이루게 하리라 하시니라 하나님이 하갈의 눈을 밝히시매 샘물을 보고 가서 가죽부대에 물을 채워다가 그 아이에게 마시웠더라 하나님이 그 아이와 함께 계시매 그가 장성하여 광야에 거하며 활 쏘는 자가 되었더니 그가 바란 광야에 거할 때에 그 어미가 그를 위하여 애굽 땅 여인을 취하여 아내를 삼게 하였더라"(14-21절).

성경은 이후로 이스마엘의 계열에 대해서는 다시 언급하지 않습니다. 그러나 그 후손 아랍인들은 오늘날까지 중동의 사막에서 생활하고 있읍니다.

브엘세바에서의 아브라함과 아비멜렉

"때에 아비멜렉과 그 군대 장관 비골이 아브라함에게 말하여 가로되 네가 무슨 일을 하든지 하나님이 너와 함께 계시도다 그런즉 너는 나와 내 아들과 내 손자에게 거짓되이 행치 않기를 이제 여기서 하나님을 가리켜 내게 맹세하라 내가 네게 후대한 대로 너도 나와 너의 머무는 이 땅에 행할 것이니라"(22, 23절).

다시 말씀드리자면 아비멜렉은 아브라함과 약속 혹은 협정을 맺기 원하였으며, 그들은 이것으로 더욱 가까운 사이가 되었읍니다.

"그들이 브엘세바에서 언약을 세우매 아비멜렉과 그 군대장관 비골은 떠나 블레셋 족속의 땅으로 돌아갔고 아브라함은 브엘세바에 에셀나무를 심고 거기서 영생하시는 하나님 여호와의 이름을 불렀으며"(32, 33절).

즉, 아브라함은 그가 가는 곳마다 어디서든지 하나님의 이름을 불렀읍니다. 또한 여기서 아브라함의 신관이 또 한 계단 상승한 것을 볼 수 있읍니다. 즉, 그는 하나님을 "영생하시는 하나님"으로 알았던 것입니다. 우리도 신앙의 여러 체험을 통해 궁극적으론 신관의 향상이 있어야 할 것입니다.

"그가 블레셋 족속의 땅에서 여러 날을 지내었더라"(34절).

우리는 하나님께서 아브라함에게 약속하신 땅에서의 그의 생활이 언제나 나그네와 방랑자의 신세였다는 것을 나중에 알게 될 것입니다. 본 34절 말씀은 그에 대한 하나의 증거입니다.

제 22 장

하나님이 이삭을 바칠 것을 명하심 / 아브라함이 하나님께 순종함 / 하나님이 아브라함을 말리심 / 하나님이 자신의 언약을 재확언하심 / 아브라함이 브엘세바에 돌아옴

우리는 본 창세기 22 장에서 매우 중요한 한 가지 사건을 다루게 됩니다. 창세기 22 장은 아브라함이 그의 아들 이삭을 번제로 드리는 내용의 기록입니다. 하나님께서는 아브라함에게 이삭을 제단에 번제로 드릴 것을 명령하셨읍니다. 그리고 난 다음에 그가 끝까지 하나님의 명령에 순종하는 것을 보시고는 마지막 순간에 이르자 긴급히 그의 행동을 멈추게 하셨읍니다. 하나님께서는 본 장에서 아브라함에게 마지막 일곱번째로 나타나십니다. 이 후로는 하나님께서 아브라함에게 더 이상 어떠한 행동을 명령하신 일이 없으셨읍니다. 그것은 하나님께서 아브라함에게 행하신 최고의 시험이었기 때문입니다.

만약 당신이 성경에서 가장 중요한 열 개의 장을 손으로 꼽는다면 거기에는 아마 십중 팔구는 창세기 22 장이 포함될 것입니다. 이 22 장이 그렇게 많이 선택되는 이유 가운데 하나는, 최초로 인간을 희생제물로 바치는 장면이 기록되어 있기 때문입니다. 하나님께서 그렇게 하신 계획과 의도는 사람으로 하여금 사람을 제물로 바치는 것이 잘못된 것이라는 것을 분명하게 밝히시기 위함이었읍니다. 이 사건은 바로 그것을 보여주는 사건입니다. 그리고 또 이 사건은 하나님께서 죄인들을 구원하시기 위해서는 반드시 한 생명이 희생되어야 한다는 것을 보여 줍니다. 그런데 인간의 자녀들 가운데는 그것을 대신할 수 있는 사람은 아무도 없읍니다. 오직 하나님의 독생자만이 그것을 담당하실 수 있읍니다. 바울이 "하나님께서 그 아들을 아끼지 아니하시고"라고 말한 것은 우리에게 깊은 감동을 주는 표현입니다. 그러나 하나님께서는 아브라함의 아들을 아끼사 그가 이삭을 희생제물로 바치는 것을 허락하지 않으셨읍니다.

본 장은 시편 22 편 및 이사야서 53 장과 아주 밀접한 관계가 있는 장입니다. 저는 이 장에서 그리스도의 십자가 사건을 발견하고는 무척이나 감격했읍니다. 이는 참으로 위대한 진리입니다.
이삭의 출생뿐만 아니라 그의 희생에는, 예수 그리스도의 생애와 신기할 정도로 비슷한 데가 있읍니다.

야고보 사도가 이 사건에 대하여 성경의 다른 부분과는 반대되는 진술을 하였다는 사실이 새롭습니다.
"우리 조상 아브라함이 그 아들 이삭을 제단에 드릴 때에 행함으로 의롭다 하심을 받은 것이 아니냐"(약 2:21).
그런데 바울 사도는 로마서 4 장에서 다음과 같이 말합니다.
"그런즉 육신으로 우리 조상된 아브라함이 무엇을 얻었다 하리요 만일 아브라함이 행위로써 의롭다 하심을 얻었으면 자랑할 것이 있으려니와 하나님 앞에서는 없느니라 성경이 무엇을 말하느뇨 아브라함이 하나님을 믿으매 이것이 저에게 의로 여기신 바 되었느니라"(롬

4:1–3).

그러면 과연 누구의 말이 옳을까요? 야고보입니까? 아니면 바울입니까? 저는 이 두 사람이 모두 다 옳다고 봅니다. 무엇보다도 우리는 이 두 사람이 하나의 같은 주제, 즉 믿음에 대하여 말한 것임을 주목할 필요가 있읍니다. 야고보는 율법이 아닌 믿음의 역사에 대하여 말했읍니다. 그러나 바울은 아브라함이 하나님과 믿음으로 동행하였다는 창세기 15 장의 내용을 인용하여 하나님 앞에서의 의롭다 하심에 대하여 말했읍니다. 그때 하나님만이 아브라함의 마음을 아셨으며, 그가 하나님을 믿었다는 것을 인정하셨읍니다.
"아브람이 여호와를 믿으니 여호와께서 이를 그의 의(義)로 여기시고"(창 15:6).

우리는 아브라함에게 많은 실수가 있었음을 인정합니다. 아마도 그는 그의 이웃 사람들에게조차도 의인으로서 인정받지 못했을 것입니다. 그러나 아브라함이 아들, 이삭을 믿음으로 바치는 그 행위에 저들은 그를 다시 보았을 것입니다. 야고보는 아브라함이 그와 같은 행함으로 의롭다 하심을 얻었다고 말했읍니다. 그가 의롭다 인정함을 받은 것은 언제였을까요? 그가 이삭을 바쳤을 때입니다. 그러나 문제는 아브라함이 실제로 이삭을 제단에 바쳤느냐는 것입니다. 물론, 그는 바치지 않았읍니다. 다만 그는 바치려고 모든 행동을 다 취했읍니다. 야고보가 말한 것은 이삭을 바치려고 행동을 취한 것 자체가 바로 하나님께 의롭다 인정을 받았다는 것입니다. 야고보는 창세기 22 장에 나타난 아브라함의, 믿음으로 한 행위에 강조점을 두었으며, 바울은 창세기 15 장에 나타난 바와 같이 아브라함의 마음 속에 있는 믿음에 강조점을 둔 것입니다.

하나님이 이삭을 바칠 것을 명하심

> "그 일 후에 하나님이 아브라함을 시험하시려고 그를 부르시되 아브라함아 하시니 그가 가로되 내가 여기 있나이다"(1절).

본문에서 "시험하다"(tempt)란 단어는 좋은 번역이라고 볼 수 없읍니다. 사실은 테스트(test)라고 번역하는 것이 더 정확한 표현입니다. 야고보는 그의 서신에서 "하나님은 친히 아무도 시험하지 아니하시느니라"(약 1:13)고 말했읍니다. 하나님께서 사람을 시험하시는 것은 사단처럼 그를 유혹하려는 것이 아니라 그의 믿음을 테스트하시기 위한 것일 뿐입니다. 하나님께서는 아브라함을 그렇게 시험하셨으며, 따라서 그로 하여금 전혀 이해할 수 없는 일을 행하도록 명하셨읍니다.

> "여호와께서 가라사대 네 아들 네 사랑하는 독자 이삭을 데리고 모리아 땅으로 가서 내가 네게 지시하는 한 산 거기서 그를 번제로 드리라"(2절).

우리는 바로 다음 장을 보면 사라가 127 세를 향수하다가 죽었다는 것을 알 수 있읍니다. 우리는 본 장에서 그 당시의 이삭의 나이를 추측해 볼 때, 이삭이 결코 어린 소년이 아니었다는 사실을 쉽게 발견할 수 있을 것입니다. 이삭이 태어났을 때는 사라의 나이가 90 세였으며, 그녀가 127 세 때 죽었으니까, 그때 이삭의 나이는 37 세가 됩니다. 그러면 그가 제물로 드려질 때의 나이는 37 세 미만인 것이 분명합니다. 그런데 5 절에 보니까 아브라함이 그를 "아이"(나알)라고 불렀읍니다. 하지만 여기서의 『나알』이란 단어는 같은 절에서 "사환"으로 번역이 되었읍니다. 이로 보아 이삭의 나이는 사환들의 나이에 해당되는 30 대 초반일 것이라고 보는 것이 무리가 없을 것입니다.

"네 아들 네 사랑하는 독자 이삭을 데리고."
우리는 하나님과 독생자 예수 그리스도의 관계를 상상해 볼 수 있습니다. 즉, 아브라함과 이삭, 하나님과 예수 그리스도의 관계는 여러 면에서 매우 비슷하다는 사실에 대해서는 이미 앞에서 말씀드렸읍니다. 그러나 여기서는 "네 사랑하는 독자"라고 하신 말씀으로 보아 우리는 아브라함이 그 독자 이삭을 얼마나 사랑하는지를 엿볼 수 있읍니다. 바로 우리를 위해 희생제물이 되신 예수 그리스도는 하나님 아버지께 그와 같이 깊은 사랑을 받은 독자였읍니다.

"모리아 땅으로 가서."
그 모리아 땅에는 훗날 솔로몬 성전이 건축되었으며 예수께서 그 성벽 밖에서 십자가의 형벌을 받으신 것으로 알려집니다. 예루살렘에 가 보면 사실 골고다 언덕과 그 성전이 매우 가까이 있다는 것을 발견할 수 있읍니다. 그것들은 같은 능선상에 위치해 있는데, 거기에는 지금 커다란 도로가 나 있읍니다. 그곳 사람들은 그 능선을 가리켜 모리아라고 부르고 있읍니다. 예수께서 돌아가신 그 명확한 위치는 우리가 알 수 없지만 아브라함이 이삭을 제물로 드린, 같은 산에서 돌아가셨다는 것만은 분명합니다.

"내가 네게 지시하는 한 산 거기서 그를 번제로 드리라."
모세가 율법을 받을 때까지 구약 백성들은 번제만을 드렸읍니다. 그런데 본문에서 "드리라"는 번제는 인간을 희생제물로 바치는 것이었읍니다. 그렇다면 윤리적으로 볼 때 인간을 제물로 바치는 것이 옳습니까? 물론, 그것은 잘못된 것입니다.

만일 당신이 그때, 이삭을 데리고 번제를 드리기 위하여 가고 있는 아브라함을 만났다고 가정해 보십시오.
"아브라함씨, 지금 어디로 가고 있는 중입니까?"
『이삭을 희생제물로 드리러 가는 중입니다.』
"당신은 그것이 잘못된 행위라는 사실을 모르십니까?"

『물론 저도 그것이 잘못된 것이라는 사실을 잘 알고 있읍니다. 저는 이 주변에 있는 이방 민족들이 사람을 몰렉이라는 신에게 제물로 바치고 있다는 것도 알고 있읍니다. 그러한 제사는 다 잘못된 것이지요.』

"그러면 왜 그러한 일을 행하려 하십니까?"

『제가 알고 있는 것은 단지 그것이 하나님의 명령이라는 것입니다. 그러나 저는 지금까지 그분과 50 년 이상을 동행하였읍니다. 그럼에도 그분께서는 저를 단 한 번도 실망시키신 일이 없으셨읍니다. 그리고 하나님께서는 언제나 저에게 가장 좋은 것만을 하도록 명령해 주셨거든요. 저는 지금도 하나님께서 왜 이런 일을 하라고 명령하셨는지는 모르지만, 제가 그분의 말씀을 끝까지 순종하여 행한다면 하나님께서는 분명코 이삭을 살려주시리라고 믿습니다. 저는 하나님께서 그렇게 해주실 수 있는 분임을 확신합니다.』

아브라함이 하나님께 순종함

아브라함이 이삭을 데리고 번제를 드리기 위하여 가는 모습은 참 놀라운 장면입니다.

> "아브라함이 아침에 일찌기 일어나 나귀에 안장을 지우고 두 사환과 그 아들 이삭을 데리고 번제에 쓸 나무를 쪼개어 가지고 떠나 하나님의 자기에게 지시하시는 곳으로 가더니"(3절).

아브라함은 번제에 쓸 나무와 함께 이삭을 데리고 하나님께서 지시하신 곳으로 갔읍니다.

> "제 삼일에 아브라함이 눈을 들어 그곳을 멀리 바라본지라"(4절).

아브라함이 그곳에 도착하기까지는 삼 일이 걸렸읍니다. 그러나 그가 하나님으로부터 사실상 죽은 것이나 다름없는 이삭을 되돌려 받은 날도 제 삼일째였음을 잊지 마십시오. 이삭은 삼 일만에 아브라함에게 다시 살아 돌아왔습니다. 아브라함은 이렇게 될 것을 또한 믿었읍니다. 이것은 참으로 놀라운 하나님의 역사였읍니다.

> "이에 아브라함이 사환에게 이르되 너희는 나귀와 함께 여기서 기다리라 내가 아이와 함께 저기 가서 경배하고 너희에게로 돌아오리라 하고"(5절).

아버지와 아들 사이에 이제 곧 끔찍한 사건이 벌어지게 됩니다. 이와 마찬가지로 하나님께서도 한 인간을 십자가에 못 박히게 하셨읍니다. 정오에 어두움이 임하면서 그분은 십자가에 달리셨읍니다. 아무도 일할 수 없는 그 어둠 속에서, 그리스도의 생애 최후의 세 시간 동안, 십자가는 세상 죄를 지고 가는 하나님의 어린 양이 제물로 바쳐지는 하나의 제단이 되었읍니다. 이것은 십자가상에서 있었던 아버지와 아들 사이에만 일어났던 일입니다. 그때 사람들은 멀리 떨어져 있었으며, 따라서 그곳에는 아무도 없었읍니다. 그런데 아브라함이 이삭을 번제로 드릴 때의 광경이 그러하였읍니다. 즉, 그때 그곳에는 아브라함과 이삭, 오직 둘만이 있었읍니다.

> "아브라함이 이에 번제 나무를 취하여 그 아들 이삭에게 지우고 자기는 불과 칼을 손에 들고 두 사람이 동행하더니"(6절).

본문에는 아브라함이 나무를 취하여 그 아들 이삭에게 지웠다고 했읍니다. 그리스도께서 십자가를 지셨다는 것을 기억하십시오. 여기에서 불은 심판을 나타내며, 칼은 심판과 희생이 집행될 것을 나타냅니다.

> "이삭이 그 아비 아브라함에게 말하여 가로되 내 아버지여 하니 그가 가로되 내 아들아 내가 여기 있노라 이삭이 가로되 불과 나무는 있거니와 번제할 어린 양은 어디 있나이까 아브라함이 가로되 아들아 번제할 어

> 린 양은 하나님이 자기를 위하여 친히 준비하시리라 하고 두 사람이 함께 나아가서"(7, 8절).

조금 더 나아가서 13 절에 보면 한 수양이 뿔이 수풀에 걸린 채 있어, 아브라함이 가서 그것을 취하여 번제로 드렸다고 기록되어 있습니다. 그런데 아브라함은 여기에서 하나님이 친히 번제할 어린 양을 준비하시리라고 말하였읍니다. 그러나 거기에 있었던 것은 어린 양이 아니라 수양이었읍니다. 왜 이와 같은 차이가 생겼을까요? 왜 하나님께서는 아브라함의 말대로 어린 양이 아니라 수양을 준비하셨을까요? 그것은 오랜 세월이 지난 후에 하나님께서 아브라함의 말대로 이루시려고 했기 때문입니다. 즉, 하나님은 어린 양 예수 그리스도를 준비하신 것입니다. 아브라함은 자신이 한「어린 양」이란 말이 예수 그리스도를 의미하는 줄은 몰랐읍니다. 하나님께서는 아브라함의 입을 통해 그분의 구속 사업의 비밀을 알려주신 것입니다. 그리고 "하나님이 자기를 위하여 친히 준비하시리라"고 말한 것을 보아서도 우리는 지금 아브라함이 하나님께서 미래에 하실 일에 대해 예언적으로 말하고 있음을 알 수 있읍니다.

> "하나님이 그에게 지시하신 곳에 이른지라 이에 아브라함이 그곳에 단을 쌓고 나무를 벌여 놓고 그 아들 이삭을 결박하여 단 나무 위에 놓고" (9절).

아브라함은 이삭을 나무에 결박하여 묶었읍니다. 그때 그는 단순히 어린 소년이 아니었읍니다. 그때 그는 장성한 성인이었읍니다. 즉, 그가 만일 힘으로 그것을 거부했다면 아브라함은 아마도 그를 결박할 수 없었을 것입니다. 그러나 이삭은 그 아버지의 뜻을 순종함으로 결코 그것을 거부하지 않았읍니다. 예수님은 어떻게 하셨읍니까? 예수님도 "나의 원대로 마옵시고 아버지의 원대로 하옵소서"라고 말씀하신 후에 십자가의 제단 위로 오르셨읍니다. 그분께서 십자가를 지신 것은 하나님의 뜻을 이루시기 위함이었읍니다. 이 얼마나 놀라운 순종입니까!

"손을 내밀어 칼을 잡고 그 아들을 잡으려 하더니"(10절).

이 순간은 참으로 아브라함의 인생에 있어 커다란 위기였읍니다. 하나님께서는 아브라함에게 네 번의 큰 위기를 겪도록 하셨읍니다. 매번 그에게 닥치는 위기들은 그의 영혼을 크게 시험하는 것들이었으며 심적으로 커다란 짐이 되는 것들이었읍니다.

첫번째 것은, 하나님께서 아브라함에게 갈대아 우르에 있는 그의 **모든 친척을 버리고 떠나라**는 것이었읍니다. 그는 모든 것을 버리고 떠나야 했읍니다. 그것은 그 당시 아브라함에게는 심각한 시험이었읍니다. 그가 처음에는 명령에 온전히 순종치는 못했어도 결국 '떠나라'는 명령 만큼은 순종했읍니다.

그 다음에는 **조카 롯에 대한 시험**이었읍니다. 아브라함은 롯을 사랑하였읍니다. 따라서 그 롯이 스스로 떠나지 않는다면, 그를 곁에서 결코 떠나 보내려 하지 않았을 것입니다. 그러나 그들이 서로 헤어져야만 하였을 때 롯은 소돔 땅으로 내려갔읍니다.

그 다음 세번째는 하갈에게서 태어난 그의 아들 **이스마엘에 대한 시험**이었읍니다. 아브라함은 하나님께 "이스마엘이나 하나님 앞에 살기를 원하나이다"라고 큰 소리로 애원하였읍니다. 아브라함은 진정으로 이스마엘을 사랑하였읍니다. 그래서 그는 이스마엘과 헤어지는 것을 싫어하였읍니다.

이제 아브라함은 그 인생에 있어 가장 큰 위기가 되었던 네번째의 시험을 받게 됩니다. 하나님께서는 그에게 **이삭을 번제로 드리라**고 명령하셨읍니다. 아브라함은 하나님께서 그에게 "이삭에게서 네 씨가 나오리라"고 말씀하셨을 때, 왜 그렇게 말씀하셨는지에 대하여 그는 전혀 이해하지 못했읍니다. 아브라함은 하나님께서 이삭을 죽은 자 가운데서 다시 살리실 것을 믿는 믿음을 가지고 하나님께 드렸읍니다(히 11:19).

하나님이 아브라함을 말리심

야고보 사도는 아브라함이 아들 이삭을 제단에 드릴 때의 그 "행함으로" 의롭다 하심을 받았다고 기록하였읍니다. 그런데 행함으로 의롭다 하심을 받았다면 아브라함이 아들을 실제로 바쳤다는 말입니까? 아브라함이 그의 아들을 칼로 찔렀다고 성경이 기록하고 있읍니까? 물론 아닙니다. 성경에 아브라함이 실제로 이삭을 번제로 드렸다고는 기록되어 있지 않습니다.

> "여호와의 사자가 하늘에서부터 그를 불러 가라사대 아브라함아 아브라함아 하시는지라 아브라함이 가로되 내가 여기 있나이다 하매 사자가 가라사대 그 아이에게 네 손을 대지 말라 아무 일도 그에게 하지 말라 네가 네 아들 네 독자라도 내게 아끼지 아니하였으니 내가 이제야 네가 하나님을 경외하는 줄을 아노라"(11, 12절).

하나님께서는 이때 아브라함이 하나님을 경외한다는 것을 아셨읍니다. 어떻게 아셨을까요? 바로 아브라함이 그의 아들을 바치려 하였던 행위를 통하여 아셨읍니다. 그러나 전에는 그의 믿음을 통하여만 알고 계셨읍니다. 하나님께서는 우리의 중심을 보고 계십니다. 그러므로 하나님께서는 우리 마음의 깊은 것까지라도 다 알고 계십니다. 우리의 이웃과 친구는 우리의 참 모습을 알지 못합니다. 그들은 오직 우리의 행위를 통하여서만 알 수 있을 뿐입니다. 야고보가 "행함이 없는 믿음은 죽은 믿음"이라고 말한 것은 바로 그러한 이유 때문입니다. 믿음은 행동으로 나타나야 합니다.

하나님께서는 아브라함을 시험하셨읍니다. 저는 하나님께서 부르시고, 구원하셔서 귀하게 사용하시는 사람에게는 누구에게나 이러한 시험이 따른다고 믿습니다. 하나님께서는 아브라함에게만 시험하셨을 뿐 아니라, 오늘날 그분의 모든 백성들에게도 한결같이 시험을 하십니다. 하나님께서는 우리를 늘 시험하시는데 그것은 우리의 신앙을 견고케 하고, 우리로 확신케 하며, 그분을 위한 좋은 일꾼으로 만듭니다. 이때 아브라함에게는 아주 큰 시험이 주어졌기에 이 후로는 하나님께서 그에게 어떠한 것도 더 이상 요구하실 필요가 없으셨읍니다.

> "아브라함이 눈을 들어 살펴본즉 한 수양이 뒤에 있는데 뿔이 수풀에 걸렸는지라 아브라함이 가서 그 수양을 가져다가 아들을 대신하여 번제로 드렸더라"(13절).

하나님께서는 이 작은 짐승을 대속물로 바치게 하여, 사람이 희생제물로 바쳐지는 것을 막으셨읍니다. 이것은 바로 범죄한 인간을 위해 다시 오실 예수 그리스도를 예표하는 것입니다. 여기서 작은 짐승이 번제로 드려졌듯이 하나님의 어린 양은 이 세상에 오셔서 십자가에 달려 돌아가셨읍니다.

"자기 아들을 아끼지 아니하시고 우리 모든 사람을 위하여 내어 주신 이가 어찌 그 아들과 함께 모든 것을 우리에게 은사로 주지 아니 하시겠느뇨"(롬 8:32).

다시 말씀드리거니와 그 십자가는 세상 죄를 지고 가는 하나님의 어린 양이 희생제물로 바쳐지는 제단이 되었읍니다. 그러므로 우리가 그것을 깨닫는 것은 매우 중요한 일입니다.

> "아브라함이 그 땅 이름을 여호와 이레라 하였으므로 오늘까지 사람들이 이르기를 여호와의 산에서 준비되리라 하더라"(14절).

아브라함은 많은 사람들이 솔로몬의 성전이 세워진 곳이라고 믿는 그곳의 이름을 짓습니다. 골고다, 즉 해골의 곳도 성전이 세워진 바로 그 산등성이 위에 있읍니다. 그곳에서 아브라함은 자신의 아들을 제물로 드리려 했으며 주 예수 그리스도께서 십자가에 못박히신 곳도 바로 그곳입니다. 이것은 얼마나 놀랍고 위대한 사실입니까! 아브라함은 바로 이곳을 가리켜 여호와께서 준비하신다는 뜻인 「여호와 이레」라 이름지었읍니다. 이곳은 하나님께서 아브라함을 위하여 자신이 간섭하셨던 곳이었읍니다.

하나님이 자신의 언약을 재확언하심

> "여호와의 사자가 하늘에서부터 두번째 아브라함을 불러 가라사대 여호와께서 이르시기를 내가 나를 가리켜 맹세하노니 네가 이같이 행하여 네 아들 네 독자를 아끼지 아니하였은즉"(15,16절).

아브라함은 실제로 그의 아들을 번제로 드리지는 않았지만 하나님께서는 그에게 그의 독자를 아끼지 아니하였다고 말씀하셨읍니다. 당신이 알고 있는 것처럼, 아브라함은 하나님을 믿었으며, 또 기꺼이 그의 아들을 하나님께 드리려고 했기에 하나님께서는 아브라함에게 그가 아들을 바친 것으로 인정하셨읍니다. 아브라함은 믿음으로 의롭다 여기심을 받았지만, 그는 행위로써 그에게 믿음이 있음을 증시하였읍니다.

"네 아들 네 독자를 아끼지 아니하였은즉."
하나님께서는 이를 어떻게 다루시는지 보십시오. 그분도 자신의 독생자를 내 주셨읍니다.

이 사건을 통하여 하나님께서는 우리를 하나님과 화목케 하시고, 구원시키실 메시야를 선명하게 드러내십니다. 이것이 바로 본 창세기 22 장에서 발견해야 할 위대한 교훈입니다. 아브라함은 하나님께서 친히 어린 양을 준비하시리라고 말하였지만, 그는 수양을 찾아 그것을 번제로 드렸읍니다. 그러나 하나님께서는 분명히 그로부터 1900 년 후 그리스도를 통하여 어린양을 준비하셨읍니다. 하나님께서는 아브라함의 손을 멈추게 하사, 이삭을 희생제물로 바치는 것을 막으셨읍니다. 왜냐하면 그것은 옳지 못한 것이었기 때문입니다. 하나님께서는 아브라함의 아들을 죽음에서 살리셨으나, 그분의 독생자 그리스도는 아끼지 않으시고, 우리 모두를 위하여 후히 내어주셨읍니다.

> "내가 네게 큰 복을 주고 네 씨로 크게 성하여 하늘의 별과 같고 바닷가의 모래와 같게 하리니 네 씨가 그 대적의 문을 얻으리라 또 네 씨로 말미암아 천하 만민이 복을 얻으리니 이는 네가 나의 말을 준행하였음이니라 하셨다 하니라"(17,18절).

"네 씨로 말미암아 천하 만민이 복을 얻으리니."
여기에서의「씨」는 어떠한 씨입니까? 이에 대해서 바울은 다음과 같이 말합니다.
"이 약속들은 아브라함과 그 자손에게 말씀하신 것인데 여럿을 가리켜 그 자손들이라 하지 아니하시고 오직 하나를 가리켜 네 자손이라 하셨으니 곧 그리스도라"(갈 3:16).
이것이 바로 씨에 대한 가장 성경적인 해석입니다.

바울은 또한 갈라디아서 3 장 8 절에서 "또 하나님이 이방을 믿음으로 말미암아 의로 정하실 것을 성경이 미리 알고 먼저 아브라함에게 복음을 전하되 모든 이방이 너를 인하여 복을 받으리라 하였으니"라고 했읍니다. 그러면 하나님께서 아브라함에게 복음을 전하신 때는 언제였을까요? 하나님께서 아브라함에게 복음을 전하신 것은 그에게 아들 이삭을 제단에 드리라고 명령하셨을 때였읍니다. 하나님께서는 그때 아브라함에게 "네 씨 곧 예수 그리스도로 말미암아 천하 만민이 복을 얻으리니"라고 말씀하셨는데 이것이 바로 아브라함에게 전하여진 복음이었읍니다.

저는 여기서 잠깐 일반적으로 간과되어온 어떤 사실에 대해 논하고 싶습니다. 우리는 아브라함과 이삭과 야곱 등 구약성경에 나오는 모든 인물들이 참으로 위대하였지만, 오늘날의 우리 만큼은 복음의 진리에 대하여 그렇게 많은 것들을 알고 있지는 못했을 것이라고 생각합니다. 그러나 아브라함은 그리스도의 오심과 복음에 대하여 우리가 생각하고 있는 것보다 훨씬 더 많은 것을 알고 있었읍니다. 사실, 주께서도 다음과 같이 말씀하셨읍니다.

"너희 조상 아브라함은 나의 때 볼 것을 즐거워하다가 보고 기뻐하였느니라"(요 8:56).

그러므로 아브라함은 우리보다 훨씬 많은 것을 알고 있었음이 틀림없읍니다. 하나님께서 아브라함에게 많은 것을 계시하셨지만, 아브라함이 죽는 날까지 메시야는 오시지 않았읍니다. 우리는 그분이 아브라함의 시대로부터 1900 년이 지난 다음에야 오셨다는 것을 압니다. 그러나 아브라함이 이삭을 드린 모리아 산은 그리스도의 죽으심과 부활의 상징이 되고 있읍니다. 하나님께서 아브라함에게 이삭을 바치라고 명하신 후 그는 삼 일만에 모리아 땅에 도착하였읍니다. 하나님께서는 제 삼일째 되는 날 아브라함에게 다시 이삭의 생명을 살릴 것을 말씀하셨읍니다. 그러므로 이것은 그리스도의 죽으심과 부활에 대한 상징이 되는 것입니다. 바울은 하나님께서 아브라함에게 복음을 전하셨고, 그 복음의 예표가 여기에서 이루어졌음을 말하였읍니다.

"또 네 씨로 말미암아 천하 만민이 복을 얻으리니."

이 말씀대로 오늘날 그리스도의 복음은 세계 각처에 매우 많이 전파되었읍니다. 물론, 아직까지도 복음을 듣지 못한 자들이 많이 있지만, 축복은 만민에게 임하였읍니다. 그런데 만민이 가지고 있는 그 복은 바로 그리스도를 통하여 왔읍니다.

"이는 네가 나의 말을 준행하였음이니라."

우리는 여기서 아브라함의 순종을 볼 수 있읍니다. 그의 순종은 믿음에서 나왔으며 그의 믿음은 언제나 행동으로 옮겨졌읍니다.

"행함이 없는 믿음은 죽은 것이니라"(약 2:26).

아브라함이 브엘세바에 돌아옴

"이에 아브라함이 그 사환에게로 돌아와서 함께 브엘세바에 이르러 거기 거하였더라 이 일 후에 혹이 아브라함에게 고하여 이르기를 밀가가 그대의 동생 나홀에게 자녀를 낳았다 하였더라"(19, 20절).

본 창세기 22 장의 나머지 부분에는 아브라함의 동생의 계보가 기록되어 있습니다. 아브라함은 오래 전 하란을 떠날 때 동생 나홀을 그곳에 남겨 두고 떠났었읍니다. 나홀의 계보는 성경에 계속 나타나고 있지는 않지만, 그들은 후에 아브라함의 계열과 근친 결혼을 합니다. 우리는 그때 가서 그것에 대하여 더 깊이 연구하고자 합니다.

제 23 장

아브라함이 막벨라 밭을 삼 / 사라를 장사지냄

우리는 창세기 23 장에서 사라의 죽음과 아브라함이 사라를 장사지내기 위하여 막벨라 굴을 사는 것을 보게 될 것입니다.

> "사라가 일백이십칠 세를 살았으니 이것이 곧 사라의 향년이라 사라가 가나안 땅 헤브론 곧 기럇아르바에서 죽으매 아브라함이 들어가서 사라를 위하여 슬퍼하며 애통하다가"(1, 2절).

이때 사라의 나이가 127 세였다는 사실에 주목하십시오. 이삭이 태어났을 때 사라는 90 세였으니까 사라가 죽을 때 이삭의 나이는 37 세였읍니다.

성경에는 사라가 헤브론 곧 기럇아르바에서 죽었다고 기록되어 있읍니다. 사실 아브라함도 자신이 죽은 후의 장사를 위하여 하나님께서 그에게 주신 바로 그 땅에서 굴을 사야만 했읍니다. 그렇다면 그는 왜 다른 곳은 마다하고 그곳만을 고집했을까요? 그것은 바로 그 땅에만 그들의 장래의 소망이 있었기 때문입니다. 우리가 이 23 장을 읽어 내려가노라면 조금은 지루하고, 또 조금은 침울한 분위기의 장례에 관한 내용이 계속 나열되고 있긴 하지만, 여기엔 매우 중요한 영적인 진리가 있음을 발견하실 것입니다.

아브라함이 막벨라 밭을 삼

> "그 시체 앞에서 일어나 나가서 헷 족속에게 말하여 가로되 나는 당신들 중에 나그네요 우거한 자니 청컨대 당신들 중에서 내게 매장지를 주어 소유를 삼아 나로 내 죽은 자를 내어 장사하게 하시오"(3, 4절).

아브라함은 하나님께서 그에게 주시기로 약속하신 약속의 땅에서조차 자신을 가리켜 나그네요 우거한 자라고 표현하였읍니다.

> "헷 족속이 아브라함에게 대답하여 가로되 내 주여 들으소서 당신은 우리 중 하나님의 방백이시니 우리 묘실 중에서 좋은 것을 택하여 당신의 죽은 자를 장사하소서 우리 중에서 자기 묘실에 당신의 죽은 자 장사함을 금할 자가 없으리이다"(5, 6절).

이것은 이 땅에 살고 있는 헷 족속에 의한 아주 관대한 제안입니다. 그들은 아브라함의 청을 아주 기꺼이 들어주었읍니다. 아마 그들은 아브라함에게 이렇게 말하였을 것입니다.
"우리 묘실 중에서 아무 곳이나 당신이 원하는 묘지를 택하시지요. 우리는 당신과 함께 있다는 것을 매우 기쁘게 생각합니다."
아브라함은 그들에게 매우 좋은 인상을 주었읍니다. 그들은 아브라함을 가리켜 "하나님의 방백"이라고 불렀읍니다. 이로 보아 우리는 아브라함이 저들에게 아주 존귀히 여김을 받고 있음을 알 수 있읍니다. 즉, 그는 믿지 않는 자에게도 좋은 증거가 되었던 것입니다.

> "아브라함이 일어나 그 땅 거민 헷 족속을 향하여 몸을 굽히고 그들에게 말하여 가로되 나로 나의 죽은 자를 내어 장사하게 하는 일이 당신들의 뜻일진대 내 말을 듣고 나를 위하여 소할의 아들 에브론에게 구하여 그로 그 밭머리에 있는 막벨라 굴을 내게 주게 하되 준가를 받고 그 굴을 내게 주어서 당신들 중에 내 소유 매장지가 되게 하기를 원하노라" (7-9절).

아브라함은 막벨라 굴을 택하여 준가(準價)를 지불하고 그곳을 매입하려고 했읍니다. 그는 결코 그것을 공짜로 얻으려고 하지 않았읍니다. 다시 말하여 하나님께서 그 땅을 자기에게 주시기까지는 자기가 필요로 하고 원하는 것들은 모두 돈을 지불하고 구입하려고 했읍니다. 따라서 그때 그는 실제로 돈을 주고 묘지를 매입하였읍니다.

다시 질문하건대, 아브라함은 왜 사라를 다른 곳에 장사하려 하지 않았을까요? 아브라함이 사라를 여기에 장사지낸 것은 그곳이 약속의 땅이며, 그들의 미래에 대한 소망이 있는 곳이었기 때문입니다. 우리가 성경을 연구하다 보면, 우리는 하나님께서 가지고 계신 두 가지의 위대한 소망과 목적에 자주 접하게 됩니다. 즉, 하나님께서는 **세상에 대한 목적**과 **하늘나라에 대한 목적**을 가지고 계십니다. 하나님께서 가지고 계신 세상에 대한 목적은 우리가 살고 있는 세계가 영원을 지향할 것이라는 사실입니다. 이 세상은 새롭게 바뀔 것입니다. 즉, 새 하늘과 새 땅으로 변하게 될 것입니다. 이것은 하나님께서 아브라함과 그 후손들에게 주신 약속이었읍니다. 하나님께서는 지금 이루고 계시는 모든 일을 다 마치신 후에, 우리가 살고 있는 이 땅을 쓰레기 통이나 또는 고물상에 던져 버리시지는 않을 것입니다. 하나님께서는 결코 세상을 그와 같이 무가치하게 버리시지는 않을 것입니다. 하나님의 뜻은 장차 세상을 새로운 모습으로 바꾸시는 것입니다. 그 새로운 땅은 영원토록 존재하며, 이제 하나님의 백성들은 그곳에서 영원히 살게 될 것입니다. 아브라함의 소망은 바로 이것이었읍니다. 아브라함이 그곳에 장사되기를 원하였던 것은 앞으로 부활이 있을 때 사라와 함께 그곳에서 부활하기를 원했기 때문입니다. 그는 그와 함께 부활할 사람들이 몇 명이나 될는지는 전혀 몰랐을 것입니다. 하지만, 그들은 이러한 소망을 결코 포기하지 않았읍니다. 그들이 가진 소망은 언젠가는 반드시 실현될 것입니다.

주님께서는 구약성경의 가르침을 받고 구약적인 소망을 갖고 있는 제자들에게 다락방에서 이렇게 말씀하셨읍니다.
"너희는 마음에 근심하지 말라 하나님을 믿으니 또 나를 믿으라 내 아버지 집에 거할 곳이 많도다 그렇지 않으면 너희에게 일렀으리라 내가 너희를 위하여 처소를 예비하러 가노니 가서 너희를 위하여 처소를 예비하면 내가 다시 와서 너희를 내게로 영접하여 나 있는 곳에 너희도 있게 하리라"(요 14:1–3).
예수께서는 이때 친히 준비하고 계시는, 장차 교회가 서게 될 새 예루살렘에 대하여 말씀하셨읍니다. 새 예루살렘은 교회의 영원한 처소가 될 것입니다. 이같은 주님의 가르침은 제자들에게는 놀라운 말씀이었으며, 오늘날 많은 그리스도인에게도 그러하리라고 믿습니다.
하나님께서는 아브라함에게 그를 세상에서 옮기워 하늘나라로 데려가시겠다고 말씀하신 적이 한 번도 없으셨읍니다. 그보다는 오히려, 아브라함에게 "내가 이 땅을 네게 주리라"고 말씀하셨읍니다. 아브라함은 이토록 하나님을 신뢰했기에 사라가 그곳에 묻히기를 소원했던 것입니다. 그곳은 또 훗날 아브라함이 장사된 곳이기도 합니다. 아브라함은 자신도 그곳에 묻히기를 원하였기에 그도 거기에 장사되었읍니다.

아브라함이 장사된 정확한 장소는 예루살렘 남방 약 32 ㎞ 지점에 위치한 헤브론이었읍니다. 그 헤브론에는 지금도 그 막벨라 굴이 있는데, 거기에는 아브라함과 사라뿐만 아니라 이삭과 리브가, 그리고 야곱과 레아의 무덤도 있읍니다. 이 사람들은 모두가 그들이 이스라엘에서 부활하게 되리라는 소망 때문에 그곳에 장사되었읍니다.

아브라함은 이제 막벨라 굴을 사기 위하여 그들과 흥정을 합니다.

그러면 아브라함이 굴을 사는 과정을 살펴보도록 하겠읍니다.

> "때에 에브론이 헷 족속 중에 앉았더니 그가 헷 족속 곧 성문에 들어온 모든 자의 듣는데 아브라함에게 대답하여 가로되 내 주여 그리 마시고 내 말을 들으소서 내가 그 밭을 당신께 드리고 그 속의 굴도 내가 당신께 드리되 내가 내 동족 앞에서 당신께 드리오니 당신의 죽은 자를 장사하소서 아브라함이 이에 그 땅 백성을 대하여 몸을 굽히고"(10-12절).

여기에서 우리는 특별히 헷 족속과 에브론의 관용과 아브라함에 대하여 주목해야 하겠읍니다. 헷 족속은 공손한 사람들이었음이 분명합니다. 이는 아브라함이 그들에게 몸을 굽혔다는 표현을 보아서도 알 수 있읍니다.

> "그 땅 백성의 듣는데 에브론에게 말하여 가로되 당신이 합당히 여기면 청컨대 내 말을 들으시오 내가 그 밭값을 당신에게 주리니 당신은 내게서 받으시오 내가 나의 죽은 자를 거기 장사하겠노라 에브론이 아브라함에게 대답하여 가로되 내 주여 내게 들으소서 땅 값은 은 사백 세겔이나 나와 당신 사이에 어찌 교계하리이까 당신의 죽은 자를 장사하소서 아브라함이 에브론의 말을 좇아 에브론이 헷 족속의 듣는데서 말한 대로 상고의 통용하는 은 사백 세겔을 달아 에브론에게 주었더니"(13-16절).

즉, 아브라함은 그 당시의 법정화폐로써 밭과 굴의 대금을 지불하였읍니다.

> "마므레 앞 막벨라에 있는 에브론의 밭을 바꾸어 그 속의 굴과 그 사방에 둘린 수목을 다 성문에 들어온 헷 족속 앞에서 아브라함의 소유로 정한지라"(17,18절).

사라를 장사지냄

"그 후에 아브라함이 그 아내 사라를 가나안 땅 마므레 앞 막벨라 밭 굴에 장사하였더라(마므레는 곧 헤브론이라) 이와 같이 그 밭과 그 속의 굴을 헷 족속이 아브라함 소유 매장지로 정하였더라"(19, 20절).

그런데 이 헤브론에는 오늘날 회교 사원이 세워져 있읍니다. 그 사원은 세계의 회교 사원 가운데 두세번째 가는 아주 중요한 사원으로 꼽히고 있읍니다. 회교도들은 카이로와 기타 여러 곳에 수많은 사원을 세웠는데, 그 건물들은 외형적으로 아주 아름답게 지어졌읍니다. 물론, 중요한 정도로 따지자면, 메카의 사원이 가장 중요할 것입니다. 그러나 그 다음으로는 예루살렘 사원이 아니면 여기 헤브론 사원일 것입니다. 그러면 왜 이토록 헤브론 사원이 회교도들에게 중요한 의미를 갖는 것일까요? 그것은 모든 아랍 족속들의 조상이 아브라함인 것을 안다면 쉽게 이해할 수 있는 일입니다. 저들이 저들의 조상된 아브라함의 거주지와 뼈가 묻힌 곳을 신성시하는 것은 어쩌면 당연한 일이기 때문입니다.

제 24 장

사명을 띠고 가는 종 / 브두엘의 집으로 초대되는 종 / 그의 임무를 진술하는 종 / 리브가가 가도록 허락함 / 종과 리브가가 긴 여행을 시작함

우리는 이제부터 창세기의 후반부에 해당하는 창세기 24 장을 연구하겠읍니다. 창세기의 전반부인 1 장부터 11 장까지는 네 개의 큰 사건을 다루고 있으며, 후반부인 12 장부터 50 장까지는 네 명의 훌륭한 인물을 중심으로 내용이 전개되고 있읍니다. 특별히 창세기 12 장부터 23 장까지는 믿음의 사람, 아브라함이 중심 인물로 등장하였읍니다. 이어서 창세기 24 장부터 26 장까지는 아브라함의 아들 이삭에 대하여 기록되고 있읍니다. 이삭의 인생에는 세 개의 큰 사건이 있었읍니다. 그 가운데 두 가지는 이미 앞에서 살펴보았읍니다. 첫번째 것은 **그의 기적적인 출생**이며, 두번째 것은 **아브라함이 그를 번제로 드린 사건**이었읍니다. 그리고 세번째 것은 **그의 신부감을 구하는 일**이었읍니다. 사람들은 흔히 인생에는 세 가지의 큰 사건, 즉 출생과 결혼과 죽음이 있다고 합니다. 그런데 그 중에서 결혼을 제외

하고는 인간에게 선택권이 없습니다. 그러나 때로는 인간이 결혼하는 문제에 있어서조차 제대로 선택을 하지 못하고 있는 것 같습니다. 그럼에도 불구하고 인간에게는 누구에게나 이 세 가지의 커다란 사건이 반드시 있기 마련입니다.

그러면 지금부터 이삭이 그 아내를 어떻게 얻었는지를 살펴봅시다.
아브라함은 이삭의 아내를 구하기 위해 그가 사랑하는 종을 고향 하란 땅으로 보냈습니다. 이 일은 아주 성공적으로 잘 이루어졌습니다. 이는 참 멋진 러브 스토리입니다. 성경의 이 부분은 하나님께서 우리가 누구와 결혼하느냐 하는 문제에 대해서 깊은 관심을 가지고 계신다는 사실을 보여줍니다.

하나님께서는 우리 인간에게 두 가지 제도를 허락하셨습니다. 그것은 결혼과 정부 조직입니다. 이 두 제도는 모든 인간에게 공통적이며 또한 매우 중요한 것입니다. 만약 이 두 제도가 무너진다면, 사회는 그 기초가 깨어질 것입니다. 가정은 사회에 대하여 중추적인 역할을 합니다. 그렇기에 하나님께서 결혼 제도를 마련하신 것은 가정을 통하여 사회에 힘과 안정감을 공급해 주시기 위함이었습니다. 이것은 정부에 대하여도 마찬가지입니다. 정부에는 인간의 생명을 보호하기 위하여 사람의 생명까지라도 빼앗을 수 있는 권리가 주어졌습니다. 이처럼 인간의 생명을 보호하는 것이 또한 정부의 가장 중요한 목적이기도 합니다.

여기에서의 요점은 하나님께서 우리의 결혼 문제에 대하여 깊은 관심을 가지고 계시다는 사실입니다. 우리는 결혼 문제를 놓고 반드시 하나님께 기도해야 합니다. 하나님께서는 자신의 자녀들의 이러한 기도에 반드시 좋은 것으로 응답해 주실 것입니다. 주님께서 베푸신 최초의 기적은 바로 갈릴리 가나의 혼인 잔치에서였습니다. 우리는 주님께서 얼마나 많은 혼인 잔치에 참석하셨는지는 알 수 없지만, 그

혼인 잔치에 참석하신 것만은 분명한 사실입니다.

본 장에는 이삭의 신부를 구하는 이야기가 아주 극적으로 소개되어 있읍니다. 그리고 신부 리브가가 이삭에게 인도되는 장면은 참으로 감동적입니다. 이 창세기 24 장에는 우리가 마음에 새겨야 할 **두 가지 큰 교훈**이 있읍니다. 첫째는 **하나님께서는 신자들의 모든 삶을 인도하고 계시다**는 것입니다. 즉, 우리의 삶은 반드시 하나님의 인도하심에 따라 결정된다는 사실입니다. 하나님께서는 이삭의 아내를 찾는 일을 처음부터 끝까지 주관하셨읍니다. 그리고 그 모든 하나님의 역사를 사랑으로 알고 깨닫게 해 주셨읍니다. 만약 하나님께서 저들의 삶을 그토록 인도하셨다면 오늘날 당신과 저의 삶도 인도해 주시지 않겠읍니까? 그리고 둘째로는, **리브가가 종을 따라가 이삭의 신부가 될 것을 결정하는 데 있어서 취한 정직한 태도**입니다. 이 점은 우리가 앞으로 성경을 연구해 나가는 데 있어 반드시 주목하여야 할 사항입니다.

> "아브라함이 나이 많아 늙었고 여호와께서 그의 범사에 복을 주셨더라" (1절).

아브라함은 나이가 많아 늙었으나 하나님께서는 범사에 그에게 복을 내리셨읍니다. 아브라함은 이때 이삭의 신부를 구하려고 했지만 이방신들을 믿고 있는 가나안 족속의 딸 중에서는 택하려고 하지 않았읍니다. 그래서 그는 이삭의 신부감을 구하기 위하여 그의 종을 그의 고향 하란으로 보냈읍니다.

> "아브라함이 자기 집 모든 소유를 맡은 늙은 종에게 이르되 청컨대 네 손을 내 환도뼈 밑에 넣으라"(2절).

환도뼈 밑에 손을 넣는 것은 그 당시에 맹세를 할 때에 행하는 일종의 관습이었읍니다. 그때는 사람들이 맹세를 할 때 오늘날처럼 오른

손을 들어 올리고 하지 않았습니다. 그런데 미국에서는 오른손을 들고 왼손은 성경책 위에 올려놓고 맹세를 합니다. 제가 생각하기에는 성경책 위에 손을 얹고 맹세하는 것은 별로 의미가 없다고 봅니다. 왜냐하면 그가 거짓말을 하고자 한다면, 아무리 성경책 위에 손을 얹고 맹세를 했다 할지라도 얼마든지 할 수 있는 문제이기 때문입니다. 어찌됐거나 그 당시에는 맹세를 하려면 상대방의 환도뼈 밑에 손을 넣어야만 성립되었습니다. 그리고 저는 그 종이 엘리에셀이었을 것이라고 생각합니다. 그는 아브라함 집의 우두머리 종이었습니다. 아브라함은 일찌기 그를 주목한 적이 있었습니다.

"나는 무자하오니 나의 상속자는 이 다메섹 엘리에셀이니이다…주께서 내게 씨를 아니 주셨으니 내 집에서 길리운 자가 나의 후사가 될 것이니이다"(창 15:2,3)

이때 그는 이미 엘리에셀이라는 종을 깊이 신임했습니다.

> "내가 너로 하늘의 하나님, 땅의 하나님이신 여호와를 가리켜 맹세하게 하노니 너는 나의 거하는 이 지방 가나안 족속의 딸 중에서 내 아들을 위하여 아내를 택하지 말고"(3절).

만약 당신의 가정에 결혼 적령기 자녀가 있다면 "가나안 족속"과 같은 상대자와 결혼하지 않게 되도록 기도해야 합니다. 그러한 이방신을 섬기는 사람들이 우리 주위에는 많이 있읍니다. 만일 그들의 딸들이 믿는 청년들과 결혼하게 된다면 이는 참으로 큰 불행이 아닐 수 없읍니다. 솔로몬에게서 하나님의 영광이 떠난 주된 원인은 그가 이방신을 섬기는 족속들의 딸들과 결혼했기 때문입니다. 그러한 결혼은 결단코 우리 하나님께서 금하시는 결혼입니다.

> "내 고향 내 족속에게로 가서 내 아들 이삭을 위하여 아내를 택하라 종이 가로되 여자가 나를 좇아 이 땅으로 오고자 아니하거든 내가 주인의 아들을 주인의 나오신 땅으로 인도하여 돌아가리이까 아브라함이 그에게 이르되 삼가 내 아들을 그리로 데리고 돌아가지 말라"(4-6절).

본문을 다시 풀어서 표현하자면 종은 아브라함에게 이렇게 질문한 것입니다.
"여자가 나를 따라오려 하지 않거든, 내가 이곳으로 돌아와 이삭을 그곳으로 데려가리이까?"
그러니까 아브라함은 대답하기를 『이삭을 결코 데려가지 말라. 하나님께서는 우리가 이곳을 떠나는 것을 원하시지 않는다. 어떠한 일이 있어도 이삭을 그리로 데려가서는 안 된다』라고 했읍니다. 이것은 우리가 깨달아야 할 중요한 진리입니다.

> "하늘의 하나님 여호와께서 나를 내 아버지의 집과 내 본토에서 떠나게 하시고 내게 말씀하시며 내게 맹세하여 이르시기를 이 땅을 네 씨에게 주리라 하셨으니 그가 그 사자를 네 앞서 보내실지라 네가 거기서 내 아들을 위하여 아내를 택할지니라"(7절).

아브라함은 진실로 믿음의 사람이었읍니다. 그는 그 믿음을 여러 차례 보여주었으며, 여기서도 그의 변함없는 믿음의 자세를 보여주고 있읍니다. 그는 종에게 다음과 같이 말했읍니다.
"너는 하나님이 인도하실 것만 믿어라. 하나님께서 나에게 이것을 약속하셨느니라."
아브라함의 행동은 무모한 것이 아니었읍니다. 믿음은 결코 무모한 것이 아닙니다. 믿음은 하나님의 말씀에 기초한 것이라야 합니다. 많은 사람들이 "나는 하나님을 믿습니다. 그러므로 그것은 이루어질 것이어요"라고 말합니다. 그것은 훌륭한 자세입니다. 우리가 하나님을 믿는다고 하는 일은 참으로 귀한 일입니다. 그러나 당신은 그것에 대해서 하나님께로부터 받은 확실한 증거를 가지고 있읍니까? 아브라함은 언제나 하나님께서 주신 약속에 대해 확실한 증거를 요구하였으며, 그때마다 그는 하나님으로부터 확실한 증거를 받았읍니다. 하나님께서는 아브라함에게 약속을 하셨읍니다. 그래서 아브라함은 종에게 이렇게 말했읍니다.
"하나님께서는 나에게 나의 씨 이삭을 통하여 열방에 복을 주시리라 약속하셨으니, 너는 하나님께서 미리 그곳에 이삭의 신부를 예비하여 놓으셨다는 것을 믿을지니라."
이처럼 아브라함은 하나님께서 말씀하신 바를 온전히 믿었습니다. 우리는 어리석음을 범해서는 안 됩니다. 그러나 믿음은 결코 어리석은 행동이 아닙니다. 그것은 확실한 근거에 기초하고 있는 것이며, 항상 합리적인 것입니다. 그것은 결코 무모한 행위가 아닙니다. 그것은 투기나 모험이 아닙니다. 그것은 확실히 보장되는 것입니다. 믿음은 바로 '바라는 것들의 실상'입니다. 그래서 아브라함은 하나님께서 약속하신 것들을 확실히 믿었습니다.

> "만일 여자가 너를 좇아 오고자 아니 하면 나의 이 맹세가 너와 상관이 없나니 오직 내 아들을 데리고 그리로 가지 말지니라"(8절).

아브라함은 종에게 이렇게 말했습니다.
"결코 내 아들을 그곳으로 데려가지는 말아라. 하지만 그 여자가 너를 따라 오고자 아니 할지라도 네겐 아무 책임이 없느니라."
이것은 무엇을 말합니까? 이는 곧 아브라함에게는 그 여자가 그 종을 따라오지 않는다 할지라도 하나님께서는 또 다른 방법으로 이 일을 이루실 것에 대한 믿음이 있었다는 말입니다.

이것이 바로 믿음입니다. 믿음은 하나님의 말씀을 따라 행하는 것입니다. 믿음에는 확실한 근거가 있습니다. 하나님께서는 우리가 그분의 말씀을 믿되 무조건적으로 믿는 것은 원하시지 않습니다. 만약 당신의 믿음이 하나님의 의지도 변화시킬 수 있다고 생각한다면 그것은 참으로 큰 오해입니다. 우리는 나의 뜻대로 하나님의 의지를 변화시키려고 하지 말고 내 의지를 하나님의 의지에 맞춰 변화시키도록 해야 합니다. 그럴 때에 우리의 기도는 응답이 됩니다. 아브라함은 자기의 뜻을 주장하지 않았습니다. 그는 오직 하나님의 인도하심에 자신의 뜻을 맡겼습니다. 그는 "만일 여자가 좇아오지 않는다면, 하나님께서는 또 다른 방법을 갖고 계신다"라고 말하였습니다.

> "종이 이에 주인 아브라함의 환도뼈 아래 손을 넣고 이 일에 대하여 그에게 맹세하였더라"(9절).

사명을 띠고 가는 종

이제 이삭의 신부를 얻기 위하여 떠나는 종의 모습을 지켜보십시오.

> "이에 종이 그 주인의 약대 중 열 필을 취하고 떠났는데 곧 그 주인의 모든 좋은 것을 가지고 떠나 메소보다미아로 가서 나홀의 성에 이르러"(10절).

아브라함의 종은 이삭의 신부감을 구하기 위하여 메소보다미아로 열 필의 약대를 취하여 떠났는데, 그것은 그 약대를 타고 간 다른 사람들이 또 있었다는 사실을 의미합니다. 그는 여러 명의 다른 종들을 데리고 떠났읍니다.

"그 주인의 모든 좋은 것을 가지고."

바꾸어 말하면 그는 아브라함의 모든 재산과 물건을 관리하는 사람이었읍니다.

> "그 약대를 성 밖 우물 곁에 꿇렸으니 저녁 때라 여인들이 물을 길러 나올 때이었더라"(11절).

그때 여자들은 물을 긷기 위하여 밖으로 나왔읍니다. 사실, 그때는 여자들이 오늘날보다 일을 많이 했읍니다. 그 당시 여자들은 짐승을 기르고 물 먹이는 일까지도 해야 했읍니다. 한편, 남자는 밖에 나가 장사와 그 외의 다른 일들을 해야 했읍니다. 이처럼 그들의 생활은 아주 분주했으며 또 힘들었읍니다. 여기서 아브라함의 종은 가만히 서서 기다리고만 있었읍니다. 왜냐하면 나그네로서 양해도 구하지 않고 약대에게 물을 먹인다는 것은 실례가 되는 일이었기 때문입니다.

그 종은 그때 하나님만을 의지하고 있었읍니다. 아브라함은 그 문제에 대한 모든 것을 하나님께 맡겼으며, 종도 역시 그러했읍니다.

> "그가 가로되 우리 주인 아브라함의 하나님 여호와여 원컨대 오늘날 나로 순적히 만나게 하사 나의 주인 아브라함에게 은혜를 베푸시옵소서 성 중 사람의 딸들이 물 길러 나오겠사오니 내가 우물 곁에 섰다가 한 소녀에게 이르기를 청컨대 너는 물 항아리를 기울여 나로 마시게 하라 하리니 그의 대답이 마시라 내가 당신의 약대에게도 마시우리라 하면 그는 주께서 주의 종 이삭을 위하여 정하신 자라 이로 인하여 주께서 나의 주인에게 은혜 베푸심을 내가 알겠나이다"(12-14절).

종이 하나님께 간절히 구한 기도의 내용은 이러했읍니다.
"성 중 사람의 딸들이 나오겠사오나, 누구를 택해야 할지 저는 알지 못합니다. 그들 가운데 내게로 오는 자를 택하겠사오니, 그가 바로 하나님께서 이삭을 위하여 정하신 자가 되기를 원하나이다."
다시 말해 종은 그가 이삭의 신부를 택하는 데 있어, 올바른 선택을 할 수 있도록 하나님의 인도를 구했읍니다.

당신은 아브라함의 종이 어떠한 사람을 선택하려고 했을 것 같습니까? 그 종은 남자였읍니다. 따라서 그는 물길러 나오는 여자들 가운데서 가장 아름다운 여자를 택하려 하였을 것입니다. 사실 리브가는 매우 아름다운 여인이었읍니다.

과거에 청교도들은 외적으로 아름다운 모든 것은 사단의 속성이라고 생각하였읍니다. 사실 사단은 자주 아름답게 자신을 꾸미기도 합니다. 이는 그에게 있어 그리 어려운 일은 아닙니다. 그러나 사단은 어떤 것을 겉으로 잠시 아름답게 꾸밀 수는 있지만 어떤 것 자체를 아름답게 만들 수는 없읍니다.

그러나 하나님은 온 우주 만물의 창조주이십니다. 그러므로 우리가 보게 되는 멋진 저녁 노을이나 아름다운 꽃은 모두 하나님의 창조물입니다. 그분께서는 이처럼 여성도 아름답게 창조하셨읍니다. 이 때문에 여성이 아름답다고 하는 데에는 아무런 잘못이 있을 수 없읍니다.

> "말을 마치지 못하여서 리브가가 물 항아리를 어깨에 메고 나오니 그는 아브라함의 동생 나홀의 아내 밀가의 아들 브두엘의 소생이라 그 소녀는 보기에 심히 아리땁고 지금까지 남자가 가까이하지 아니한 처녀더라 그가 우물에 내려가서 물을 그 물 항아리에 채워 가지고 올라오는지라" (15, 16절).

이제 리브가라는 여인이 항아리를 메고 물을 길러 오고 있었습니다. 성경에 기록된 바와 같이 그녀는 아름다웠습니다. 아름다운 것은 참으로 좋은 것입니다. 하나님께서도 태초에 천지를 창조하실 때 만물을 아름답게 창조하셨습니다. 하나님께서는 만물을 만드시면서 그 일을 마치실 때마다 언제나 "보시기에 좋았더라"고 하셨습니다. 하나님께서는 이처럼 믿음으로 순종했던 이삭에게 남자가 가까이 아니한 심히 아름다운 여인을 선물로 허락하셨습니다.

> "종이 마주 달려가서 가로되 청컨대 네 물 항아리의 물을 내게 조금 마시우라 그가 가로되 주여 마시소서 하며 급히 그 물 항아리를 손에 내려 마시게 하고 마시우기를 다하고 가로되 당신의 약대도 위하여 물을 길어 그것들로 배불리 마시게 하리이다 하고"(17-19절).

여기에서 또한 우리가 알아야 할 것은 리브가는 친절하고 예의바른 처녀였다는 점입니다. 그녀는 무뚝뚝하고 퉁명스런 여자가 아니었습니다. 아름다울 뿐만 아니라 매우 상냥한 아가씨였습니다.

> "급히 물 항아리의 물을 구유에 붓고 다시 길으려고 우물로 달려가서 모든 약대를 위하여 긷는지라"(20절).

아브라함의 종에게는 열 마리의 약대가 있었다고 했습니다. 먼 길을 여행했던 그 약대들은 아주 목이 말랐을 것입니다. 그래서 그 약대들이 물을 충분히 마시려면 아마도 많은 물을 필요로 했을 것이고 시간도 상당히 오래 걸렸을 것입니다.

> "그 사람이 그를 묵묵히 주목하며 여호와께서 과연 평탄한 길을 주신 여부를 알고자 하더니"(21절).

아브라함의 종은 깜짝 놀라 묵묵히 서 있을 뿐이었읍니다. 그는 이때 그 여자가 과연 하나님께서 그에게 보내주신 사람인지, 그리고 하나님께서 과연 자기를 인도하고 계신지에 대하여 궁금하게 생각하고 있었읍니다. 그러나 그는 그녀의 하는 일을 묵묵히 바라보면서 하나님의 놀라우신 인도를 느낄 수 있었읍니다.

> "약대가 마시기를 다하매 그가 반 세겔 중 금고리 한 개와 열 세겔 중 금 손목고리 한 쌍을 그에게 주며 가로되 네가 뉘 딸이냐 청컨대 내게 고하라 네 부친의 집에 우리 유숙할 곳이 있느냐 그 여자가 그에게 이르되 나는 밀가가 나홀에게 낳은 아들 브두엘의 딸이니이다"(22-24절).

여기서 나홀은 아브라함의 동생이었읍니다.

> "또 가로되 우리에게 짚과 보리가 족하며 유숙할 곳도 있나이다 이에 그 사람이 머리를 숙여 여호와께 경배하고"(25, 26절).

아브라함의 종은 이 문제에 있어 하나님의 손길이 그와 함께하신다는 것을 확신했읍니다. 사실 하나님의 보호와 인도하심을 받는다는 것은 얼마나 놀라운 일입니까!

> "가로되 나의 주인 아브라함의 하나님 여호와를 찬송하나이다 나의 주인에게 주의 인자와 성실을 끊이지 아니하셨사오며 여호와께서 길에서 나를 인도하사 내 주인의 동생 집에 이르게 하셨나이다 하니라"(27절).

"여호와께서 길에서 나를 인도하사"라는 말씀은 하나님의 인도를 기다리는 우리에게 참으로 귀한 실제적인 예가 되고 있읍니다. 하나님께서는 하나님의 뜻 가운데 있는 자, 하나님의 인도하심을 원하는 자, 하나님께 나아오는 자, 하나님께 순종하는 그 모든 자들을 인도해 주십니다. 하나님께서는 그런 자들을 항상 쉬지 않고 지키시며, 주목하시고 또 그 길을 평탄하게 인도하십니다.

> "소녀가 달려가서 이 일을 어미 집에 고하였더니 리브가에게 오라비가 있어 이름은 라반이라 그가 우물로 달려가 그 사람에게 이르니"(28, 29절).

우리는 잠시 여기서 리브가의 오빠 라반에게 주목합시다. 그는 이제 이 문제에 깊은 관심을 갖습니다. 사실 그의 관심은 리브가가 가져온 패물에 있었읍니다. 그러면 이제 어떤 일이 일어날런지 말씀을 통해 살펴보겠읍니다.

> "그가 그 누이의 고리와 그 손의 손목고리를 보고 또 그 누이 리브가가 그 사람이 자기에게 이같이 말하더라 함을 듣고 그 사람에게로 나아감이라 때에 그가 우물가 약대 곁에 섰더라"(30절).

아브라함의 종은 이제 손님으로서 그가 어떻게 해야 할지를 몰라 밖의 우물가에서 그냥 서서 기다리고 있었읍니다. 사실 리브가의 오라버니 라반은 리브가가 선물로 받은 금고리들을 보았을 때 그것을 준 손님이 매우 부유한 사람이라는 것을 알았읍니다. 라반은 그런 것을 놓칠 사람이 결코 아니었읍니다. 우리는 이런 사실을 훗날 그가 야곱에게 행한 일을 보아서도 알 수 있읍니다. 야곱은 그의 외삼촌되는 라반에게 전형적인 상인의 기질이 있다는 것을 발견하게 됩니다. 사실 그는 물질에 대한 술수가 뛰어난 사람이었읍니다. 이 때문에 라반은 아브라함의 종을 맞이하기 위하여 밖으로 나갔읍니다.

브두엘의 집으로 초대되는 종

> "라반이 가로되 여호와께 복을 받은 자여 들어오소서 어찌 밖에 섰나이까 내가 방과 약대의 처소를 예비하였나이다"(31절).

라반도 하나님께서 살아계시며, 창조주가 되시며, 한 분이시다는 사실을 인정하였읍니다.

> "그 사람이 집으로 들어가매 라반이 약대의 짐을 부리고 짚과 보리를 약대에게 주고 그 사람의 발과 그 종자의 발 씻을 물을 주고"(32절).

우리는 여기에서 손님이 안으로 들어가기 전에 발을 씻는 관습을 다시 보게 됩니다. 그런데 거기에는 종을 함께 따라간 여러 명의 종들이 있었다는 것을 기억하십시오. 라반은 그 종과 함께 온 다른 종들도 잘 대접했읍니다.

그의 임무를 진술하는 종

우리는 여기에서 그리스도와 교회의 관계를 조명해 볼 수 있읍니다. 우리가 신약성경을 통해 알 수 있듯이, 교회는 장차 그리스도의 정결한 신부가 될 것입니다. 오늘날 성부와 성자께서는 세상에 보내신 성령의 역사를 통하여 사람들을 하나님 앞으로 인도하십니다. 성령께서 마치 아브라함의 종처럼 세상에 오신 것은 신랑되신 그리스도의 패물을 우리에게 가져다 주시며, 또 그분을 우리에게 소개해 주시기 위함입니다. 아브라함의 종이 이삭의 신부를 얻기 위하여 하란에 간 것처럼, 성령께서는 그리스도의 신부를 부르시기 위하여 세상에 오셨읍니다. 이 얼마나 놀라운 말씀입니까!

> "그 앞에 식물을 베푸니 그 사람이 가로되 내가 내 일을 진술하기 전에는 먹지 아니하겠나이다 라반이 가로되 말하소서"(33절).

아브라함의 종은 "나는 나의 맡은 임무를 당신에게 말씀드린 다음에야 이 음식을 먹겠읍니다"라고 말했읍니다.

이것은 또한 그리스도에 대해 증거하시기 위해서 세상에 오신 성령의 사역과 아주 비슷합니다. 즉, 그리스도에 대해 증거하시는 성령의 사역은 하나님께 있어서는 가장 중요한 일입니다. 물론 세상에는 아주 중요한 일들이 많이 있습니다. 예를 들면, 정부의 정책들과 많은 기업체들의 사업 활동, 그리고 언론 보도와 수송 활동 등 사회 생활에 꼭 필요한 일들이 많이 있습니다. 이것들 가운데 어느 하나라도 중지된다면 아마 우리 사회는 당장 마비되고 말 것입니다. 그러나 하나님께 있어 가장 시급하고, 가장 중요한 일은 예수 그리스도를 세상에 증거하시는 일입니다. 하나님께 있어 가장 중요한 관심사는 바로 세상 백성들에게 복음이 전파되는 일입니다. 하나님께서는 이 일을 위해 성령을 세상에 보내셨습니다. 그러니까 성령께서 이 세상에 오신 가장 중요한 목적은 바로 복음을 전하는 일입니다.

아브라함의 종은 자기의 사명을 먼저 다 말한 후에야 음식을 먹겠다고 말했습니다. 그러자 사람들은 그에게 그렇게 하라고 했습니다.

"그가 가로되 나는 아브라함의 종이니이다"(34절).

그런데 여기에서 종의 이름이 밝혀지지 않았다는 사실을 주목해 보십시오. 이와 똑같은 원리로 예수께서도 진리의 성령이 오시면 다음과 같다고 말씀하셨습니다.

"…그가 자의로 말하지 않고…내 것을 가지고 너희에게 알리겠음이니라…"(요 16:13–15).

그러면 성령의 이름은 무엇입니까? 성령께서는 이름이 없으십니다. 이처럼 성령께서 이 세상에 오신 것은 자신에 대해 말씀하시려는 것이 아니라 그리스도에 대해 전하시기 위함입니다. 그와 마찬가지로 이 종도 자신의 이름을 밝히지 않고 단순히 아브라함의 종이라고만 말했습니다.

"여호와께서 나의 주인에게 크게 복을 주어 창성케 하시되 우양과 은금과 노비와 약대와 나귀를 그에게 주셨고"(35절).

종은 주인의 집안 사정에 대해 잠시 소개했읍니다. 종은 저들이 이런 정도는 알아두는 것이 좋겠다고 생각했읍니다. 이처럼 성령께서도 우리가 하나님의 집에 대해 알아야 할 사항에 대해 말씀해 주십니다. 그러면 우리가 알아야 할 사항들은 어떤 것들입니까? 그것은 바로 죄와 의와 심판입니다. 성령께서는 세상이 이 죄와 의와 심판에 대해 깨닫도록 쉬임없이 가르치십니다. 그리고 또 성령께서는 범죄한 세상과 인간들에게 장차 심판이 있을 것을 말씀해 주십니다. 인간은 지금 죄 때문에 하나님께 버림을 받았읍니다. 죄는 하나님과 사람 사이를 갈라 놓습니다. 하나님께서는 거룩하시기에 죄를 지은 인간과는 함께 계실 수 없으시며, 공의로우신 분이시기에 죄를 지은 인간을 결단코 용서치 않으십니다. 오직 세상의 모든 사람들은 자신들이 지은 죄로 말미암아 맹렬한 불의 심판을 기다릴 수 밖에 없읍니다. 이것이 바로 우리 인간의 참 모습입니다. 그러나 이를 위해 성령께서 오셨읍니다. 성령께서는 바로 우리의 죄를 담당하시고 우리를 대신하셔서 심판을 받아주신 예수 그리스도를 증거하시기 위해서 오셨읍니다. 이로 말미암아 우리는 의롭다 하심을 받게 되었으며 하나님의 나라로 갈 수 있게 되었읍니다.

"여호와께서 나의 주인에게 크게 복을 주어."
하늘에 계신 하나님 아버지께서는 가축과 재물이 많으신 분입니다. 전 세계의 수많은 초원 위에 있는 가축들이 모두 다 그분의 것입니다. 하나님께서는 이것들로 아브라함을 부요케 해 주셨읍니다.

> "나의 주인의 부인 사라가 노년에 나의 주인에게 아들을 낳으매 주인이 그 모든 소유를 그 아들에게 주었나이다"(36절).

예수께서는 모든 만물의 주(主)가 되시는 하나님의 상속자이시며, 우리는 그분과 더불어 장차 하나님의 나라를 유업으로 물려받을 공동 상속자입니다. 아브라함의 종은 리브가의 가족들에게 그는 주인의 모든 재산을 상속받게 될 주인의 아들의 신부감을 찾고 있다고 말했읍니다.

> "나의 주인이 나로 맹세하게 하여 가로되 너는 내 아들을 위하여 나 사는 땅 가나안 족속의 딸 중에서 아내를 택하지 말고"(37절).

성령께서는 지금도 쉬지 않고 죄인들을 부르고 계십니다. 하지만 이제 그 죄인들은 "썩어질 씨로 된 것이 아니요 썩지 아니할 씨로 된 것이니 하나님의 살아 있고 항상 있는 말씀으로" 거듭나게 되었읍니다. 이제 성령의 그와 같은 부르심에 응답한 자들은 모두 하나님의 자녀가 되었읍니다.

"누구든지 그리스도 안에 있으면 새로운 피조물이라 이전 것은 지나갔으니 보라 새것이 되었도다"(고후 5:17).

하나님께서는 결코 가나안 족속의 딸들을 택하시지 않았읍니다. 우리가 하나님의 자녀가 되려면 우리는 진정 거듭나야만 하는 것입니다.

> "내 아비 집, 내 족속에게로 가서 내 아들을 위하여 아내를 택하라 하시기로 내가 내 주인에게 말씀하되 혹 여자가 나를 좇지 아니하면 어찌하리이까 한즉 주인이 내게 이르되 나의 섬기는 여호와께서 그 사자를 너와 함께 보내어 네게 평탄한 길을 주시리니 너는 내 족속 중 내 아비 집에서 내 아들을 위하여 아내를 택할 것이니라 네가 내 족속에게 이를 때에는 네가 내 맹세와 상관이 없으리라 설혹 그들이 네게 주지 아니할지라도 네가 내 맹세와 상관이 없으리라 하시기로 내가 오늘 우물에 이르러 말씀하기를 나의 주인 아브라함의 하나님 여호와여 만일 나의 행하는 길에 형통함을 주실진대 내가 이 우물 곁에 섰다가 청년 여자가 물을 길러 오거든 내가 그에게 청하기를 너는 물 항아리의 물을 내게 조금 마시우라 하여 그의 대답이 당신은 마시라 내가 또 당신의 약대를 위하여도 길으리라 하면 그 여자는 여호와께서 나의 주인의 아들을 위하여 정하여 주신 자가 되리이다 하며 내가 묵도하기를 마치지 못하여 리브가가 물 항아리를 어깨에 메고 나와서 우물로 내려와 긷기로 내가 그에게 이르기를 청컨대 내게 마시우라 한즉 그가 급히 물 항아리를 어깨에서 내리며 가로되 마시라 내가 당신의 약대에게도 마시우리라 하기로 내가 마시매 그가 또 약대에게도 마시운지라 내가 그에게 묻기를 네가 뉘 딸이뇨 한즉 가로되 밀가가 나홀에게 낳은 브두엘의 딸이라 하기로 내가 고리를 그 코에 꿰고 손목고리를 그 손에 끼우고 나의 주인 아브라함의

> 하나님 여호와께서 나를 바른 길로 인도하사 나의 주인의 동생의 딸을 그 아들을 위하여 택하게 하셨으므로 내가 머리를 숙여 그에게 경배하고 찬송하였나이다 이제 당신들이 인자와 진실로 나의 주인을 대접하려거든 내게 고하시고 그렇지 않을지라도 내게 고하여 나로 좌우간 행하게 하소서"(38-49절).

리브가가 가도록 허락함

라반은 리브가의 가족을 대표하여 말합니다. 그의 말을 들어 보십시오.

> "라반과 브두엘이 대답하여 가로되 이 일이 여호와께로 말미암았으니 우리는 가부를 말할 수 없노라 리브가가 그대 앞에 있으니 데리고 가서 여호와의 명대로 그로 그대의 주인의 아들의 아내가 되게 하라"(50, 51절).

라반과 브두엘은 아브라함의 종에게 "우리가 알기에 이것은 하나님의 뜻에 의한 것이니 그대가 리브가를 데리고 이삭의 아내를 삼도록 하시오"라고 말했읍니다.

> "아브라함의 종이 그들의 말을 듣고 땅에 엎드리어 여호와께 절하고 은금 패물과 의복을 꺼내어 리브가에게 주고 그 오라비와 어미에게도 보물을 주니라"(52, 53절).

이것은 성령께서 하나님의 자녀들에게 은혜를 베푸시는 것과 같다고 하겠읍니다. 우리는 믿음으로 의롭게 되는 순간 하나님과 더불어 화평을 누리게 되며, 더욱더 하나님께 가까이 나아가게 됩니다. 그리고 환난 중에도 즐거워하며, 연단으로 말미암아 소망을 이루며, 약속하신 성령을 선물로 받게 됩니다(롬 5:1–5). 이 모든 것들은 믿는 모든 사람들에게 주시는 성령의 선물인 것입니다.

> "이에 그들 곧 종과 종자들이 먹고 마시고 유숙하고 아침에 일어나서 그가 가로되 나를 보내어 내 주인에게로 돌아가게 하소서 리브가의 오라비와 그 어미가 가로되 소녀로 며칠을 적어도 열흘을 우리와 함께 있게 하라 그 후에 그가 갈 것이니라"(54, 55절).

종은 다음 날 아침이 되자 그들에게 이제 떠나겠다고 했읍니다. 종은 이제 마음이 급해졌읍니다. 얼른 이 소식을 주인에게 전하고 싶었읍니다. 한시라도 빨리 가고 싶었읍니다. 그러자 리브가의 오라비는 다음과 같이 말합니다.
"왜 이렇게 바삐 가시려 합니까? 이제 리브가가 여기를 떠나면 영영 만나보지 못하게 될지도 모르는데, 우리가 그녀와 같이 있을 시간을 좀 주십시오. 며칠, 아니 최소한 열흘 동안만이라도 여유를 주십시오."

> "그 사람이 그들에게 이르되 나를 만류치 마소서 여호와께서 내게 형통한 길을 주셨으니 나를 보내어 내 주인에게로 돌아가게 하소서 그들이 가로되 우리가 소녀를 불러 그에게 물으리라 하고"(56, 57절).

이 부분은 아주 중요한 장면입니다. 이 부분을 놓치지 마십시오.

> "리브가를 불러 그에게 이르되 네가 이 사람과 함께 가려느냐 그가 대답하되 가겠나이다"(58절).

여기에서 우리는 그때에 일어났던 상황들을 다시금 살펴보겠읍니다. 그때의 상황은 인류의 초기 역사에서나 볼 수 있었던 아주 동양적인 모습입니다. 그때 리브가의 가족은 손님을 대접하고 있었는데, 그들은 손님을 아주 정중히 대접하였읍니다. 그들은 종의 약대들에게도 먹을 것을 주었고 함께 따라온 종자(從者)들도 잘 보살펴 주었읍니다. 그들은 아브라함의 종 앞에다가 푸짐하게 음식을 차려놓았으나 그는 먼저 자신의 임무에 대해서 말하겠다고 했읍니다.

그래서 그는 자신이 왜 여기까지 오게 되었는지에 대해서 자초지종을 말했읍니다. 그가 그곳에 온 목적은 오직 이삭의 신부를 구하기 위함이었읍니다. 이제 그는 자신이 선물로 가지고 온 귀한 패물들을 그 가족들 앞에 내어놓았읍니다. 그 선물들을 보낸 아브라함은 아주 부자였음을 당신은 기억할 것입니다. 이어서 그 종은 주인, 아브라함에 대하여 말하기를 시작합니다. 이때 이 아름다운 처녀 리브가는 보이지 않는 곳에 서서 그들이 대화하는 내용을 열심히 듣고 있었읍니다. 리브가는 종이 아브라함에 대해서, 그리고 이삭의 태어난 경위에 대하여 이야기하는 것을 들었읍니다. 특별히 종은 이삭의 기적적인 출생과 성장 과정에 대해서도 말했을 것입니다. 그러면서 그는 아브라함이 이삭을 번제로 하나님께 드리기 위하여 모리아 산으로 그를 데려갔으나, 하나님께서 그의 생명을 취하지 않으시고 다시 살려주셨던 사건에 대하여도 말했을 것입니다. 그리고 마지막으로 그는 아브라함이 이삭의 신부를 구하기 위하여 자신을 어떻게 보내게 되었는가에 대해서 소상히 말했읍니다. 아브라함은 이삭의 아내를 가나안 족속의 딸 중에서 택하기를 원하지 않았읍니다. 아브라함은 무엇보다도 살아계신 하나님께 순종하고, 하나님의 말씀으로 거듭난 여자를 얻기 원했읍니다. 그래서 종은 주인의 명을 받고 이곳까지 오게 된 것이라고 설명했읍니다.

리브가는 종이 이야기하는 것을 끝까지 듣고 있었읍니다. 이제 가족들은 리브가를 오라고 불렀읍니다. 이제부터는 모든 사람들의 관심이 그녀에게 집중됩니다. 이때 리브가의 오라비와 그 어미가 묻습니다.
"리브가야, 네 생각은 어떠냐? 이 분들을 따라서 가겠니?"
그녀는 모호하게 대답하거나, 혹은 망설이거나 하지 않았읍니다. 리브가는 "내가 가겠나이다"라고 분명하게 대답했읍니다.

신약 시대에도 보면 예수께서 그 제자들을 부르셨을 때 제자들도 이와 비슷한 대답을 했읍니다. 주님께서 그들을 부르셨을 때 그들 가운데 어떤 제자들은 그물을 버려두고 즉시 주님을 좇았읍니다. 또 어떤 제자는 세관에서 일하던 그 자리에서 모든 것을 버려두고 주님을 따라가기도 했읍니다. 이처럼 성령께서는 오늘날 세상의 죄인들도 여전히 부르고 계십니다. 성령께서는 사실 아브라함의 종과 똑같은 역할을 하고 계십니다. 당신이 익히 알고 있듯이 성부와 성령께서는 성자를 세상에 보내시어 세상을 위하여 돌아가시게 하셨읍니다. 성자께서는 하늘로 가시면서 보혜사 성령을 보내시겠다고 말씀하셨읍니다. 그 때문에 성령께서는 이제 세상에 오셔서, 성자되시는 예수 그리스도의 신부를 찾고 계시는 것입니다. 이제 성령께서는 이렇게 말씀하십니다.

"네가 나를 따르겠느냐? 여기에 너를 위하여 돌아가신 분이 계시는데, 너는 오직 그분을 통하여서만 구원을 받을 수 있느니라. 그렇기에 너는 이제 그분께 나아와 너의 죄를 회개하고 그분을 너의 구세주로 영접하여야 하느니라. 그리하면 너는 거듭나 하나님의 자녀가 될 뿐만 아니라 장차 그리스도의 신부가 되리라."

우리는 이와 같은 성령의 초청에 분명한 대답을 해야만 합니다. 애매모호하게 대답해서는 안 됩니다. 우리는 "예"하든지, 아니면 "아니오"라든지 해야 할 것입니다.

제가 어느 교회에서 설교했던 때를 결코 잊지 못할 것입니다. 저는 사람들에게 그리스도를 소개한 다음, "여러분은 그리스도를 영접하시겠읍니까?"하고 질문하였읍니다. 사실 저는 설교를 모두 끝낸 상태는 아니었지만, 그곳에 있던 한 청년의 모습을 영원히 잊지 못할 것입니다. 그는 저의 말에 매우 관심이 있었던 것 같습니다. 그는 저의 질문이 던져지자마자 당장 그 자리에서 일어나더니 앞으로 걸어 나왔읍니다. 그것이 그 자리에 있던 성도들에게 엄청난 영향을 주었읍니다. 그의 태도는 희미하지 않았읍니다. 그에게는 어떤 머뭇거림도 없었읍니다. 저는 그와 같은 똑부러지는 결단을 좋아합니다. 그분이 당신이 취하기를 원하시는 태도도 바로 그와 같습니다. 그분이 당신을 용납하시는 방법도 바로 그와 같습니다.

이제 아브라함의 종과 그의 일행들과 리브가는 그곳을 떠나 약속의 땅으로 돌아가려고 합니다.

> "그들이 그 누이 리브가와 그의 유모와 아브라함의 종과 종자들을 보내며 리브가에게 축복하여 가로되 우리 누이여 너는 천만인의 어미가 될지어다 네 씨로 그 원수의 성문을 얻게 할지어다"(59, 60절).

이 예언은 오늘날 그대로 성취되었읍니다. 성경의 모든 예언은 지금까지 다 성취되었으며, 또한 앞으로도 다 이루어질 것입니다.

종과 리브가가 긴 여행을 시작함

> "리브가가 일어나 비자와 함께 약대를 타고 그 사람을 따라가니 종이 리브가를 데리고 가니라"(61절).

그들이 돌아가는 길은 참으로 긴 여행이었읍니다. 성경에는 그들이 돌아오는 행로에 대하여 전혀 언급이 없지만, 그 여행길은 결코 쉽지 않았을 것입니다. 그리고 그들은 약대를 타고 여행했을텐데 낮에는 더위와 밤에는 추위와 싸워야 했을 것입니다. 그럼에도 그들의 마음만큼은 가벼웠읍니다. 마치 승전보를 알리는 연락병의 마음처럼 아브라함의 종의 마음은 기쁨이 가득찼을 것입니다. 또한 리브가에게는 초행길이라 힘들고 어려운 여행길이었겠지만, 그녀의 마음은 남편이 될 이삭에 대한 부푼 기대와 설레임에 피곤한 줄도 몰랐을 것입니다.

그들은 마침내 약속의 땅에 이르러 브엘 라해로이를 향해 갔읍니다.

> "때에 이삭이 브엘 라해로이에서 왔으니 그가 남방에 거하였었음이라"(62절).

브엘 라해로이는 우물의 이름으로서 살기 좋은 헤브론과 브엘세바로 가는 길목에 있었습니다.

> "이삭이 저물 때에 들에 나가 묵상하다가 눈을 들어 보매 약대들이 오더라"(63절).

이삭이 들에 나가 신부를 기다리고 있었던 것처럼 그리스도께서도 장차 신부된 우리를 맞이하시기 위해 다시 오실 것이라는 사실을 우리는 믿습니다. 그때에는 우리들의 육체가 부활하여 주님과 만나게 될 것입니다. 그리고 이미 죽은 사람들도 모두 부활하게 될 것입니다. 이 얼마나 놀랍고 영광스러운 모습입니까?

> "리브가가 눈을 들어 이삭을 바라보고 약대에서 내려 종에게 말하되 들에서 배회하다가 우리에게로 마주 오는 자가 누구뇨 종이 가로되 이는 내 주인이니이다 리브가가 면박을 취하여 스스로 가리우더라"(64, 65절).

우리는 그리스도의 신부로서 앞으로 그리스도의 의(義)로 옷을 입게 될 것입니다. 하지만 그분께서는 친히 지금 우리의 의로움이 되시기도 합니다. 그분께서는 우리 죄를 위하여 돌아가시고, 우리의 의롭다 하심을 위하여 부활하사, 우리로 하여금 그 의로움으로 하나님 앞에 설 수 있게 하셨읍니다.

리브가는 그들을 향하여 마주 오고 있는 한 남자를 보고는 그가 누구냐고 물었읍니다. 그녀는 긴 여행을 하는 동안 종에게 이삭에 대한 이야기를 많이 들어서 어느 정도는 그를 알고 있었지만, 이제는 그와 직접 만나게 되었읍니다.

이것은 바로 오늘날 우리들의 입장과 똑같습니다. 베드로는 이것을 다음과 같이 설명합니다.

"예수를 너희가 보지 못하였으나 사랑하는도다"(벧전 1:8).

과연 우리는 주님께서 오실 때에 주님을 알아볼 수 있을까요? 당신은 주님을 한 번도 직접 본 적이 없지만 당신의 머리 속에서는 주님의 모습을 나름대로 상상하고 있을 것입니다. 다음과 같은 찬송가의 가사가 생각이 납니다.
"나의 주를, 나의 주를 내가 그의 곁에 서서 뵈오며 나의 주를, 나의 주를 손에 못자국을 보아 알겠네."
주님께서 오실 때 우리는 사실 주님의 얼굴 모습은 알 수 없을지라도, 그분의 손에 있는 못자국을 보고 우리는 주님을 알아볼 수 있을 것입니다.

"종이 그 행한 일을 다 이삭에게 고하매"(66절).

성령께서는 우리를 이미 인(印)쳐 주셨기에 구원의 날에 우리를 그리스도 앞으로 인도하실 것입니다. 이와 같이 아브라함의 종은 신부를 이삭에게 인도할 것입니다.

이제 이삭과 리브가는 한 몸이 됩니다.

"이삭이 리브가를 인도하여 모친 사라의 장막으로 들이고 그를 취하여 아내를 삼고 사랑하였으니 이삭이 모친 상사 후에 위로를 얻었더라"(67절).

본문에서 보니까 이삭이 그 아내 리브가를 사랑하였다고 했읍니다. 이처럼 그리스도께서도 교회를 사랑하셨으며, 교회를 위하여 자신을 희생하셨읍니다. 또 이삭이 모친을 잃은 후에 위로를 얻었다고 했읍니다. 이것은 바로 그리스도께서 우리의 구원을 통하여 많은 기쁨을 얻으신다는 사실을 보여줍니다. 그분께서는 우리를 필요로 하십니다. 우리를 간절히 사모하고 계십니다. 그러니 우리 믿음의 성도들이여! 우리는 우리의 영적 순결을 지키며, 일편단심 그분만 바라보아야 하겠읍니다.

제 25 장

아브라함이 그두라를 후처로 취함 / 아브라함이 이삭을 선택된 아들이라 칭함 / 아브라함의 죽음 / 이스마엘의 후예 / 에서와 야곱의 출생 / 장자권을 파는 에서

창세기 25 장 역시 우리에게 있어 없어서는 안 될 중요한 장입니다. 본 장은 아브라함의 죽음 및 이삭과 리브가에게 태어난 쌍동이 형제, 에서와 야곱의 출생을 기록하고 있습니다. 그리고 또 여기서는 이스마엘의 족보와 이삭의 족보를 소개하고 있습니다. 그런데 이 25 장에는 장자권에 대한 사건까지 기록되어 있어, 여러 주제가 포괄적으로 다루어지고 있습니다.

이 25 장은 아브라함의 일생에 대한 기록을 끝맺고 있습니다. 사실, 그에 대한 이야기는 그가 이삭의 신부를 구하기 위하여 종을 보내기 바로 직전인 창세기 23 장에서 끝났다고 보아야 합니다.

아브라함이 그두라를 후처로 취함

"아브라함이 후처를 취하였으니 그 이름은 그두라라 그가 시므란과 욕산과 므단과 미디안과 이스박과 수아를 낳았고"(1,2절).

이제 아브라함은 대가족을 거느리게 되었습니다. 사라가 죽고 난 후 아브라함의 가족은 아주 많은 숫자로 불어났습니다. 그런데 여기서 한 가지 의문점이 있습니다. 그것은 아브라함이 이삭을 낳은 뒤에도 다시금 자녀를 낳을 수 있는 능력이 있었을까 하는 점입니다. 물론 있었습니다. 하나님께서는 능치 못하신 일이 없습니다. 우리는 사람의 생각으로 하나님을 제한하는 일이 있어서는 안 되겠습니다.

우리가 또 여기에서 보게 될 흥미로운 것은 미디안에 대한 언급입니다. 다른 다섯 명의 자녀들이 나름대로 어떤 민족들을 이루었겠지만 그에 대해서는 알려진 바가 없습니다. 성경에서도 여기 외에는 별다른 언급이 없습니다. 반면에 우리는 나중에 모세가 미디안 땅에 내려가 거기서 아내를 얻는 것을 보게 될 것입니다. 바로 그 미디안 땅에 거하는 족속들의 조상이 바로 여기에 등장하는 아브라함의 아들 미디안인 것입니다. 어찌됐든 아브라함에게는 많은 자녀들이 생기게 됐지만, 하나님께서는 이삭에게서 나온 자손들만 아브라함의 씨라 부를 것이라고 말씀하셨습니다. 그러므로 이스마엘이나 미디안, 므단 등의 자녀들을 통해서는 아브라함의 씨가 나올 수 없습니다. 이들은 모두가 사막에서 유랑하는 유목민들이 되었습니다.

아브라함이 이삭을 선택된 아들이라 칭함 / 아브라함의 죽음

"아브라함이 이삭에게 자기 모든 소유를 주었고 자기 서자들에게도 재물을 주어 자기 생전에 그들로 자기 아들 이삭을 떠나 동방 곧 동국으로

> 가게 하였더라 아브라함의 향년이 일백칠십오 세라 그가 수가 높고 나이 많아 기운이 진하여 죽어 자기 열조에게로 돌아가매 그 아들 이삭과 이스마엘이 그를 마므레 앞 헷 족속 소할의 아들 에브론의 밭에 있는 막벨라 굴에 장사하였으니 이것은 아브라함이 헷 족속에게서 산 밭이라 아브라함과 그 아내 사라가 거기서 장사되니라"(5-10절).

이때 이스마엘이 이삭이 살고 있는 곳으로 온 것은 그의 아버지 아브라함의 장례 때문이었읍니다. 이삭과 이스마엘이 아브라함을 함께 장사하고나서, 이삭은 리브가를 처음 만났던 곳으로 갔읍니다.

> "아브라함이 죽은 후에 하나님이 그 아들 이삭에게 복을 주셨고 이삭은 브엘 라해로이 근처에 거하였더라"(11절).

이스마엘의 후예

12-18 절에는 사라의 애굽 여종 하갈이 아브라함에게서 낳은 아들 이스마엘의 계보가 기록되어 있읍니다. 이렇게 간단하게 소개된 이스마엘의 계보는 이 후에는 다시 언급되지 않습니다. 이는 창세기에서 계속 사용되고 있는 방법입니다. 즉, 택하시지 않은 계보를 먼저 소개하고, 그 다음에는 장차 오실 그리스도의 계보에 대해 아주 상세히 다루고 있읍니다. 따라서 이삭의 계보가 이스마엘의 계보에 뒤이어 소개되고 있읍니다.

에서와 야곱의 출생

> "아브라함의 아들 이삭의 후예는 이러하니라 아브라함이 이삭을 낳았고"(19절).

이 계열이 바로 우리가 연구하고자 하는 계보입니다. 마태복음은 이렇게 "아브라함이 이삭을 낳고 이삭은 야곱을 낳고"라는 말씀으로써 시작하고 있습니다. 우리가 이미 살펴본 것처럼, 아브라함에게는 많은 아들들이 있었습니다. 그러나 그들의 자손에 대해서는 성경에 다 기록되어 있지 않습니다. 성경에는 이삭의 계보만이 소개되고 있을 뿐입니다.

> "이삭은 사십 세에 리브가를 취하여 아내를 삼았으니 리브가는 밧단 아람의 아람 족속 중 브두엘의 딸이요 아람 족속 중 라반의 누이였더라 이삭이 그 아내가 잉태하지 못하므로 그를 위하여 여호와께 간구하매 여호와께서 그 간구를 들으셨으므로 그 아내 리브가가 잉태하였더니"(20, 21절).

리브가도 사라처럼 아이를 낳을 수 없었습니다. 그러나 이삭은 이를 위해 하나님께 간구했습니다. 그러자 하나님께서는 그 기도에 응답하셨고, 리브가는 쌍동이를 잉태하게 되었습니다.

> "아이들이 그의 태 속에서 서로 싸우는지라 그가 가로되 이 같으면 내가 어찌할꼬 하고 가서 여호와께 묻자온대"(22절).

태어나기도 전에 아이들이 태 속에서 싸우는 것은 마치 오늘날 세상에서 계속되고 있는 싸움을 보는 듯합니다. 세상에는 빛과 어두움, 선과 악, 성령과 육체 사이의 싸움이 계속되고 있습니다. 이에 대해서는 사도 바울이 로마서 7 장에서 잘 설명해 주고 있습니다.

이제 리브가는 그녀의 태 속에서 계속되고 있는 싸움에 대하여 도무지 이해할 수 없었기 때문에 "내가 어찌할꼬?"하면서 하나님께 나아가 이 문제를 아뢰었습니다.

> "여호와께서 그에게 이르시되 두 국민이 네 태중에 있구나 두 민족이 네 복중에서부터 나누이리라 이 족속이 저 족속보다 강하겠고 큰 자는 어린 자를 섬기리라 하셨더라"(23절).

하나님께서는 리브가에게 큰 자는 어린 자를 섬기게 되리라고 말씀하셨는데 사실 리브가와 야곱은 이 말씀을 진정으로 믿지 않았습니다.

> "그 해산 기한이 찬즉 태에 쌍동이가 있었는데 먼저 나온 자는 붉고 전신이 갖옷 같아서 이름을 에서라 하였고"(24, 25절).

『에서』(Esau)란 이름은 "붉다" 혹은 "황토빛"이라는 뜻입니다. 그는 먼저 태어났기 때문에 형이 되었습니다. 그러나 하나님께서는 큰 자가 어린 자를 섬기도록 하셨습니다.

> "후에 나온 아우는 손으로 에서의 발꿈치를 잡았으므로 그 이름을 야곱이라 하였으며 리브가가 그들을 낳을 때에 이삭이 육십 세이었더라"(26절).

이삭과 리브가가 아이들을 낳기까지는 결혼 후 약 20 년이나 걸렸습니다. 먼저 난 아들은 몸이 유달리 붉었기에 그들은 그를 에서라고 불렀습니다. 그리고 동생 야곱은 에서의 발꿈치를 잡았기 때문에 이삭과 리브가는 그를 야곱이라 불렀는데, 이는 "강탈자"라는 뜻입니다. 왜냐하면 그가 형의 자리를 빼앗으려 하였기 때문입니다. 그러나 그것은 하나님께서 이미 그에게 약속하신 것이었습니다.

장자권을 파는 에서

> "그 아이들이 장성하매 에서는 익숙한 사냥꾼인고로 들사람이 되고 야곱은 종용한 사람인고로 장막에 거하니"(27절).

이제 우리는 이 두 소년들이 가정에서 성장하는 모습을 보게 됩니다. 그들은 쌍동이였습니다. 그러나 그들처럼 두 사람 사이에 그토록 큰 차이점을 지녔던 쌍동이도 드물 것입니다. 그들은 태 속에서만 싸웠을 뿐 아니라 밖에 나와서까지 서로가 다투었습니다. 그들은 서로가 전적으로 다른 인생관을 가지고 있었습니다. 그들은 또 생각하는 것과 생활 태도가 서로 달랐습니다. 사실 에서는 야곱보다 매력적인 청년이었습니다. 그러나 우리는 사람을 외모로만 판단하여서는 안 됩니다. 우리는 사람의 중심을 보고 그 사람을 판단하여야 합니다. 우리는 여기에서도 그러한 사실을 배우게 됩니다.

"그 아이들이 장성하매."

에서는 아주 야성적인 청년으로 익숙한 사냥꾼이었습니다. 그리고 그는 매우 활동적이었으며 운동을 특별히 좋아하였습니다. 그는 신체를 단련시키는 것은 무엇이나 좋아하였지만, 영적인 영역에 있어서는 문외한이었으며, 또 전혀 관심도 없었습니다. 그는 육신적인 것에 대해서만 관심을 가지고 있었습니다.

그에 반해 야곱은 조용한 사람이었습니다. 그는 집안에서만 생활했습니다. 그는 언제나 어머니의 말을 잘 들었기에 어머니로부터 많은 사랑을 받았습니다.

반면에 에서는 아버지 이삭의 사랑을 많이 받았습니다.

> "이삭은 에서의 사냥한 고기를 좋아하므로 그를 사랑하고 리브가는 야곱을 사랑하였더라"(28절).

이때 그들의 가정에는 이제 문제가 발생했습니다. 이러한 환경은 사실 문제가 생길 수 밖에 없는 것입니다. 아버지는 한 아들을 편애(偏愛)하고, 어머니는 또 다른 아들을 편애하니 이러한 가정은 당연히 문제가 생기기 마련입니다.

이삭은 에서가 사냥해서 잡아오는 고기를 좋아하였기 때문에 그를 더욱 사랑하였습니다. 에서는 사냥하기 위하여 자주 밖으로 나갔으며, 그때마다 그는 각종 짐승들을 잡아 집으로 가지고 왔습니다. 이삭은 그것을 좋아하였기에 에서를 더 사랑하였습니다. 그런데 리브가는 야곱을 사랑하였읍니다. 왜냐하면 야곱은 어머니의 말에 잘 순종했기 때문입니다.

이미 밝힌 바와 같이, 에서는 이때에 외형적으로는 야곱보다 더 매력적이었읍니다. 그는 매우 건강한 청년이었읍니다. 이에 비해 야곱은 다소 교활한 면이 있었읍니다. 그래서 그는 자주 약삭빠르게 행동하였읍니다. 사실 그는 아무리 잘못된 것이라도 자신의 유익을 위한 것이라면 서슴지 않고 행동했읍니다. 그래서 하나님께서는 그의 이러한 점 때문에 그에게 자주 고통을 주셨읍니다. 재미있는 사실은 에서가 외적으로는 야곱보다 매력적인 청년이었지만, 내적으론 하나님께 순종하는 마음이 전혀 없었다는 사실입니다. 그는 육체적인 것만을 꾀하는 사람이었으며, 그에게는 그것이 전부였읍니다.

하지만, 야곱은 내적으로 영적인 것을 추구하는 사람이었읍니다. 하나님께서 그의 모든 교만을 없애고 그를 온전히 영적인 사람으로 만드시기까지는 오랜 시간이 걸렸읍니다. 결국 그는 하나님의 이같은 역사로 변화되었읍니다. 우리는 야곱을 공부하기 전에, 그가 비록 인생의 말년에 이르기까지도 하나님의 택하신 사람다운 태도를 보여주지 못했을지라도 그는 처음부터 하나님께서 택하신 사람이라는 것을 보게 될 것입니다.

이제 우리는 이삭의 가정에서 발생하였던 문제들을 살펴보도록 하겠읍니다. 당신은 아마도 부모의 편애가 형제, 자매 간의 갈등과 다툼의 원인이 된다는 사실을 잘 아실 것입니다. 우리는 그러한 가정을 결코 행복한 가정이라고 말할 수 없겠지요.

> "야곱이 죽을 쑤었더니 에서가 들에서부터 돌아와서 심히 곤비하여 야곱에게 이르되 내가 곤비하니 그 붉은 것을 나로 먹게 하라 한지라 그러므로 에서의 별명은 에돔이더라 야곱이 가로되 형의 장자의 명분을 오늘날 내게 팔라 에서가 가로되 내가 죽게 되었으니 이 장자의 명분이 내

게 무엇이 유익하리요"(29-32절).

이 사건은 에서와 야곱의 성격을 잘 보여 줍니다. 에서는 들에서 돌아왔읍니다. 그는 하루 종일 들에 있었기 때문에 몹시 피곤했읍니다. 그러나 사실 그는 배가 고파 죽을 지경은 아니었읍니다. 아브라함의 가정에서 생활한 사람들 중에서 굶어 죽은 사람은 아무도 없읍니다. 집에는 그들의 먹을 것이 언제나 풍족하게 있었읍니다. 그런데 문제는 그때 집에는 야곱이 쑤어 놓은 죽 외에 먹을 수 있는 요리가 하나도 없었다는 것입니다. 야곱은 집에서만 생활하는 사람이었읍니다. 그러므로 그는 틀림없이 어머니에 버금가는 훌륭한 요리사였을 것입니다.

"내가 곤비하니 그 붉은 것을 나로 먹게 하라 한지라 그러므로 에서의 별명은 에돔이더라."

"에돔"(Edom)이란 별명은 에서(Esau)라는 이름과 같은 「붉음」 혹은 「황토빛」이라는 의미입니다. 에서가 이제 야곱에게 죽을 좀 달라고 하자 야곱은 이때가 기회라고 생각했읍니다. 그는 에서의 장자권을 뺏고 싶었읍니다. 그래서 그는 에서에게 "장자의 명분을 오늘날 내게 팔라"고 말했읍니다.

여기서는 잠시 **장자권**의 의의와 **그** 의미에 대해 살펴보도록 하겠읍니다. 먼저, 장자권을 가진 자는 장차 그 **가정의 가장**이 된다는 사실을 의미합니다. 또한 장자권을 가진 자는 앞으로 그 **가정의 제사장**이 된다는 사실을 의미합니다. 특별히 이 가정에 있어서는 **장자권을 가진 자를 통해 장차 그리스도께서 오시게 된다**는 큰 영적 의미가 있었읍니다.

그렇다면 과연 에서는 이 장자권에 대하여 얼마나 중요하게 생각했을까요? 야곱은 에서가 그것을 중요하게 생각지 않고 있음을 알았읍니다. 그는 그것에 전혀 중요한 가치를 두지 않았으며 그 가정의 제사장이 되기를 원하지도 않았읍니다. 사실 그는 제사장 같은 것에는 전혀 관심도 없었읍니다.

오늘날, 우리 시대에도 어떤 그리스도인은 그리스도를 위해 무언가를 하고 싶지 않느냐는 질문을 받으면 "오, 나는 목사가 아닙니다. 나는 그런 것을 할 수 없어요"라고 대답합니다. 오늘날도 영적인 것을 행하기를 원치 않는 사람들이 많습니다. 그들은 영적인 것에 관심이 있다는 인상을 주는 것조차 원치 않습니다.

바로 에서가 그러했읍니다. 그는 그런 인상을 풍기는 것조차 싫어했읍니다. 어떤 사람이 그를 "집사님"이나 "목사님"으로 불렀다면 그는 그것을 아주 모욕스럽게 여겼을 것입니다. 그는 장자권도 원치 않았읍니다. 그리고 그는 자신이 장차 오실 그리스도의 계열을 잇는 문제에 대해서도 아무런 관심이 없었읍니다. 그리스도의 계열에 속하는 문제에 대하여 에서보다 더 무관심할 수가 있을까요?

야곱은 에서의 이러한 태도를 잘 알았읍니다. 그래서 그는 에서에게 "형님, 몹시 시장하시지요? 여기 이 팥죽을 드릴테니까 저에게 그 장자권을 양보해 주십시오"라고 말했읍니다. 에서는 그러한 제안에 매우 만족해 했읍니다. 그래서 에서는 다음과 같이 대답했읍니다. "좋아. 이 장자권이 내게 무슨 소용이 있겠니. 이것을 너한테 줄테니까 어서 팥죽이나 줘."

에서는 이처럼 영적인 것을 아주 소홀히 여겼읍니다.

그런데 우리는 여기서 야곱도 역시 잘못을 범했음을 알아야 하겠읍니다. 하나님께서는 이미 리브가에게 "큰 자는 어린 자를 섬기리라"는 것을 약속해 주셨읍니다. 이 때문에 장자권은 하나님께서 정하신 때에 야곱에게 가기로 되어 있는 것입니다. 그러나 야곱은 그때까지 기다리지 못하고 하나님께서 그에게 약속하신 것을 인위적인 자기의 노력으로 먼저 얻으려고 했읍니다. 그래서 그는 교묘하고 교활한 방법으로 장자권을 빼앗았읍니다. 그러나 그는 하나님께서 그에게 실질적인 장자의 직분을 주실 때까지 기다려야만 했읍니다.

야곱은 이때 자신이 스스로 할 수 있는 것은 본인이 직접 해야 한다고 믿었읍니다. 즉, 그는 자신이 할 수 있는 것에 대하여는 하나님께서 그것을 해 주실 때까지 기다려야 할 아무런 이유가 없다고 생각했읍니다. 인간적인 관점에서만 평가한다면 그는 오히려 처신을 잘한 사람인지도 모릅니다. 그러나 하나님께서는 그를 연단시키시기 위하여 외가집으로 보내셨읍니다. 그때 그는 외삼촌 라반으로부터 몇 가지 고된 훈련을 받게 됩니다. 그럼에도 그는 하나님이 약속하신 것들을 자기가 노력해서 미리 얻어내려고 하는 그 습관 만큼은 버리지 못했읍니다.

> "야곱이 가로되 오늘 내게 맹세하라 에서가 맹세하고 장자의 명분을 야곱에게 판지라 야곱이 떡과 팥죽을 에서에게 주매 에서가 먹으며 마시고 일어나서 갔으니 에서가 장자의 명분을 경홀히 여김이었더라"(33, 34절).

본문에서 "에서가 장자의 명분을 경홀히 여김이었더라"라는 말씀은 우리가 주목해야 할 점입니다. 에서는 야곱이 준 떡과 죽을 먹었읍니다. 그는 장자의 명분이 그에게 전혀 무의미하다고 생각하였기 때문에 그것을 야곱에게 넘겨 주었읍니다. 그에게는 영적인 것은 전혀 무가치하게 보였읍니다. 그런데 불행하게도 오늘날 우리 교인들 가운데도 이렇게 생각하는 사람들이 전혀 없지는 않은 것 같습니다. 하나님께서 허락하신 교회의 영적 직분을 세상의 직분보다도 소홀히 여기는 사람이 있다면 그 사람이 바로 에서와 같은 사람이 아닐까요? 우리는 우리의 영적 직분을 그 무엇보다도 존귀히 여겨야 하겠읍니다. 바로 그러한 자들에게 하나님께서는 하늘의 놀라운 상급을 약속해 주십니다.

매기 성경본문 주석 강해서
창세기 1-25장

2010년 3월 1일 재발행

지은이 J.V. 매기
옮긴이 송용필
발행인 김용호
발행처 나침반출판사
등 록 1980년 3월 18일 / 제 2-32호
주 소 110-616 서울 광화문 사서함 1641호
전 화 본사 (02)2279-6321~3 영업부 (031)932-3205
팩 스 본사 (02)2275-6003 영업부 (031)932-3207

www.nabook.net
nabook@korea.com
nabook@nabook.net

ISBN 978-89-318-1411-8 03230
책번호 라-1301

· 값은 뒷표지에 있습니다.
· 잘못 만들어진 책은 구입처나 본사에서 바꿔드립니다.

나침반출판사는 우리를 구원하신 아름다운 주님을
21세기 문명의 이기(利器)를 통하여 널리 전하고 싶습니다.